조일신 지음

몇 년 전 한 기업체에서 원어민 선생님과 하루 8시간에서 10시간 중국어만 공부하는 전일 집중 강의를 한 적이 있습니다. 그때 강의 교재를 준비하면서 느낀 점은 시중에 나와 있는 대부분의 중국어 교재가 학생을 대상으로 한 것이라 여러 가지 점에서 사회에 진출하여 중국어를 바로 활용해야 하는 취업 준비생이나 직장인들에게는 적합하지 않다는 생각이 들었습니다. 그래서 그들의 요구와 특성 그리고 상황을 충분히 고려한 중국어 입문서가 있었으면 좋겠다는 바람을 가졌습니다. 《롱이 롱이 중국어 첫걸음》은 그런 오랜 바람의 결실이라 할 수 있습니다.

이 책의 특징은 다음과 같습니다. 첫째, 듣기와 말하기를 강화한 본격 회화 입문서입니다. 둘째, 본문을 포함한 거의 모든 문장을 우리말과 중국어로 충실히 녹음하였고, 학습자가 중국인 성우의 발음을 듣고 따라 할 수 있게 구성하여 책을 펼치지 않고도 중국어 공부를 할 수 있게 하였습니다. 셋째, 탄탄한 구성입니다. 이 책은 각 과마다 익혀두세요, 말해보세요, 바꿔 말해보세요, 좀더 알아볼까요, 1분 스피치, 연습문제, 문화 상식이라는 7단계 구성을 두어 주요 문형, 필수 단어, 그리고 상황별 주요 회화 표현을 다양하게 반복 연습할 수 있게 하였습니다. 넷째, 해석, 어법 설명, 단어를 한 페이지에 두어 학습자가 공부하는 데 불편함이 없도록 하였습니다.

학교나 기업체에서 강의하는 첫날 학생들에게 소개하는 중국 속담이 있습니다. 혹시 들어보셨을지도 모르겠습니다. '不怕慢，只怕站。(Bú pà màn, zhǐ pà zhàn. 부파만, 즈파짠)' 즉, '향상이 더딘 것은 두렵지 않다. 다만 중도에 포기할까 두렵다.'라는 뜻입니다. 하나의 언어를 배울 때는 어리석을 정도의 인내와 끈기가 필요합니다. 공부를 하다 보면 슬럼프에 빠질 때도 있고 자신의 실력이 놀랄 정도로 향상된 것에 보람을 느낄 때도 있습니다. 어떤 상황에서도 일희일비하지 말고 묵묵히 정진할 것을 권합니다.

처음 중국어 단어집을 시작으로 중국어 학습자를 위한 책을 쓰기 시작해서 벌써 몇 권의 책을 세상에 내놓았습니다. 다른 것은 생각하지 않고 내가 공부하고 싶은 책, 중국어를 공부하는 사람들에게 도움이 될 만한 책을 만들겠다는 소박한 마음으로 책을 썼습니다. 이 책이 독자 여러분께서 중국어를 처음 배우시는 데 조금이나마 도움이 된다면 큰 기쁨으로 생각하겠습니다.

끝으로 곁에서 항상 따뜻한 격려와 조언을 아끼지 않는 동지 박미경, 홍혜율, 한민영과 이 책을 출판하기 위해 마음을 다하시는 이기선 실장님과 제이플러스 식구들에게 감사를 드립니다. 또한 감수를 위해 원고를 꼼꼼히 읽어주고 이름까지 쓸 수 있게 허락해 준 중국인 친구 王洪과 박미애 선생님께도 감사의 마음을 전합니다.

조일신

일러두기

익혀두세요 상황을 재현한 재미있는 삽화와 함께 주요 회화 표현 세 마디를 배웁니다.

말해보세요 상황별 꼭 필요한 말을 엄선하여 본문을 구성하였으며, 학습자가 중국인 성우의 대화를 듣고 직접 따라 할 수 있게 하였습니다.

바꿔 말해보세요 각 과에 나오는 주요 문형을 교체연습을 통해 다질 수 있습니다. 회화연습용으로 활용할 수 있습니다.

좀 더 알아볼까요 본문의 주제와 관련된 다양한 표현을 배우고, 어법 설명을 보충하였습니다.

1분 스피치 본문의 대화를 서술체로 옮긴 것으로 긴 문장을 말할 수 있게 도와줍니다.

연습문제 듣기, 읽기, 쓰기, 말하기를 두루 연습하면서 본문의 학습내용을 철저히 확인할 수 있습니다.

문화 · 상식 저자가 들려주는 생생한 중국 이야기를 읽으며 중국과 친해질 수 있습니다.

간체자 쓰기 간체자 소개와 함께 초급 과정에서 알아야 할 단어 128개를 정확한 필순에 따라 연습할 수 있습니다.

단어 워크북 초급 단계에서 알아야 할 단어와 주요 표현을 문제를 풀면서 익힐 수 있습니다.

미니 중한 사전 초급 필수 단어 1398개를 주제별로 정리한 작지만 큰 사전입니다.

미니 오디오북 미니오디오북으로 언제 어디서나 중국어 공부를 할 수 있습니다.

MP3 무료다운로드 책을 펼치지 않고도 어디서나 중국어 공부를 할 수 있습니다.(Audio CD 3장 분량)

목차

• 머리말 ······ 2

• 중국어에 대한 몇 가지 궁금증 ······ 6

• 중국어의 발음 ······ 8

	제목	학습 포인트	좀더 알아볼까요?	문화 / 상식	페이지
1	안녕하세요, 왕훙 씨! 你好，王洪！	• 인사하기 • 감사의 표현 • 부정의 표현	• 간단한 인사 표현	중국에 대한 간단한 상식	19
2	당신의 이름은 무엇입니까? 你叫什么名字?	• 이름 묻기 • '是'의 표현 • 부탁하기	• 사과와 위로의 표현	중국인들이 부르는 호칭	31
3	당신은 식구가 몇입니까? 你家有几口人?	• 가족 소개 • 나이 묻기 • '有'의 표현	• 명사술어문 • 숫자 읽기	중국인이 좋아하는 숫자	43
4	여보세요, 실례지만 샤오잉 있습니까? 喂，请问小瑛在吗?	• 전화하기 • '在'의 표현 • 숫자의 표현	• 전화와 관련된 표현	손동작으로 말하는 숫자	55
5	당신은 무엇을 샀습니까? 你买了什么?	• '了'의 표현 • 연동문의 표현 • 경험의 표현	• '了'의 표현 • 到+ 장소+ 来(去)	중국의 화폐	67
6	지금 몇 시입니까? 现在几点?	• 시간 묻기 • '快～了'의 표현 • 날짜 묻기	• 시간 읽기	'二'과 '两'	79
7	테니스 칠 줄 아세요? 你会打网球吗?	• '会'의 표현 • 취미 활동	• 여러 가지 운동	부수를 알면 한자가 보인다!	91
8	좀 싸게 해주실 수 있나요? 能不能便宜一点儿?	• 물건 사기 • '想'의 표현 • '一点儿'의 표현	• '穿'과 어울리는 명사 • '戴'와 어울리는 명사	물건을 세는 단위 – 양사	103

중국어에 대한 몇 가지 궁금증

중국어를 중국말로 뭐라고 할까요?

중국어는 중국말이니까 당연히 中国语라고 하겠지 생각하시는 분이 계실텐데요. 네, 물론 中国语(Zhōngguóyǔ 쭝구어위)라고 해도 중국 사람들은 다 알아듣습니다. 하지만 더 많이 쓰는 말은 汉语(Hànyǔ 한위)입니다. 그 이유는 중국은 한족(汉族)을 포함한 56개의 민족으로 이루어진 다민족 국가인데, 그 중에서 한족이 94%를 차지하기 때문에 그들이 쓰는 언어가 표준어가 되었습니다.

중국에서 쓰는 한자가 좀 이상해요?!

중국에서는 우리가 쓰는 한자와 달리 복잡한 획을 간단하고 쓰기 쉽게 만든 간체자(简体字 Jiǎntǐzì 지엔티쯔)를 사용하고 있습니다. 이런 이유로 많은 분들이 한자를 새로 배워야 하는 부담 때문에 중국어를 어렵게 생각하시는 것 같습니다. 하지만 간체자를 한자한자 배우다보면 어느새 간체자 쓰기가 중국어 공부의 또 다른 즐거움이 될 것입니다.

龍 ···▸ 龙
번체자 / 간체자
용 / lóng

语

중국어 발음 표기는 어떻게 하죠?

중국에서는 1958년 이후 거의 50년 동안 라틴 자모로 한자에 발음을 표기하는 한어병음(汉语拼音 Hànyǔpīnyīn 한위핀인)을 사용하고 있습니다. 한어병음의 사용은 많은 긍정적인 효과를 가져왔는데요, 특히 국제 사회에서 널리 통용되는 문자가 라틴 자모이기 때문에 외국인이 중국어를 배우는데 큰 도움이 됩니다.

ǒ ā ī é ě ú ó

중국어의 표준어와 방언 !

표준어를 중국어로는 普通话(pǔtōnghuà 푸통화)라고 하며 우리가 배우는 것은 북경어가 아닌 바로 普通话입니다. 중국은 각 지역마다 방언(方言 fāngyán 팡이엔)이 따로 있는데, 특히 상해나 광동 사람들이 그 지역의 방언을 말하면 전혀 알아들을 수 없습니다. 같은 중국 사람들도 알아들을 수 없으니, 외국어나 마찬가지인 셈이죠. 간혹 광동어로 더빙이 된 홍콩영화를 보다가 누군가 제게 무슨 말이냐고 물으면 난감할 때가 있습니다. 광동어를 배우지 않은 이상 저도 알 수 없기 때문이죠.

중국어의 어순은 영어와 비슷하다던데 ?

네, 중국어의 어순은 영어와 비슷하다고 생각하시면 됩니다. 기본 어순은 '주어+동사+목적어'로 '주어+목적어+동사' 순인 우리말과는 다르죠. 이 차이점을 처음에 아무리 이야기해도 많은 분들이 우리나라 어순에서 벗어나지 못하고 목적어를 먼저 말하고 동사를 말씀하시곤 하죠. 그럼 이것을 극복할 수 있는 방법이 없을까요? 하고 물으신다면 간단한 중국어 문장을 되도록 많이 읽으라고 권해드리고 싶습니다. 읽기 연습을 통해 중국어 어순이 자연스럽게 입에 밸 수 있게 해보세요.

발음 특히 성조가 그렇게 중요한가요 ?

그럼요, 중국어는 발음이 같은 한자가 많이 있는데 이것을 구별하는 방법이 바로 성조입니다. 예를 들어 '~이다'란 뜻의 '是'와 '숫자 10'인 '十'는 모두 'shi'라고 읽는데 전자는 4성인 'shì', 후자는 2성인 'shí'로 읽습니다. 따라서 어떤 말을 할 때 성조를 지켜서 제대로 읽지 않으면 상대방이 다른 뜻으로 알아들을 수 있으므로 성조 연습을 열심히 해야겠죠.

중국어의 발음

 01

1. 성모: 우리말의 자음에 해당합니다.

(1) 순음(唇音 입술 소리)

두 입술을 다물었다가 숨을 터뜨리며 내는 소리로 뒤에 운모 'o'를 붙여 읽습니다. 특히 'fo'는 순치음(唇齒音 이하 입술 소리)으로 윗니를 아랫입술에 가볍게 대고 그 틈으로 숨을 마찰시켜 내는 소리로 영어의 'fo' 발음과 비슷합니다.

* 'bo'는 1성 · 4성일 때는 'ㅃ'으로, 2성 · 3성일 때는 'ㅂ'으로 발음합니다.

(2) 설첨음(舌尖音 혀끝 소리)

혀끝의 가운데 부분을 윗잇몸에 대고 내는 소리로 뒤에 운모 'e'를 붙여 읽습니다.

* 'de'는 1성 · 4성일 때는 'ㄸ'으로, 2성 · 3성일 때는 'ㄷ'으로 발음합니다.

(3) 설근음(舌根音 혀뿌리 소리)

목구멍 깊은 곳에서 나오는 소리로 특히 'k'와 'h' 발음은 가래가 끓는 듯한 거친 소리가 나게 발음하며 뒤에 'e'를 붙여 읽습니다.

* 'ge'는 1성 · 4성일 때는 'ㄲ'으로, 2성 · 3성일 때는 'ㄱ'으로 발음합니다.

(4) 설면음(舌面音 혓바닥 소리)

혓바닥을 넓게 입천장의 단단한 부분 앞쪽에 붙였다가 느슨히 하면서 그 사이로 숨을 내보내며 내는 소리로 뒤에 'i'를 붙여 읽습니다.

(5) 권설음(卷舌音 혀끝 뒷소리)

혀끝을 가볍게 들어올려 입천장의 단단한 부분에 살짝 닿게 한 뒤 내는 소리로 뒤에 'i'를 붙여 읽습니다. 단, 여기서 'i'는 '이'가 아니라 '으'로 발음된다는 것에 주의하세요. 우리말에는 없는 발음이므로 많이 듣고 열심히 따라 하면 정확한 발음을 배우는 데 도움이 될 것입니다.

zhù
祝 축하하다

chī
吃 먹다

shuō
说 말하다

rè
热 덥다

(6) 설치음(舌齿音 혀끝 앞소리)

윗니와 아랫니를 붙인 채 혀끝을 평평하게 펴서 윗니 뒤에 대고 내는 된소리로 약간 바람이 새는 듯한 느낌이 들며 뒤에 'i'를 붙여 읽습니다. 단, 여기서 'i'는 '이'가 아니라 '으'로 발음된다는 것에 주의하세요.

zuò
坐 앉다

cài
菜 음식

sòng
送 보내다

02

2. 운모: 우리말의 모음에 해당합니다.

우리말의 모음에 해당하는 운모는 기본 모음과 복모음으로 나눌 수 있으며, 중국어의 받침은 'n'과 'ng' 즉, 'ㄴ'과 'ㅇ' 두 가지가 있습니다. 다음 운모표에서 * 표시가 되어 있는 발음은 틀리기 쉬우므로 특히 주의하시기 바랍니다.

(1) 기본 모음

mǎ
马 말

bō
波 물결

kě
渴 목마르다

lí
梨 배

a (아) 입을 크게 벌리고 '아' 하고 길게 발음합니다.

o (오어) 입을 반쯤 벌리고 입 모양을 둥글게 하여 '오'와 '어'의 중간음을 냅니다.

e (으어) 입을 약간 벌리고 혀를 뒤로 하여 '으어' 하고 발음합니다.

i (이) 입을 작게 벌리고 입술을 양옆으로 길게 벌리며 '이'라고 발음합니다.

u (우) 입술을 둥글게 오므리고 앞으로 내밀며 '우'라고 발음합니다.

ü (위) '우'와 같은 입 모양으로 '위'라고 발음하되 입술 모양이 변해서는 안됩니다. 이 발음이 'j, q, x' 와 어울릴 경우 위의 두 점은 생략하여 표기를 하는데, 예를 들어 'qu'는 '추'가 아니라 '취' 하고 발음합니다. 또한 앞에 자음이 없이 모음만으로 한 음절을 이룰 경우는 'y' 와 어울려 'yu'로 표기합니다.

ê (에) 입술을 약간 안쪽으로 끌어당겨 우리말의 '에'와 비슷하게 발음을 합니다. 이 발음은 감탄사 '诶(ê 또는, ēi 이봐, 어이)' 외에는 쓰지 않습니다.

er (얼) 혀끝을 입천장쪽으로 약간 말아올려 '얼'이라고 발음하되 혀끝이 입천장에 닿지 않게 해야 합니다.

(2) **복모음**

ai 아이	ao 아오	an 안	ang 앙					
ou 오우	ong 옹/웅							
* ei 에이	en 언	eng 엉						
ia 이아	ie 이에	iao 이아오	* iou (iu) 이어우/이우	in 인	ing 잉	* ian 이엔	iang 이앙	iong 이옹

ua 우아	uo 우오	uai 우아이	* uei (ui) 우에이/우이	uan 우안	* uen (un) 우언/운	uang 우앙	ueng 우엉	
üe 위에	ün 윈	* üan 위엔						

*** ei** 우리말의 '에이'처럼 발음합니다. '어이'가 아니란 점 주의하세요.

*** iou / iu** 우리말의 '이어우'처럼 발음합니다. 단, 'iou' 앞에 자음이 올 경우 'iu'로 줄여 쓰고 '이우'에 가깝게 발음합니다. 예 九 jiǔ 아홉, 9

*** ian** 우리말의 '이엔'처럼 발음합니다. '이안'이 아니란 점 주의하세요. 예 天 tiān 하늘

*** uei / ui** 우리말의 '우에이'처럼 발음합니다. 단, 'uei' 앞에 자음이 올 경우 'ui'로 줄여 쓰고 '우이'에 가깝게 발음합니다. 예 对 duì 맞다

*** uen / un** 우리말의 '우언'처럼 발음합니다. 단, 'uen' 앞에 자음이 올 경우 'un'으로 줄여 쓰고 '운'에 가깝게 발음합니다. 예 春 chūn 봄

*** üan** 우리말의 '위엔'처럼 발음합니다. 그러나 우리나라에 중국의 화폐 단위가 '위안화'로 알려져 이 발음을 '위안'이라고 하는 사람들이 있는데 실제 중국어를 할 때는 '위엔'이라고 발음해야 한다는 사실 꼭 기억하세요.

3. 성조

중국어에는 각 한자마다 고유의 음을 가지고 있는데 이 음의 높낮이를 표시한 것이 바로 '성조'(声调 shēngdiào)입니다. 중국어의 성조는 1, 2, 3, 4성으로 나뉘며 같은 발음이라도 성조에 따라 의미가 달라지기 때문에 정확한 성조를 익히는 것이 중요합니다.

(1) 4성

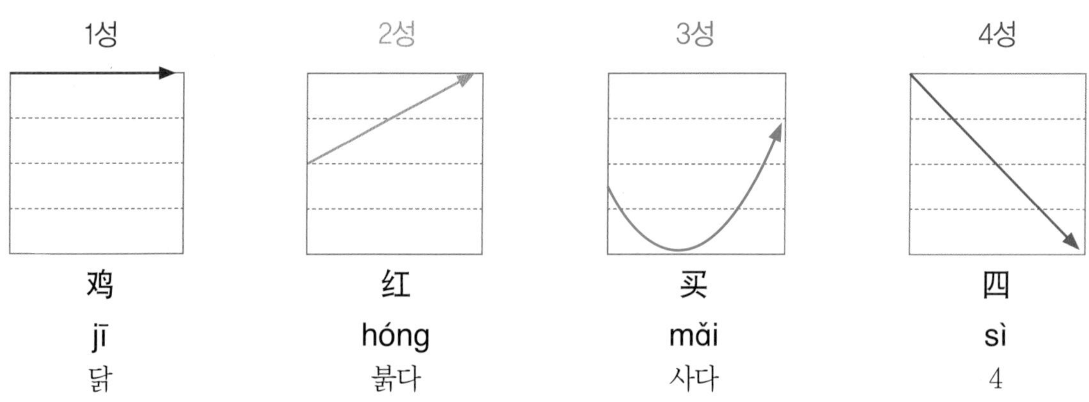

제1성 높은음에서 시작하여 높은음으로 끝납니다. 음계의 '솔'에 해당하며 처음부터 끝까지 '솔~~'로 발음하면 됩니다.

제2성 중간음에서 시작하여 높은음으로 올라갑니다. 음계의 '미'에서 시작하여 '솔'까지 올라간다고 보면 됩니다.

제3성 약간 낮은음에서 시작하여 아주 낮은음으로 내려갔다가 다시 높은음으로 올라갑니다. 음계에서는 '레'에서 시작하여 '도'까지 내려왔다가 다시 '파'까지 올라가는 음이라고 보면 됩니다.

제4성 높은음에서 시작하여 급격히 낮은음으로 내려옵니다. 음계에서는 '솔'에서 시작하여 '도'까지 급격하게 떨어지는 음이라고 보면 됩니다.

※ 성조 부호 표기법

성조 부호는 주요모음인 a o e i u ü 위에 표기합니다. 한 음절에 운모가 하나일 때는 성조 부호를 해당 운모 위에 표기하고, 여러 개의 운모가 있을 때는 다음 규칙에 따릅니다.

- a가 있으면 a에 표시 : bāo 包 포장하다 nián 年 년
- a가 없으면 e나 o에 표시 : xié 鞋 신발 guò 过 지나다
- iu 또는 ui로 끝나는 발음은 뒤에 오는 모음에 표시 : liù 六 6 shuǐ 水 물
- i 위에 성조 부호를 표시할 경우 i 위의 점은 생략 : qī 七 7

a > o,e > i, u, ü

(2) 경성

원래의 성조가 사라지고 가볍고 짧게 나는 소리를 '경성'(轻声 qīngshēng)이라고 합니다. 경성의 소리값은 앞 음절의 성조에 따라 달라지며, 아무런 성조 표기를 하지 않습니다.

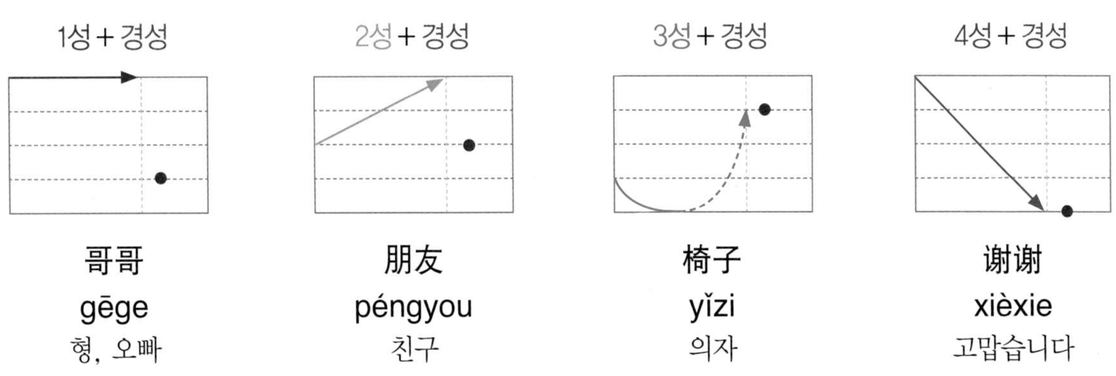

(3) 성조의 변화

대부분의 경우 제 성조를 그대로 유지하지만 일부 특수한 경우 성조가 제 음을 잃어버리는 경우가 생기기도 합니다. 어떤 경우가 있는지 알아봅시다.

1 3성+3성 ⇒ 2성+3성

你好 nǐ hǎo → ╲╱ ╲╱ 안녕하세요

2 3성+1, 2, 4성 ⇒ 반3성+1, 2, 4성

- 3성+1성 Běijīng 北京 → ╲╱ — 북경
- 3성+2성 wǎngqiú 网球 → ╲╱ ╱ 테니스
- 3성+4성 kělè 可乐 → ╲╱ ╲ 콜라

*반3성은 3성 음절이 1성, 2성, 4성, 경성 앞에 올 때, 3성에서 상승하는 후반부를 생략한 발음을 말합니다.

3 3성+3성+3성 ⇒ 반3성+2성+3성

wǒ hěn hǎo 我很好 → ╲╱ ╲╱ ╲╱ 저는 잘 지냅니다

4 '不'의 성조변화

- '不'+4성 : '不'는 원래 4성이나 뒤에 4성이 올 경우 2성으로 읽습니다.

bú shì 不是 아니다　　bú yòng 不用 ~할 필요 없다

5 '一'의 성조변화

- '一'+4성 : '一'는 원래 1성이나 뒤에 4성이 올 경우 2성으로 읽습니다.

yí gòng 一共 전부　　yí yàng 一样 같다

- '一'+1, 2, 3성 : '一' 뒤에 1, 2, 3성이 올 경우 4성으로 읽습니다.

yì zhí 一直 쭉, 똑바로　　yì qǐ 一起 함께

- 연도 표시나 서수로 쓰인 '一'는 원래대로 1성으로 읽습니다.

yī jiǔ jiǔ yī nián	dì yī cì	yī yuè
一九九一年(1991년)	第一次(제 1차)	一月(1월)

04

4. 얼화(儿化)

글자 뒤에 '儿'이 붙어 앞 음절의 운모(韻母)를 권설(卷舌)운모가 되게 하는 것을 말합니다. 발음할 때 혀를 굴리는 소리가 납니다.

명사나 동사 중에서 뒤에 儿(ér 얼)을 수반하는 경우 'e'를 생략하고 'r'만 발음합니다.

nánháir 男孩儿 남자아이　　wánr 玩儿 놀다

일부 단음절 형용사는 중첩하여 부사로 쓰이는데 이때 두 번째 음절은 1성으로 변하고 얼화하여 발음합니다.

hǎohāor 好好儿 잘　　mànmānr 慢慢儿 천천히

05

5. 발음연습

▶ 성조 연습

1성+1성	fēijī	飞机	비행기	xiāngjiāo	香蕉	바나나
1성+2성	Zhōngguó	中国	중국	jīngyíng	经营	경영하다
1성+3성	qiānbǐ	铅笔	연필	hēibǎn	黑板	칠판
1성+4성	gōngzuò	工作	일	zhuānyè	专业	전공
1성+경성	māma	妈妈	엄마	gēge	哥哥	오빠, 형
2성+1성	máoyī	毛衣	스웨터	míngtiān	明天	내일
2성+2성	hóngchá	红茶	홍차	lánqiú	篮球	농구
2성+3성	cídiǎn	词典	사전	niúnǎi	牛奶	우유
2성+4성	xuéxiào	学校	학교	hóngyè	红叶	낙엽
2성+경성	péngyou	朋友	친구	xuésheng	学生	학생
3성+1성	lǎoshī	老师	선생님	huǒchē	火车	기차
3성+2성	jiǎnféi	减肥	다이어트	lǚxíng	旅行	여행
3성+3성	shǒubiǎo	手表	손목시계	liǎojiě	了解	이해하다
3성+4성	kǎoshì	考试	시험	gǎnmào	感冒	감기
3성+경성	jiějie	姐姐	언니, 누나	nǎinai	奶奶	할머니

4성+1성	miànbāo	面包 빵	qìchē	汽车 자동차
4성+2성	liànxí	练习 연습(하다)	dàxué	大学 대학
4성+3성	Hànyǔ	汉语 중국어	qìshuǐ	汽水 사이다
4성+4성	zàijiàn	再见 안녕히 가세요(계세요)	diànhuà	电话 전화
4성+경성	mèimei	妹妹 여동생	dìdi	弟弟 남동생

▶ 주의할 발음

'一'+1성	一天 yì tiān	하루	'一'+2성	一年 yì nián	일 년
'一'+3성	一点 yì diǎn	한 시	'一'+4성	一件 yí jiàn	한 벌
'不'+1성	不喝 bù hē	마시지 않다	'不'+2성	不来 bù lái	오지 않다
'不'+3성	不好 bù hǎo	좋지 않다	'不'+4성	不累 bú lèi	피곤하지 않다

▶ 성모와 운모 연습

b	bàba 爸爸 아버지	běifāng 北方 북방	bǐsài 比赛 시합
p	pàocài 泡菜 김치	pīngpāngqiú 乒乓球 탁구	pútáo 葡萄 포도
m	māma 妈妈 어머니	měiyuán 美元 달러	míngpái 名牌 명품
f	fēicháng 非常 매우	fāngfǎ 方法 방법	fúwù 服务 서비스
d	dàjiā 大家 모두	dōngxi 东西 물건	děngdài 等待 기다리다
t	tàiyáng 太阳 태양	tuántǐ 团体 단체	tèbié 特别 특별히
n	nánběi 南北 남북	niánjì 年纪 나이	nánnǚ 男女 남녀
l	láodòng 劳动 노동	liúlì 流利 유창하다	lǚtú 旅途 여정
g	gānbēi 干杯 건배	gāoxìng 高兴 기쁘다	guànjūn 冠军 1등
k	kèběn 课本 교과서	kāfēi 咖啡 커피	kēxué 科学 과학
h	Hánguó 韩国 한국	hùzhào 护照 여권	hánjià 寒假 겨울방학

j q x	jūnduì 军队 군대 qǐngkè 请客 한턱 내다 xiāngxìn 相信 믿다	jiějué 解决 해결하다 qùnián 去年 작년 xuéxí 学习 공부하다	jīchǎng 机场 공항 qīngchu 清楚 분명하다 xǐhuan 喜欢 좋아하다
zh ch sh r	Zhōngguó 中国 중국 Chángchéng 长城 만리장성 Shànghǎi 上海 상해 Rìběn 日本 일본	zhīdao 知道 알다 chī fàn 吃饭 밥을 먹다 shēngrì 生日 생일 règǒu 热狗 핫도그	zhèngzhì 政治 정치 chūntiān 春天 봄 shìshí 事实 사실 rèqíng 热情 열정적이다, 친절하다
z c s	zǎoshang 早上 아침 cānguān 参观 참관하다 sànbù 散步 산책하다	zìyóu 自由 자유 cǎoméi 草莓 딸기 sījī 司机 운전기사	zúqiú 足球 축구 cèlüè 策略 책략 sùshè 宿舍 기숙사

Qīngqing Sōngsōng Zhǎngwò Hànyǔ
轻轻松松掌握汉语!
중국어 쉽게 배우자!

Unit
1
你好，王洪！
안녕하세요, 왕홍 씨!
谢谢！
你好！
你忙不忙？
학습 포인트
• 인사하기
• 감사의 표현
• 부정의 표현

익혀두세요

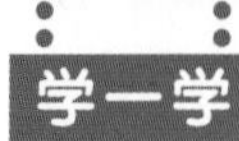

1

안녕하세요!

▌시간, 장소, 신분에 관계 없이 자주 쓰는 인사이며 존칭어는 '您好! Nín hǎo! 닌하오'입니다.

2

잘 지냅니다.

▌'好'는 '좋다'라는 뜻이지만 인사말에서는 '안녕하다, 건강하다'란 뜻으로 쓰입니다.

3

니 망 뿌 망
你忙不忙?
Nǐ máng bu máng?

바쁘신가요?

▌상대방을 만났을 때 흔히 할 수 있는 인사말 중 하나입니다.

말해 보세요

1

说一说

 07

니 하오 왕 홍
你好，王洪！
Nǐ hǎo, Wáng Hóng!

메이 아이 니 하오
美爱，你好！
Měi'ài, nǐ hǎo!

미애: 안녕하세요, 왕홍 씨!

왕홍: 미애 씨, 안녕하세요!

해설

你好 '你好'는 '주어 + 형용사'로 이루어진 문장인데요, 이렇게 형용사가 술어의 주요 성분이 된 문장을 '형용사 술어문'이라고 합니다.

我很高兴。 Wǒ hěn gāoxìng. 나는 기쁩니다(기분이 좋습니다).

단어

· 你	nǐ	너, 당신	· 好	hǎo	좋다, 안녕하다
· 王洪	Wáng Hóng	왕홍(사람 이름)	· 美爱	Měi'ài	미애(사람 이름)
· 很	hěn	매우, 아주	· 高兴	gāoxìng	기쁘다

말해 보세요

07

니 쭈이 찐 하오 마
你最近好吗?
Nǐ zuìjìn hǎo ma?

워 헌 하오 씨에 시에 니 너
我很好, 谢谢。你呢?
Wǒ hěn hǎo, xièxie. Nǐ ne?

워 이에 헌 하오 씨에 시에
我也很好, 谢谢。
Wǒ yě hěn hǎo, xièxie.

미애: 요즘 잘 지내고 계신가요?
왕홍: 네, 잘 지냅니다. 고마워요. 당신은요?
미애: 저도 잘 지내요, 고마워요.

해설

吗 문장의 끝에 쓰여 의문을 나타내는 조사입니다. 긍정과 부정 형식에 모두 쓸 수 있습니다.

你累吗? Nǐ lèi ma? 피곤하세요(힘드세요)?
你不累吗? Nǐ bú lèi ma? 피곤하지 않으세요?

呢 의문의 어기를 나타내는 조사입니다. '吗'는 '怎么 zěnme, 谁 shéi, 什么 shénme'와 같은 의문사와 같이 쓸 수 없지만 '呢'는 같이 쓸 수 있습니다.

怎么办呢? Zěnme bàn ne? 어떻게 하죠?

단어

- 最近 zuìjìn 요즘, 최근
- 谢谢 xièxie 감사합니다
- 也 yě ~도, 역시
- 怎么 zěnme (원인) 왜, 어째서, 어떻게
- 谁 shéi 누구
- 吗 ma 의문 조사
- 呢 ne 의문의 어기를 나타내는 조사
- 累 lèi 피곤하다, 힘들다
- 办 bàn 하다, 처리하다
- 什么 shénme 무엇

说一说

니 쭈이 진 꽁 쭈어 망 뿌 망

你最近工作忙不忙？

Nǐ zuìjìn gōngzuò máng bu máng?

부 타이 망

不太忙。

Bú tài máng.

미애: 요즘 일이 바쁘신가요?

왕홍: 별로 바쁘지 않아요.

해설

忙不忙 문장 끝에 '吗'를 붙여 의문문을 만드는 것 외에 서술어의 '긍정 + 부정' 형식으로도 의문문을 만들 수 있는데 이것을 '정반의문문'이라고 합니다.

你累不累? Nǐ lèi bu lèi? 피곤하세요(힘드세요)?

不 '不'는 형용사, 동사 또는 다른 부사 앞에 쓰여 문장의 부정을 나타냅니다.

她最近工作不太忙。 Tā zuìjìn gōngzuò bú tài máng. 그녀는 요즘 일이 별로 바쁘지 않습니다.

단어

- 工作 gōngzuò 일, 작업
- 不太 bú tài 별로, 그다지 ~하지 않다
- 忙 máng 바쁘다
- 不 bù 아니다(부정의 표현)

바꿔 말해 보세요

08

1

你 Nǐ	好！hǎo!	안녕하세요!
你们 Nǐmen		여러분 안녕하세요!
大家 Dàjiā		모두(여러분) 안녕하세요!

2

你最近 Nǐ zuìjìn	好吗? hǎo ma?	요즘 잘 지내십니까?
	怎么样? zěnmeyàng?	요즘 어떻게 지내세요?
	忙不忙? máng bu máng?	요즘 바쁘세요?

단어

- 你们 nǐmen 여러분
- 大家 dàjiā 모두, 여러분
- 怎么样 zěnmeyàng 어떠하냐?

3	你 Nǐ	忙不忙? máng bu máng?	바쁘세요?
		去不去? qù bu qù?	가실 겁니까?
		知不知道? zhī bu zhīdào?	알고 계십니까?

4	我 Wǒ	不 bú	饿。 è.	저는 배고프지 않습니다.
		不 bú	去。 qù.	저는 안 갑니다.
		不太 bú tài	喜欢。 xǐhuan.	저는 별로 좋아하지 않습니다.

단어

- 去 qù 가다
- 饿 è 배고프다
- 知道 zhīdao 알다 (부정표현에서 '道'는 4성으로 읽힘. 정반의문문 형식 '知不知道')
- 喜欢 xǐhuan 좋아하다

❶ 간단한 인사 표현

早上好！
Zǎoshang hǎo!
(아침인사) 안녕하세요!

간단하게 '早！Zǎo!'라고도 합니다.

再见！
Zàijiàn!
안녕히 가세요 (안녕히 계세요)!

'拜拜 bàibai'라고도 합니다.

请慢走！
Qǐng màn zǒu!
살펴 가세요!

상대방을 배웅할 때 '再见' 뒤에 이 말을 씁니다.

好久不见。
Hǎo jiǔ bú jiàn.
오랜만입니다.

비슷한 표현으로 '好久没见。Hǎojiǔ méi jiàn.'이 있습니다.

Tip ▶ 인칭대명사

	단 수	복 수
1인칭	我 wǒ 나, 저	我们 wǒmen 우리 咱们 zánmen 우리
2인칭	你 nǐ 너, 당신 您 nín 당신	你们 nǐmen 너희, 당신들
3인칭	他 tā 그 她 tā 그녀 它 tā 그것	他们 tāmen 그들 她们 tāmen 그녀들 它们 tāmen 그것들

* '咱们'은 말하는 상대방을 반드시 포함하지만, '我们'은 그렇지 않을 수도 있습니다.

A：咱们去看电影怎么样? 우리 영화보러 가는 거 어때?
Zánmen qù kàn diànyǐng zěnmeyàng?

B：不行，我没时间，我们下午有课。안 돼, 나 시간 없어, 우리 오후에 수업 있어.
Bùxíng, wǒ méi shíjiān, wǒmen xiàwǔ yǒu kè.

1분 스피치

你们好！你们最近怎么样?
Nǐmen hǎo! Nǐmen zuìjìn zěnmeyàng?

我最近工作不太忙，身体也很好。
Wǒ zuìjìn gōngzuò bú tài máng, shēntǐ yě hěn hǎo.

王洪他最近工作很忙，也很累。
Wáng Hóng tā zuìjìn gōngzuò hěn máng, yě hěn lèi.

我希望他多保重身体。
Wǒ xīwàng tā duō bǎozhòng shēntǐ.

해석

여러분 안녕하세요! 여러분은 요즘 어떻게 지내세요? 전 요즘 일이 별로 바쁘지 않아요, 몸도 건강하고요. 왕홍 씨는 요즘 일이 바쁘고 또 피곤하대요. 전 왕홍 씨가 건강에 주의하길 바랍니다.

단어

- 身体 shēntǐ 몸, 건강
- 他 tā 그(사람)
- 希望 xīwàng 바라다
- 保重 bǎozhòng 건강에 주의하다

1 다음 그림에 맞는 병음을 연결해 보세요.

(1) (2) (3) (4)

① xièxie!　② Nǐ hǎo!　③ máng　④ è

2 녹음을 잘 듣고 성조를 써 보세요. 10

(1) hao　(2) zuijin　(3) xiexie

(4) ye　(5) gongzuo　(6) bu tai

3 다음 대화의 녹음을 잘 듣고 빈칸에 발음을 써 보세요. 10

(1) A: ____________!　B: Nǐ hǎo!

(2) A: Nǐ zuìjìn hǎo ma?　B: ________________.

(3) A: Nǐ zuìjìn ________________?　B: Bú tài máng.

做一做

4 녹음을 듣고 들은 순서대로 해당하는 그림에 번호를 써 보세요.

5 다음 문장을 중국어로 써 보세요.

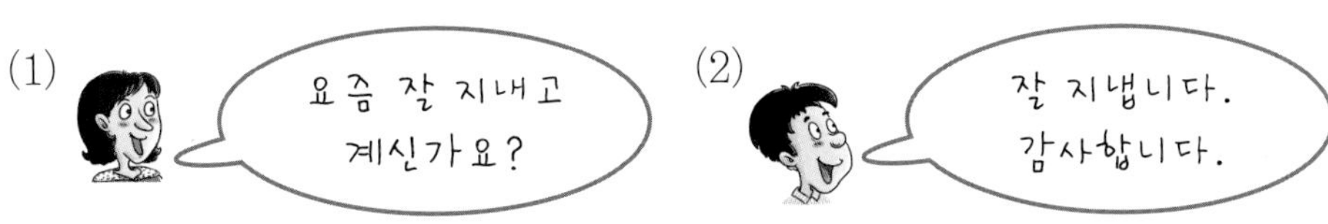

(1)
요즘 잘 지내고 계신가요?
(2)
잘 지냅니다. 감사합니다.

(3)
요즘 일이 바쁘신가요?
(4)
별로 바쁘지 않아요.

중국에 대한 간단한 상식

▲ 五星红旗

국토 면적 세계 3위, 아시아 최대를 자랑하는 중국은 56개의 민족으로 이루어진 다민족국가로 4대 문명의 하나인 황하문명의 발상지입니다.

중국의 정식 국명은 중화인민공화국(中華人民共和國)이며 22개의 성과 4개의 직할시, 5개의 자치구, 2개의 특별 행정구로 이루어져 있습니다. 수도는 베이징 (北京)이고 중국의 국기는 오성홍기(五星红旗)입니다. 오성홍기 왼쪽 위에 다섯 개의 별이 있는데 이중 가장 큰 별은 중국공산당을, 나머지 네 개의 작은 별은 노동자, 농민, 도시소자산계급, 민족자산계급을 상징합니다. 이 다섯 개의 별은 중국 인민의 대단결을 뜻하며 바탕의 붉은색은 혁명을 상징합니다.

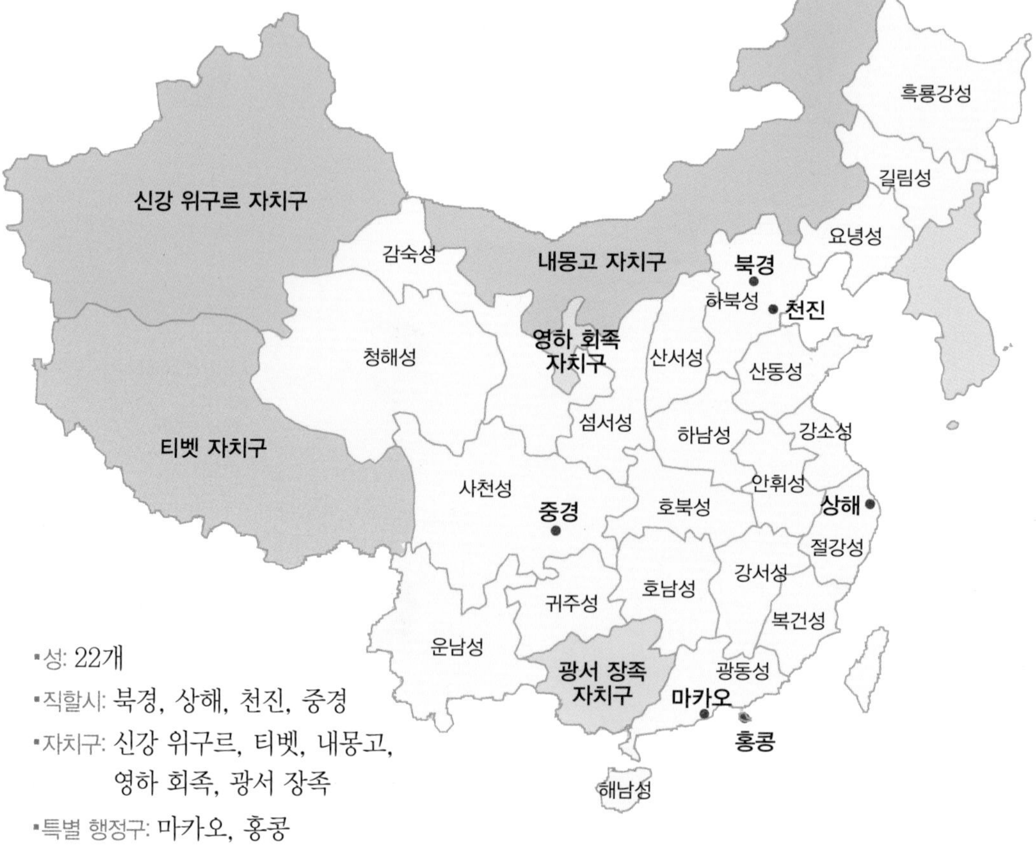

흑룡강성
길림성
신강 위구르 자치구
요녕성
감숙성
내몽고 자치구
북경
하북성
천진
영하 회족 자치구
청해성
산서성
산동성
섬서성
하남성
강소성
티베트 자치구
안휘성
사천성
중경
호북성
상해
절강성
강서성
호남성
귀주성
복건성
운남성
광서 장족 자치구
광동성
마카오
홍콩
해남성

- 성: 22개
- 직할시: 북경, 상해, 천진, 중경
- 자치구: 신강 위구르, 티벳, 내몽고, 영하 회족, 광서 장족
- 특별 행정구: 마카오, 홍콩

Unit
2
你叫什么名字?
당신의 이름은 무엇입니까?
你叫什么名字?
我是朴美爱。
很高兴认识你。
학습 포인트
• 이름 묻기
• '是'의 표현
• 부탁하기

익혀 두세요

学一学

 11

1

당신의 이름은 무엇입니까?

▌처음 만난 상대방과 통성명을 할 때 쓸 수 있는 말입니다. 주로 자신과 나이가 비슷하거나 어린 사람에게 쓰고 나이가 많은 분께는 잘 쓰지 않습니다.

2

워 스 피아오메이아이
我是朴美爱。
Wǒ shì Piáo Měi'ài.

저는 박 미애입니다.

▌중국어의 기본 어순인 '주어(我)+동사(是)+목적어(朴美爱)'로 된 문장입니다. 'A는 B이다'라는 문장을 만들 때 '~이다'란 뜻의 동사 '是'를 씁니다.

3

칭 원 닌 꾸이 씽
请问，您贵姓?
Qǐngwèn, nín guìxìng?

성함이 어떻게 되세요?

▌자기보다 나이가 많은 사람이나 예의를 갖추어야 할 공식적인 자리에서는 '您贵姓?'을 씁니다.

말해 보세요

2

니 하오 워 스 피아오 메이 아이
你好！我是朴美爱。
Nǐ hǎo! Wǒ shì Piáo Měi'ài.

니 찌아오 션 머 밍 즈
你叫什么名字？
Nǐ jiào shénme míngzi?

메이 아이 니 하오
美爱，你好！
Měi'ài, nǐ hǎo!

워 찌아오 샤오 잉 헌 까오 씽 런 스 니
我叫小瑛，很高兴认识你。
Wǒ jiào Xiǎoyīng, hěn gāoxìng rènshi nǐ.

미 애: 안녕하세요!
전 박 미애라고 해요.
이름이 뭐예요?

샤오잉: 미애 씨, 안녕하세요!
전 샤오잉이라고 해요, 만나서 반가워요.

해설

是 '是'는 '~이다'라는 뜻으로 부정형은 '不'를 붙여 '不是'라고 합니다.

我是学生。 Wǒ shì xuésheng. 저는 학생입니다.

我不是学生。 Wǒ búshì xuésheng. 저는 학생이 아닙니다.

什么 '什么'는 '무엇, 어떤, 무슨'이란 뜻의 의문대명사로 평서문에서 묻고자 하는 자리에 '什么'를 쓰면 어순의 변화 없이 의문문이 됩니다.

这是什么？ Zhè shì shénme? 이것은 무엇입니까?

단어

- 是 shì ~이다
- 叫 jiào ~라고 부르다
- 小瑛 Xiǎoyīng 샤오잉(사람 이름)
- 不是 búshì 아니다
- 这 zhè 이, 이것
- 朴 Piáo 박(성씨)
- 名字 míngzi 이름
- 认识 rènshi 알다
- 学生 xuésheng 학생

말해 보세요

런 스 니 워 이에 헌 까오 씽
认识你我也很高兴，
Rènshi nǐ wǒ yě hěn gāoxìng,

이 허우 칭 뚜어 뚜어 꾸안 자오
以后请多多关照。
yǐhòu qǐng duōduō guānzhào.

칭 원 닌 꾸이 씽
请问，您贵姓？
Qǐngwèn, nín guìxìng?

워 씽 왕 찌아오 왕 홍
我姓王，叫王洪。
Wǒ xìng Wáng, jiào Wáng Hóng.

미 애: 당신을 알게 돼서 저도 기뻐요. 앞으로 잘 부탁드려요.

샤오잉: 실례지만 성함이 어떻게 되세요?

왕 홍: 저는 왕 가이고, 왕홍이라고 합니다.

해설

请 상대방에게 어떤 일을 부탁하거나 권할 때 쓰는 경어로 영어의 'please'처럼 문장의 맨 앞에 놓입니다.

请坐。 Qǐng zuò. 앉으세요.

단어

- 以后 yǐhòu 앞으로, 이후
- 多多 duōduō 많이, 널리
- 请问 qǐngwèn 잠깐 여쭙겠습니다, 실례합니다
- 贵 guì 존경의 뜻을 나타내는 말
- 坐 zuò 앉다
- 请 qǐng 부탁하다, 요청하다
- 关照 guānzhào 돌보다
- 您 nín 당신('너'의 존칭)
- 姓 xìng 성
- 王 Wáng 왕(성씨)

说一说

왕 홍 니 스 한 구어 런 마
王洪，你是韩国人吗？
Wáng Hóng, nǐ shì Hánguórén ma?

부 스 워 스 쭝 구어 런
不是，我是中国人。
Búshì, wǒ shì Zhōngguórén.

샤오잉: 왕홍 씨, 당신은 한국인인가요?
왕 홍: 아니요, 저는 중국인입니다.

해설

请问 상대방이나 모르는 사람에게 무언가를 물어볼 때 문두에 쓸 수 있는 말입니다.
请问，这怎么用？ Qǐngwèn, zhè zěnme yòng? 저, 이건 어떻게 사용하나요?

贵 '贵'는 원래 '비싸다'라는 뜻이나 상대방의 이름을 물을 때는 존경과 겸손을 나타냅니다.

단어

- **用** yòng 사용하다
- **韩国人** Hánguórén 한국인
- **中国人** Zhōngguórén 중국인

바꿔 말해 보세요

13

1

你 Nǐ	是 shì	韩国人 Hánguórén	吗? ma?	당신은 한국인입니까?
他 Tā		公司职员 gōngsī zhíyuán		그는 회사원입니까?
这 Zhè		手机 shǒujī		이것은 휴대폰입니까?

2

我 Wǒ	是 shì	韩国人。 Hánguórén.	저는 한국인입니다.
他 Tā		公司职员。 gōngsī zhíyuán.	그는 회사원입니다.
这 Zhè		手机。 shǒujī.	이것은 휴대폰입니다.

단어

- 公司职员 gōngsī zhíyuán 회사원
- 手机 shǒujī 휴대폰

3 我 不是 韩国人。 저는 한국인이 아닙니다.
Wǒ búshì Hánguórén.

他 公司职员。 그는 회사원이 아닙니다.
Tā gōngsī zhíyuán.

这 手机。 이것은 휴대폰이 아닙니다.
Zhè shǒujī.

4 请 多多关照。 잘 부탁드립니다.
Qǐng duōduō guānzhào.

跟我来。 저를 따라 오세요.
gēn wǒ lái.

慢用。 (식사할 때)천천히 많이 드세요.
mànyòng.

단어

- 跟 gēn 따라가다
- 来 lái 오다
- 慢用 mànyòng 천천히 많이 드세요

좀 더 알아볼까요?

❶ 사과와 위로의 표현

对不起。
Duìbuqǐ.
죄송합니다.

사과할 때 가장 많이 쓰는 표현입니다.

不好意思。
Bùhǎoyìsi.
죄송합니다.

잘못이나 실수로 인해 '부끄럽다, 계면쩍다'는 뜻을 담은 사과의 표현입니다.

很抱歉。
Hěn bàoqiàn.
죄송합니다.

对不起와 마찬가지로 사과의 표현입니다.

请谅解。
Qǐng liàng jiě.
양해해 주세요.

상대방에게 정중하게 양해를 구할 때 쓰는 표현입니다.

打扰你了。
Dǎrǎo nǐ le.
폐를 끼쳤습니다.

예를 들어 남의 집을 방문하고 나올 때 상대방의 시간을 빼앗아 미안하다는 의미로 이 말을 씁니다.

Tip 지시대명사

이, 이것	저, 저것	어느, 어느 것
这 zhè	那 nà	哪 nǎ
여기, 이쪽	저기, 저쪽	어디, 어느 쪽
这儿 zhèr 这里 zhèli	那儿 nàr 那里 nàli	哪儿 nǎr 哪里 nǎli

1분 스피치

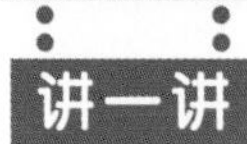

大家好！我叫朴美爱，是韩国人。
Dàjiā hǎo! Wǒ jiào Piáo Měi'ài, shì Hánguórén.

我是公司职员，现在在中国工作。
Wǒ shì gōngsī zhíyuán, xiànzài zài Zhōngguó gōngzuò.

王洪是我的同事，他是中国人。
Wáng Hóng shì wǒ de tóngshì, tā shì Zhōngguórén.

小瑛是研究生，是我的汉语老师。
Xiǎoyīng shì yánjiūshēng, shì wǒ de Hànyǔ lǎoshī.

她也是中国人。
Tā yě shì Zhōngguórén.

王洪和小瑛是我的中国朋友，
Wáng Hóng hé Xiǎoyīng shì wǒ de Zhōngguó péngyou,

我很高兴认识他们。
wǒ hěn gāoxìng rènshi tāmen.

해석

여러분 안녕하세요! 저는 박 미애라고 하며 한국인입니다. 저는 회사원이고 지금은 중국에서 일하고 있습니다. 왕홍 씨는 제 회사 동료이고 중국인입니다. 샤오잉은 대학원생이며 저의 중국어 선생님입니다. 그녀도 중국인입니다. 왕홍 씨와 샤오잉은 저의 중국 친구로 저는 그들을 알게 되어 참 기쁩니다.

단어

- 现在 xiànzài 현재, 지금
- 同事 tóngshì 동료
- 汉语 Hànyǔ 중국어
- 和 hé ~와(과)
- 朋友 péngyou 친구
- 在 zài ~에서(장소)
- 研究生 yánjiūshēng 대학원생
- 老师 lǎoshī 선생님
- 的 de ~의

연습 문제

1 녹음을 잘 듣고 성조를 써 보세요. 15

(1) mingzi　　(2) gaoxing　　(3) renshi

(4) guanzhao　　(5) xuesheng　　(6) shouji

2 다음 그림을 보고 발음을 써 보세요.

(1) 

____

(2) 
____

(3) 
____

3 다음 문장을 예처럼 바꾸어 보세요.

> 예 我是学生。 → 我不是学生。

(1) 我是中国人。 → ________

(2) 他是公司职员。 → ________

(3) 这是手机。 → ________

4 녹음을 듣고 들은 순서대로 해당하는 그림에 번호를 써 보세요. 15

5 다음 문장을 중국어로 써 보세요.

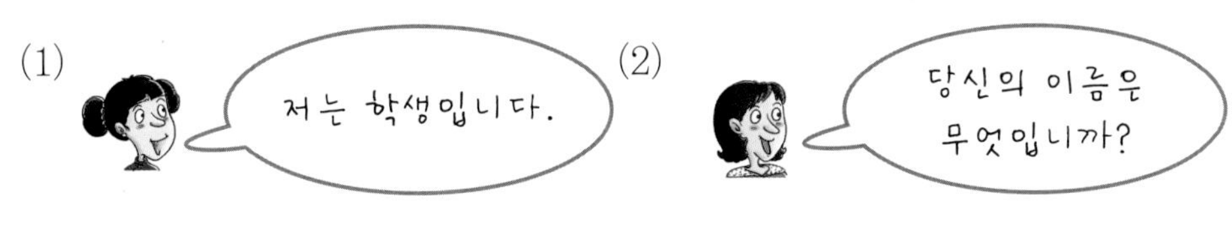

(1)
저는 학생입니다.
(2)
당신의 이름은 무엇입니까?

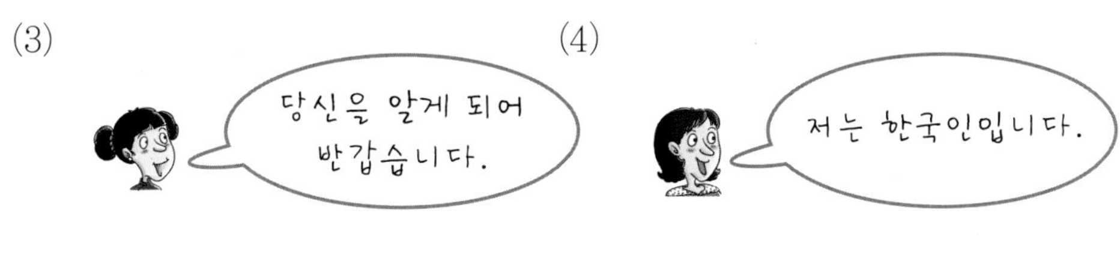

(3)
당신을 알게 되어 반갑습니다.
(4)
저는 한국인입니다.

중국인들이 부르는 호칭

처음 만난 자리에서 상대방 호칭을 어떻게 해야 할지는 중요한 문제가 아닐 수 없는데요, 중국도 우리나라와 마찬가지로 직장이나 단체 같은 공식적인 자리에서는 성씨 뒤에 직급을 붙여 '金科长(Jīn kēzhǎng 찐커장-김 과장)', '李经理(Lǐ jīnglǐ 리찡리-이 대리)'처럼 부릅니다. 간혹 상대방을 부를 때 '小(xiǎo 샤오)' 나 '老(lǎo 라오)'를 성씨 앞에 붙여 말하는 것을 볼 수 있는데요, 이는 상대방을 친근하게 부르는 호칭으로 상대방이 자기보다 나이가 어리면 '小'를, 나이가 많으면 '老'를 붙입니다.

만약 사적인 자리에서 만났다거나 상대방의 직급을 모를 때는 상대방이 남성이라면 성씨 뒤에 '先生(xiānsheng 씨엔셩-미스터)'을 붙이고, 여성이라면 '小姐(xiǎojie 샤오지에-미스)'를 붙이면 됩니다. 하지만 '小姐' 같은 경우 자칫하면 술집 여성을 부르는 것처럼 오해를 살 수 있기 때문에 식당이나 상점 등에서는 사용을 삼가셔야 합니다.

그럼 식당에서는 어떤 호칭을 쓸까요? 식당에서 종업원이나 주인을 불러 주문을 할 때 우리는 보통 '저기요' '여기요'라고 부르지요. 중국에서는 그 사람의 직책을 나타내는 말인 '服务员(fúwùyuán 푸우위엔-종업원)', '老板(lǎobǎn 라오반—사장님, 주인장)'이라고 하면 됩니다. 그리고 안내원이 있는 버스를 타거나 가게 등에서는 남녀 구분 없이 '师傅(shīfu)'라고 부르기도 합니다.

Unit
3
你家有几口人?
당신은 식구가 몇입니까?
你今年多大了?
你有没有哥哥?
你家有几口人?
학습 포인트
• 가족 소개
• 나이 묻기
• '有'의 표현

익혀 두세요

学一学

16

1

니 지아여우 지 커우 런
你家有几口人?
Nǐ jiā yǒu jǐ kǒu rén?

당신은 식구가 몇입니까?

▌처음 만난 사람에게 가족 수를 물어 볼 때 쓰는 말입니다. '口'는 가족 수를 세는 단위로 '양사'라고 합니다.

2

니 여우메이여우 꺼 거
你有没有哥哥?
Nǐ yǒu méi yǒu gēge?

당신은 형(오빠)이 있습니까?

▌의문문을 만들 때 술어를 '긍정+부정'의 정반의문문 형식으로 바꾸어 말할 수 있다고 했죠? 이 말은 '你有哥哥吗?'로 바꿔 말할 수 있습니다.

3

니 찐 니엔뚜어 따 러
你今年多大了?
Nǐ jīnnián duō dà le?

당신은 올해 몇 살입니까?

▌상대방이 자신과 비슷한 연령대일 경우 씁니다. 어린아이에게는 '你今年几岁了? Nǐ jīnnián jǐ suì le?', 연세가 있으신 분께는 '你今年多大年纪了? Nǐ jīnnián duōdà niánjì le?'를 써서 나이를 묻습니다.

말해 보세요

샤오 잉　니 지아 여우 지 커우 런
小瑛，你家有几口人？
Xiǎoyīng, nǐ jiā yǒu jǐ kǒu rén?

워 지아 여우 싼 커우 런　빠 바
我家有三口人，爸爸、
Wǒ jiā yǒu sān kǒu rén, bàba、

마 마 허 워　니 너
妈妈和我。你呢？
māma hé wǒ. Nǐ ne?

미 애: 샤오잉, 당신네 집은 식구가 몇이에요?

샤오잉: 우리 집은 아빠, 엄마 그리고 저, 이렇게 세 식구예요. 미애 씨는요?

해설

几 일반적으로 10 이하의 확실하지 않은 수를 묻거나 셀 때 씁니다. 의문문일 경우 문장 끝에 '吗'를 쓰지 않는다는 점 주의하세요.

这孩子几岁了？ Zhè háizi jǐ suì le? 이 아이는 몇 살입니까?

단어

• 家 jiā	집	• 有 yǒu	있다
• 几 jǐ	몇	• 口 kǒu	명(식구를 세는 단위)
• 人 rén	사람	• 爸爸 bàba	아빠, 아버지
• 妈妈 māma	엄마, 어머니	• 孩子 háizi	아이, 어린이

말해 보세요

17

우 커우 런 빠 바 마 마
五口人，爸爸、妈妈、
Wǔ kǒu rén, bàba、 māma、

메이 메이 띠 디 허 워
妹妹、弟弟和我。
mèimei、 dìdi hé wǒ.

니 여우 메이 여우 꺼 거
你有没有哥哥？
Nǐ yǒu méi yǒu gēge?

워 메이 여우 꺼 거 워 스 라오 따
我没有哥哥，我是老大。
Wǒ méiyǒu gēge, wǒ shì lǎodà.

미 애: 아빠, 엄마, 여동생, 남동생 그리고 저, 다섯 식구요.

샤오잉: 오빠는 있어요?

미 애: 오빠는 없어요, 제가 첫째예요.

해설

和 우리말의 '~와(과)'란 뜻으로 병렬되는 것이 셋 이상일 경우 맨 마지막 단어 앞에 씁니다.

有 '有'는 '있다'라는 뜻으로 구체적인 물건의 소유를 나타냅니다. 부정은 '没有'이며, 의문문을 만들 때는 문장 끝에 '吗'를 붙이거나 '긍정 + 부정'의 형식으로 의문문을 만들 수 있습니다. 즉, '有~吗？' 또는 '有没有~？'로 표현합니다.

단어

- 妹妹 mèimei 여동생
- 弟弟 dìdi 남동생
- 哥哥 gēge 오빠, 형
- 没有 méiyǒu 없다
- 老大 lǎodà 첫째

说一说

니 찐 니엔 뚜어 따 러
你今年多大了？
Nǐ jīnnián duōdà le?

얼 스 우 쑤이 러 니 너
二十五岁了，你呢？
Èrshí wǔ suì le, nǐ ne?

워 찐 니엔 얼 스 쓰 쑤이
我今年二十四岁。
Wǒ jīnnián èrshísì suì.

샤오잉: 올해 몇 살이죠?
미 애: 25살인데, 샤오잉 씨는요?
샤오잉: 전 올해 24살이에요.

해설

중국사람이 나이를 물을 때, 만(满) 나이로 대답하세요. 중국은 서양처럼 만으로 나이를 세거든요.

단어

- 今年 jīnnián 올해
- 了 le 문미에 쓰여 어떤 일에 변화가 생겼거나 변화된 상태를 나타냄
- 多大 duōdà (나이가)얼마인가
- 岁 suì 세, 살(나이를 세는 단위)

바꿔 말해 보세요

18

1

他 有没有 姐姐?
Tā yǒu méi yǒu jiějie?
그는 누나가 있습니까?

你 笔记本电脑?
Nǐ bǐjìběn diànnǎo?
당신은 노트북이 있습니까?

你 时间?
Nǐ shíjiān?
당신은 시간이 있습니까?

2

他 有 一个姐姐。
Tā yǒu yí ge jiějie.
그는 누나가 한 명 있습니다.

我 笔记本电脑。
Wǒ bǐjìběn diànnǎo.
저는 노트북이 있습니다.

我 时间。
Wǒ shíjiān.
저는 시간이 있습니다.

단어

- 笔记本电脑 bǐjìběn diànnǎo 노트북
- 姐姐 jiějie 누나, 언니
- 时间 shíjiān 시간

3 他 没有 姐姐。 그는 누나가 없습니다.
Tā méiyǒu jiějie.

我 笔记本电脑。 저는 노트북이 없습니다.
Wǒ bǐjìběn diànnǎo.

我 时间。 저는 시간이 없습니다.
Wǒ shíjiān.

4 你 今年 几岁了？ 너는 올해 몇 살이니?
Nǐ jīnnián jǐ suì le?

多大了？ 당신은 올해 몇 살입니까?
duōdà le?

多大年纪了？ 당신은 올해 연세가 어떻게 됩니까?
duōdà niánjì le?

❶ 명사술어문

술어의 주된 성분이 명사, 명사구, 간단한 수량사인 문장을 '명사술어문'이라고 합니다. '~은 ~이다'라는 표현에는 '是'를 써야 하지만 연령, 학년, 금액, 시간, 요일, 날짜 등을 말할 때는 보통 '是'를 생략하고 명사를 술어로 사용합니다.

今年三十八岁。 Jīnnián sānshíbā suì. 올해 38살입니다.

그러나 부정문은 '不'가 아닌 '不是'를 써야 합니다.

今年不是三十八岁。 Jīnnián bú shì sānshíbā suì. 올해 38살이 아닙니다.

❷ 숫자 읽기

(1) 1~100

一	yī	十一	shíyī	二十一	èrshíyī	三十一	sānshíyī
二	èr	十二	shí'èr	二十二	èrshí'èr	三十二	sānshí"èr
三	sān	十三	shísān	二十三	èrshísān	…	
四	sì	十四	shísì	二十四	èrshísì	四十	sìshí
五	wǔ	十五	shíwǔ	二十五	èrshíwǔ	五十	wǔshí
六	liù	十六	shíliù	二十六	èrshíliù	六十	liùshí
七	qī	十七	shíqī	二十七	èrshíqī	七十	qīshí
八	bā	十八	shíbā	二十八	èrshíbā	八十	bāshí
九	jiǔ	十九	shíjiǔ	二十九	èrshíjiǔ	九十	jiǔshí
十	shí	二十	èrshí	三十	sānshí	一百	yìbǎi

(2) '0'은 '零(líng)'이라고 읽습니다.

(3) 10 이상의 두 자리 숫자는 각 십의 해당하는 수에 1~9까지의 숫자를 붙여 읽습니다.

(4) 세 자리 이상의 숫자에서 십 단위 이상에 '0'이 있을 경우 '0'은 한 번만 읽습니다.

306 三百零六 sān bǎi líng liù 3006 三千零六 sān qiān líng liù

(5) 一千 yì qiān 1천, 一万 yí wàn 1만, 一亿 yí yì 1억

我来介绍一下我家里人。
Wǒ lái jièshào yíxià wǒ jiā li rén.

我爸爸今年54岁，是公司职员。
Wǒ bàba jīnnián wǔshísì suì, shì gōngsī zhíyuán.

我妈妈今年49岁，是家庭主妇。
Wǒ māma jīnnián sìshíjiǔ suì, shì jiātíng zhǔfù.

妹妹今年22岁，是大学生。
Mèimei jīnnián èrshí"èr suì, shì dàxuéshēng.

弟弟今年18岁，是高中生，他是我家的老幺。
Dìdi jīnnián shíbā suì, shì gāozhōngshēng, tā shì wǒ jiā de lǎo yāo.

我呢，今年25岁，是我家的老大。
Wǒ ne, jīnnián èrshíwǔ suì, shì wǒ jiā de lǎodà.

PLUS

'나의 아빠'라 하면 '我的爸爸'라고 할 것 같지만 자신의 가족을 말할 때는 보통 '的'를 생략하고 '我爸爸'라고 합니다.

해석

저희 가족을 소개하겠습니다. 저희 아빠는 올해 54세로 회사원이십니다. 저희 엄마는 올해 49세로 가정주부이십니다. 여동생은 22살이며 대학생입니다. 남동생은 18살이고 고등학생으로 우리집 막내입니다. 저는요, 올해 25살로 저희 집 장녀입니다.

단어

- 来 lái 동사 앞에 놓여 어떤 일을 하려함을 나타냄
- 介绍 jièshào 소개하다
- 一下 yíxià 좀 ~해 보다
- 家里人 jiā li rén 가족
- 家庭主妇 jiātíng zhǔfù 가정주부
- 大学生 dàxuéshēng 대학생
- 高中生 gāozhōngshēng 고등학생
- 老幺 lǎoyāo 막내
- 呢 ne 의문문 외에 문장 중간에 쓰여 휴지(休止)를 나타냄

연습 문제

1 다음 한자를 한어병음으로 써 보세요.

(1) 没有 ____________ (2) 妹妹 ____________

(3) 今年 ____________ (4) 多大 ____________

2 녹음을 잘 듣고 괄호 안에 숫자를 써 넣으세요. 20

(1) 我家有(　　　　)口人。

(2) 他今年(　　　　)岁。

(3) 我有(　　　　)块钱。

> 단어
> • 块 kuài 콰이 (元 yuán '위안'과 같은 화폐 단위)

3 녹음을 잘 듣고 그림의 내용과 일치하면 ○표, 그렇지 않으면 ×표를 하세요. 20

(1) 我家有四口人。(　　) (2) 我没有哥哥。(　　)

(3) 我有一个弟弟。(　　) (4) 我是老大。(　　)

4 다음 대화를 완성해 보세요.

A：你家有＿＿＿＿＿＿？

B：四口人。

A：你有没有弟弟？

B：＿＿＿，我有一个弟弟。

5 다음 문장을 중국어로 써 보세요.

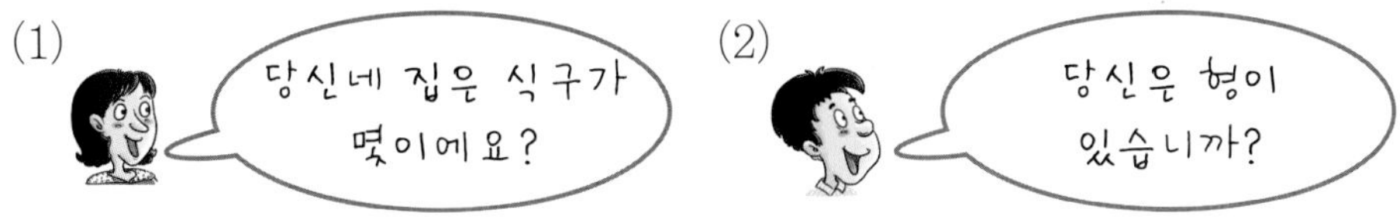

＿＿＿＿＿＿＿＿＿＿ ＿＿＿＿＿＿＿＿＿＿

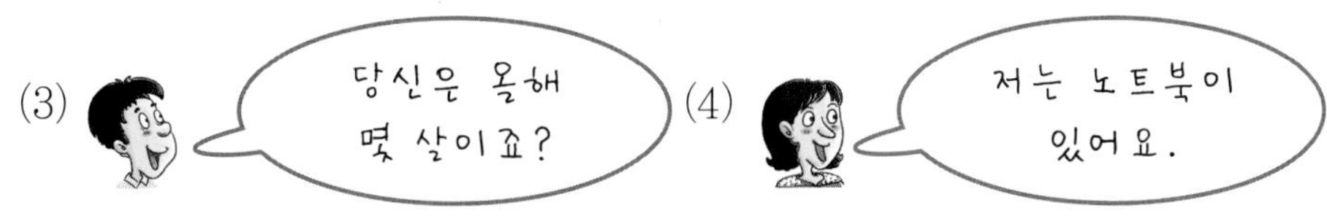

＿＿＿＿＿＿＿＿＿＿ ＿＿＿＿＿＿＿＿＿＿

6 가족을 그리고 소개해 보세요.

중국인이 좋아하는 숫자

우리의 일상생활은 숫자와 밀접한 관련이 있습니다. 이렇듯 우리의 생활과 밀접한 관련이 있는 숫자에 중국 사람들은 특별한 의미를 부여하기를 좋아합니다. 중국 사람들은 어떤 숫자에 어떤 의미를 부여하며, 또 어떤 숫자를 좋아하고 싫어하는지 알아봅시다.

8 : 중국인이 가장 좋아하는 숫자는 무엇일까요? 바로 숫자 '8'입니다. '8'의 발음인 'bā'가 '돈을 많이 벌다'란 의미를 지닌 '发财 fācái'의 '发 fā'와 발음이 비슷하기 때문이랍니다. 그래서 중국에서는 숫자 '8'이 들어간 전화번호나 차 번호 등이 높은 가격에 거래되기도 합니다.

9 : 다음으로 중국인들은 '오래가다, 장수하다'란 의미의 '久 jiǔ'와 발음이 같은 '9 jiǔ'를 좋아합니다.

6 : '흐르는 물과 같이 순조롭다'란 의미를 지닌 '流 liú'와 발음이 같은 '6 liù'도 좋아합니다.

4 : 그렇다면 중국인들이 가장 싫어하는 숫자는 뭘까요? 죽음을 의미하는 '死 sǐ'와 발음이 같은 '4 sì'입니다. 장수를 복(福) 중의 하나로 생각하는 중국인들이 꺼려할 만한 숫자이죠.

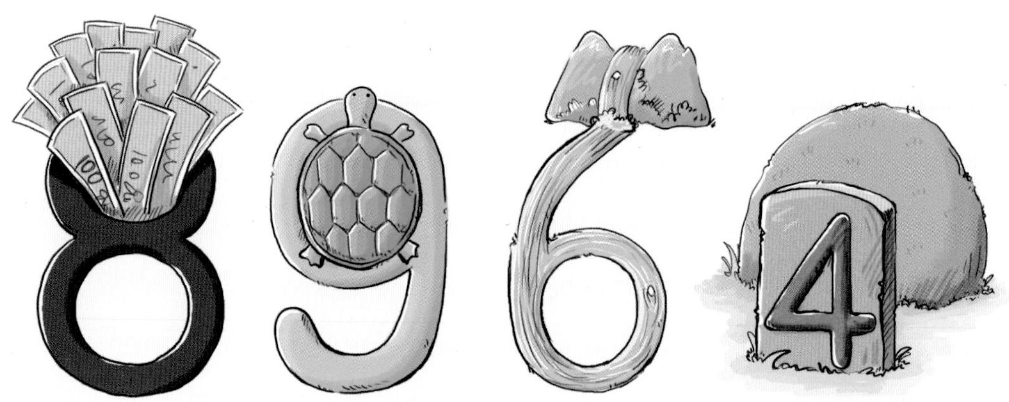

Unit
4
喂，请问小瑛在吗？
여보세요, 실례지만 샤오잉 있습니까?
喂，请问小瑛在吗？
她不在。
我的手机号码是～。
학습 포인트
• 전화하기
• '在'의 표현
• 숫자의 표현

익혀두세요

学一学

1

웨이 칭 원 샤오 잉 짜이 마
喂，请问小瑛在吗？
Wèi, qǐngwèn Xiǎoyīng zài ma?

여보세요, 실례지만 샤오잉 있습니까?

▌'喂'는 원래 4성이지만 전화를 걸고 받을 때는 'wéi' 하고 2성으로 읽기도 합니다.

2

칭 타 게이 워 다 그 띠엔 화 하오 마
请她给我打个电话，好吗？
Qǐng tā gěi wǒ dǎ ge diànhuà, hǎo ma?

제게 전화 좀 주라고 해주시겠습니까?

▌상대방에게 부탁을 할 때 '~해 주세요'란 의미의 '请'만을 써서 말해도 되지만 좀더 완곡하게 뒤에 '~, 好吗?'를 붙이기도 합니다. 우리말로는 '~해 주세요, 네?' 정도에 해당합니다.

3

워 더 셔우 지 하오 마 스
我的手机号码是
Wǒ de shǒujī hàomǎ shì
야오 싼 링 야오 치 빠 치 지어우 얼 싼 링
1 3 0 1 7 8 7 9 2 3 0。
yāo sān líng yāo qī bā qī jiǔ èr sān líng.

제 휴대폰 번호는 13017879230입니다.

▌숫자를 읽을 때 전화번호, 방 호실 등은 하나하나 읽으며 '1'은 '7 qī'와 발음상의 혼돈 때문에 'yī'가 아니라 'yāo'로 발음합니다. 참고로 휴대폰 번호는 셋, 넷, 넷으로 끊어서 읽습니다.

말해 보세요

说一说

4

22

웨이　니 하오　칭 원 샤오 잉 짜이 마
喂，你好！请问小瑛在吗？
Wèi, nǐ hǎo! Qǐngwèn Xiǎoyīng zài ma?

타 부 짜이　여우 션 머 셔 얼
她不在，有什么事儿？
Tā bú zài, yǒu shénme shìr?

> 미 애: 여보세요, 안녕하세요! 실례지만, 샤오잉 있습니까?
>
> 샤오잉 엄마: 샤오잉 없는데, 무슨 일인가요?

해설

在 본문에 쓰인 '在'는 '존재하다, 있다'란 뜻으로 사람, 사물 등의 존재를 나타냅니다. 전화를 받았을 경우 '접니다.'라는 말은 '我是。 Wǒ shì.' 또는 '我就是。 Wǒ jiù shì.'라고 하면 됩니다.

他在不在？ Tā zài bu zài? 그는 있습니까?

단어

- 喂 wèi　(전화에서)여보세요
- 在 zài　있다, 존재하다
- 事儿 shìr　일

말해보세요

22

워 스 피아오 메이 아이
我是朴美爱。
Wǒ shì Piáo Měi'ài.

칭 타 게이 워 다 그 띠엔 화 하오 마
请她给我打个电话，好吗？
Qǐng tā gěi wǒ dǎ ge diànhuà, hǎo ma?

워 더 셔우 지 하오 마 스
我的手机号码是
Wǒ de shǒujī hàomǎ shì

야오 싼 링 야오 치 빠 치 지어우 얼 싼 링
13017879230。
yāo sān líng yāo qī bā qī jiǔ èr sān líng.

미 애: 저는 박 미애라고 합니다. 샤오잉한테 저에게 전화 좀 하라고 전해 주시겠습니까? 제 휴대폰 번호는 13017879230입니다.

해설

给 여기서 '给'는 '~에게, ~에게서'라는 대상을 나타내는 전치사로 쓰였습니다. 이밖에 '给'는 동사로 '주다'라는 뜻이 있습니다.

给你看看。 Gěi nǐ kànkan. 너한테 보여 줄게.

打个电话 동사와 목적어 사이에 '个'를 넣으면 전체 문장에 경쾌하고 가벼운 느낌을 줄 수 있습니다.

단어

- **给** gěi ~에게
- **号码** hàomǎ 번호
- **打电话** dǎ diànhuà 전화를 걸다(하다)
- **看看** kànkan 한번 좀 보다

하오 더
好的。
Hǎo de.

씨에 시에 니 짜이 찌엔
谢谢你，再见。
Xièxie nǐ, zàijiàn.

짜이 찌엔
再见。
Zàijiàn.

샤오잉 엄마: 알았어요.
미 애: 고맙습니다,
안녕히 계세요.
샤오잉 엄마: 그래요.

해설

好的 '好的'는 상대방의 부탁이나 요구에 응대하는 말로 '그렇게 하겠다'는 긍정적인 의미로 많이 쓰입니다.

단어

· 好的 hǎo de　(대답할 때)알았다

바꿔 말해 보세요

23

1 喂，请问 小瑛 在吗？
Wèi, qǐngwèn Xiǎoyīng zài ma?

王先生
Wáng xiānsheng

朴经理
Piáo jīnglǐ

여보세요, 실례지만 샤오잉 있습니까?

여보세요, 실례지만 왕 선생님 있습니까?

여보세요, 실례지만 박 대리 있습니까?

2 请 她 给我打个电话，好吗？
Qǐng tā gěi wǒ dǎ ge diànhuà, hǎo ma?

王先生
Wáng xiānsheng

你
nǐ

그녀한테 제게 전화 좀 주라고 해 주시겠습니까?

왕 선생님에게 제게 전화 좀 주라고 해 주시겠습니까?

당신 제게 전화 좀 해 주시겠습니까?

단어

- 经理 jīnglǐ 대리

3 我们去看电影，好吗？
Wǒmen qù kàn diànyǐng, hǎo ma?

对不起，请再说一遍，
Duì bu qǐ, qǐng zài shuō yí biàn,

便宜一点儿，
Piányi yìdiǎnr,

우리 영화 보러 가죠, 어때요?
미안하지만, 다시 한번 말씀해주시겠어요?
좀 싸게 해주세요, 네?

4 我的手机号码是12345678。
Wǒ de shǒujī hàomǎ shì yāo èr sān sì wǔ liù qī bā.

他家的电话号码
Tā jiā de diànhuà hàomǎ

办公室的传真号码
Bàngōngshì de chuánzhēn hàomǎ

제 휴대폰 번호는 12345678입니다.
그의 집 전화 번호는 12345678입니다.
사무실 팩스 번호는 12345678입니다.

단어

- 再 zài 다시
- 便宜 piányi 싸다
- 遍 biàn (동작이 시작되어 끝날 때까지의 전 과정)번, 차례
- 一点儿 yìdiǎnr 약간, 좀

补充

❶ 전화와 관련된 표현

打电话 dǎ diànhuà 전화를 걸다	接电话 jiē diànhuà 전화를 받다
挂电话 guà diànhuà 전화를 끊다	发传真 fā chuánzhēn 팩스를 보내다
您是哪位? Nín shì nǎ wèi? 누구십니까?	请稍等。 Qǐng shāo děng. 잠시만 기다리세요.
(电话)占线。 (diànhuà) Zhànxiàn. 통화 중입니다.	没人接。 Méi rén jiē. 전화를 안 받습니다.
请留言。 Qǐng liú yán. 메모를 남기세요.	打错了。 Dǎcuò le. 전화를 잘못 거셨습니다.

1분 스피치

讲一讲

4

明天有汉语辅导。
Míngtiān yǒu Hànyǔ fǔdǎo.

但是明天我有事，不能学习汉语。
Dànshì míngtiān wǒ yǒu shì, bùnéng xuéxí Hànyǔ.

我给小瑛打了电话，小瑛妈妈说，“她不在。”
Wǒ gěi Xiǎoyīng dǎ le diànhuà, Xiǎoyīng māma shuō, “Tā bú zài.”

我对小瑛妈妈说，“请她给我打个电话。”
Wǒ duì Xiǎoyīng māma shuō, “Qǐng tā gěi wǒ dǎ ge diànhuà.”

然后我告诉她我的手机号码。
Ránhòu wǒ gàosu tā wǒ de shǒujī hàomǎ.

해석

내일은 중국어 과외가 있는 날입니다. 그러나 저는 내일 일이 있어서 중국어를 공부할 수 없습니다. 저는 샤오잉에게 전화를 걸었는데 샤오잉 어머니는 샤오잉이 없다고 하셨습니다. 저는 샤오잉 어머니께 그녀가 돌아오면 제게 전화 좀 달라고 부탁을 드렸습니다. 그리고 나서 제 휴대폰 번호를 알려 드렸습니다.

단어

- 明天 míngtiān 내일
- 但是 dànshì 그러나
- 学习 xuéxí 공부하다
- 对~说 duì ~ shuō ~에게 말하다
- 辅导 fǔdǎo (학습, 훈련 등을) 도우며 지도하다
- 不能 bùnéng ~할 수 없다
- 所以 suǒyǐ 그래서
- 然后 ránhòu 그리고 나서

연습 문제

1 녹음을 잘 듣고 빈칸을 채워 보세요. 25

(1) A: 你的手机号码是多少?
B: 我的手机号码是__________________。

(2) A: 喂，__________王先生在吗?
B: 我是。

(3) A: 有什么事儿?
B: 我是小瑛的朋友朴美爱。 请她__________________，好吗?

2 다음 문장을 중국어로 써 보세요.

(1)
여보세요, 실례지만
샤오잉 있습니까?
(2)
그녀는 없어요.

__________________ __________________

(3)
제 휴대폰번호는
13017879230입니다.
(4)
무슨 일이세요?

__________________ __________________

3 다음 휴대폰에 있는 숫자를 중국어로 써 보세요.

(1) 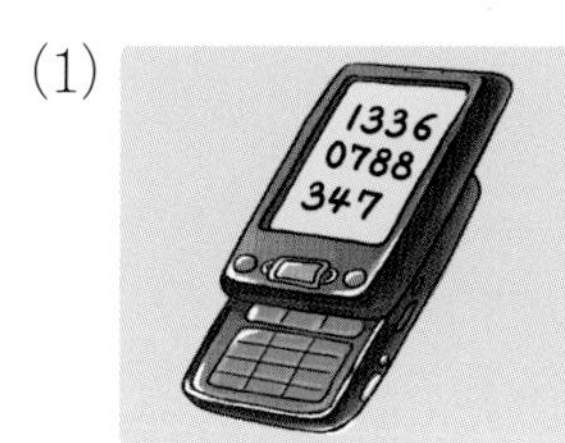

(2) 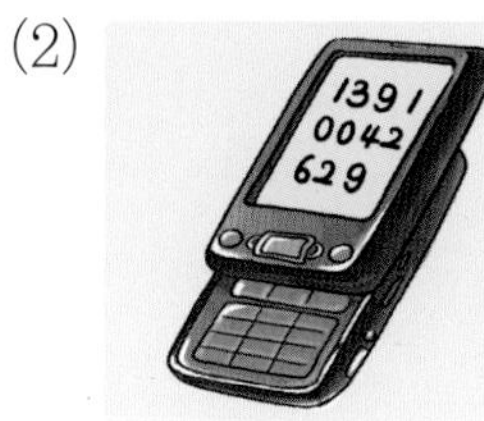

(3) 

______________ ______________ ______________

4 다음 표의 주어진 단어를 조합하여 전화와 관련된 표현을 모두 찾아 보세요.

请	问		是	电	王
	不	在		话	洪
好	给	吗		号	
你		有	打	码	个
什	么		的		他
我	喂	多	少		事儿

손동작으로 말하는 숫자

시장에서 물건을 사거나, 친구와 약속 시간을 정할 때, 중국 사람들의 손가락을 잘 보세요. 마치 경매시장에서나 볼 수 있는 현란한 손동작으로 숫자를 말하는 것을 볼 수 있습니다. 중국에서는 숫자를 손동작으로 어떻게 말하는지 알아봅시다.

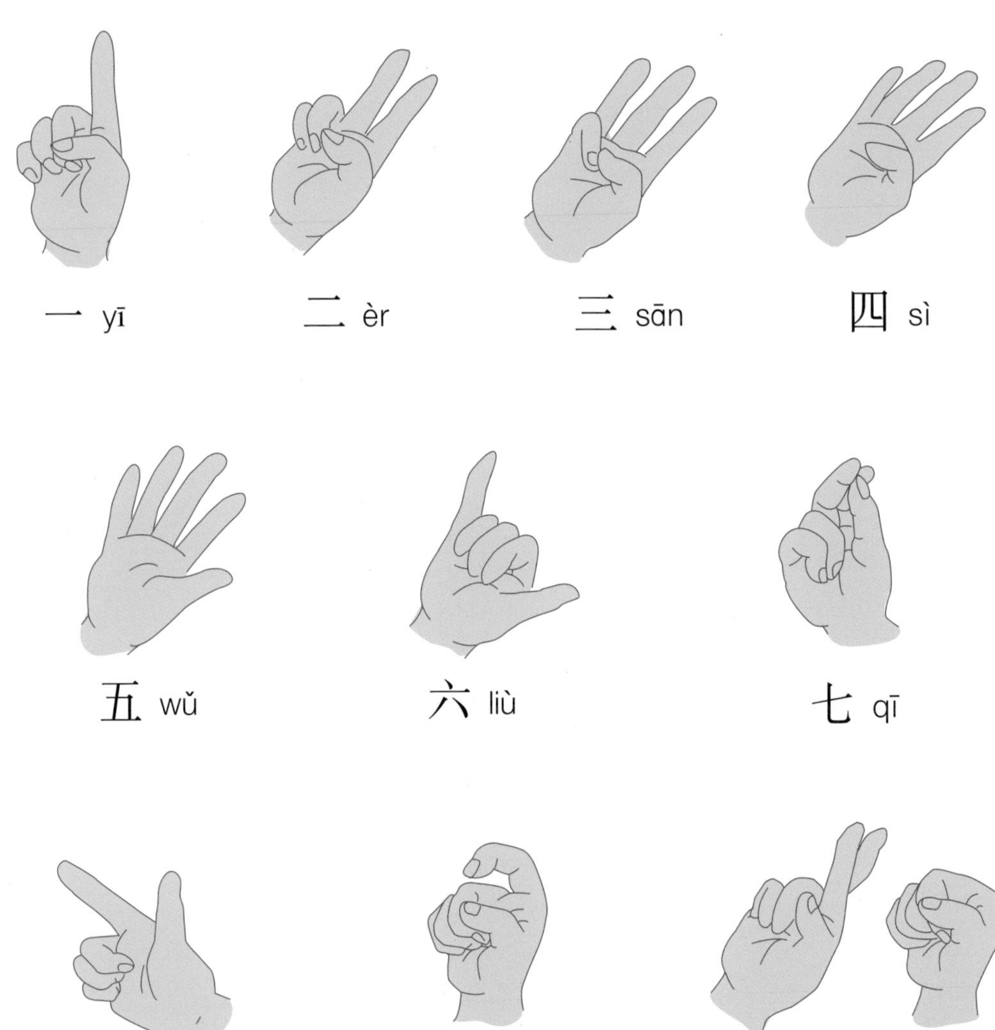

Unit
5
你买了什么?
당신은 무엇을 샀습니까?
我还没吃过。
你买了什么?
我去超市买了东西。
학습 포인트
• '了'의 표현
• 연동문의 표현
• 경험의 표현

익혀 두세요

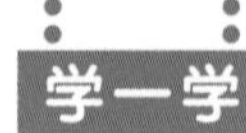
学一学

26

1

你买了什么?
Nǐ mǎi le shénme?

무엇을 샀습니까?

▌'了'는 여러 가지 용법이 있는데 여기서는 동사 뒤에 쓰여 동작의 완료를 나타냅니다.

2

我去超市买了东西。
Wǒ qù chāoshì mǎi le dōngxi.

슈퍼마켓에 가서 물건 좀 샀어요.

▌중국어를 하다 보면 하나의 주어에 동사를 두 개 이상 쓸 때가 많이 있습니다. 이때 동사의 배열은 시간 순서에 따르고, 목적어는 해당 동사 바로 뒤에 쓰면 됩니다. 이것을 '연동문'이라고 합니다.

3

我还没吃过。
Wǒ hái méi chīguo.

아직 먹어본 적이 없습니다.

▌'还没＋동사＋过'는 과거에 '~해본 적이 없다', 즉 경험이 없음을 나타낼 때 쓰는 표현입니다.

말해 보세요

说一说

5

27

美爱，你去哪儿了？
Měi'ài, nǐ qù nǎr le?

我去超市买了东西。
Wǒ qù chāoshì mǎi le dōngxi.

你买了什么？
Nǐ mǎi le shénme?

샤오잉: 미애 씨, 어디 갔었어요?

미 애: 슈퍼마켓에 가서 물건 좀 샀어요.

샤오잉: 뭘 샀는데요?

▲ 중국의 한 슈퍼마켓

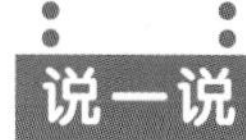

해설

我去超市买了东西。 중국어를 하다 보면 동사를 두 개 이상 써서 말할 때가 많은데 이렇게 동사와 동사가 연이어 함께 쓰인 문장을 '연동문'이라고 합니다.

我去看医生。 Wǒ qù kàn yīshēng. 저는 병원에 갑니다.(의사에게 진찰 받으러 갑니다.)

단어

- 了 le 동사 뒤에 쓰여 동작의 완성을 나타냄
- 超市 chāoshì 슈퍼마켓
- 东西 dōngxi 물건
- 哪儿 nǎr 어디, 어느 곳
- 买 mǎi 사다
- 看医生 kàn yīshēng 의사에게 진찰을 받다

말해 보세요

27

我买了水果、蔬菜、豆腐、
Wǒ mǎi le shuǐguǒ、 shūcài、 dòufu、

饮料什么的。小瑛，
yǐnliào shénmede. Xiǎoyīng,

你吃过韩国的泡菜汤吗？
nǐ chīguo Hánguó de pàocàitāng ma?

我还没吃过。
Wǒ hái méi chīguo.

미 애: 과일, 채소, 두부, 음료수 등을 샀어요. 샤오잉 씨, 한국의 김치찌개 먹어본 적 있어요?

샤오잉: 아직 먹어본 적 없어요.

해설

什么的 우리말에 '~같은 것, ~등등, ~따위'라는 말이 있습니다. 이것을 중국어로는 어떻게 표현할까요? 여러 개의 예를 늘어 놓고 뒤에 '什么的'를 붙이면 됩니다.

단어

· 水果 shuǐguǒ	과일	· 蔬菜 shūcài	채소
· 豆腐 dòufu	두부	· 饮料 yǐnliào	음료수
· 什么的 shénmede	등등(따위)	· 过 guo	동사 뒤에 쓰여 동작의 완료나 과거의 경험을 나타냄
· 泡菜汤 pàocàitāng	김치찌개	· 还 hái	아직(도), 여전히

说一说

那你今天晚上到我家来吃饭，
Nà nǐ jīntiān wǎnshang dào wǒ jiā lái chī fàn,

尝尝我的手艺。
chángchang wǒ de shǒuyì.

太好了，我一定去。
Tài hǎo le, wǒ yídìng qù.

미 애: 그럼 오늘 저녁 우리집에 식사하러 와서 제 음식 솜씨 좀 맛보세요.

샤오잉: 아이 좋아라, 꼭 갈게요!

▲ 다양한 중국요리

5

해설

尝尝 '尝尝'과 같이 동사를 중첩하면 '한번 ~해 보다'란 시도의 뜻이 파생됩니다. 동사 사이에 '一'를 쓰기도 합니다.

太~了 '太'는 '너무, 매우, 대단히'라는 뜻의 정도부사로 뒤에 형용사를 수반합니다. 뒤에 '了'가 붙어 '太~了'의 형식으로 잘 쓰입니다.

太棒了! Tài bàng le! 정말 대단하네요!

단어

- 那 nà 그러면, 그렇다면
- 晚上 wǎnshang 저녁
- 吃饭 chī fàn 밥을 먹다
- 手艺 shǒuyì 솜씨
- 一定 yídìng 반드시
- 今天 jīntiān 오늘
- 到 dào ~로, ~에, ~까지
- 尝 cháng 맛보다
- 太~了 tài~le 아주, 매우 ~하다
- 棒 bàng 대단하다

바꿔 말해 보세요

28

1 我去 Wǒ qù 商店买衣服。shāngdiàn mǎi yīfu. — 저는 상점에 옷을 사러 갑니다.

银行换钱。yínháng huàn qián. — 저는 은행에 환전하러 갑니다.

公园做运动。gōngyuán zuò yùndòng. — 저는 공원에 운동하러 갑니다.

2 你 Nǐ 说 shuō 了什么？le shénme? — 당신은 뭐라고 했습니까?

听 tīng — 당신은 무엇을 들었습니까?

喝 hē — 당신은 무엇을 마셨습니까?

단어

- 商店 shāngdiàn 상점
- 银行 yínháng 은행
- 公园 gōngyuán 공원
- 说 shuō 말하다
- 喝 hē 마시다
- 衣服 yīfu 옷
- 换钱 huàn qián 환전하다
- 做运动 zuò yùndòng 운동을 하다
- 听 tīng 듣다

3 我还没 去 过。 Wǒ hái méi qù guo. 저는 아직 가보지 못했습니다.

看 kàn 저는 아직 보지 못했습니다.

听说 tīng shuō 저는 아직 들어보지 못했습니다.

4 太 热 了! Tài rè le! 너무 더워요!

可爱 kě'ài 너무 귀여워요!

不好 bù hǎo 큰일 났어요!

단어

- 听说 tīng shuō 듣자하니
- 可爱 kě'ài 귀엽다
- 热 rè 덥다

❶ '了'의 표현

3과에서 배운 '了'는 어떤 일이나 상태의 변화를 나타낸다고 했죠. 5과에서의 '了'는 동작의 완료를 나타내며 아래 두 가지 경우에 쓰입니다.

(1) '了'는 문장의 맨 뒤에 놓여 어떤 사건이나 상황이 이미 발생했음을 나타냅니다.

你去哪儿了? 어디 갔었어요?
Nǐ qù nǎr le?

我去超市了。 슈퍼마켓에 갔었어요.
Wǒ qù chāoshì le.

(2) '了'는 동사 뒤에 놓여 동작의 완성을 나타냅니다.(과거완료)

你买了什么? 당신은 무엇을 샀습니까?
Nǐ mǎi le shénme?

我买了矿泉水。 저는 생수를 샀습니다.
Wǒ mǎi le kuàngquánshuǐ.

❷ 到 + 장소 + 来(去)

'到'는 '~에, ~로, ~까지'란 뜻으로 뒤에 장소를 나타내는 전치사가 주로 오며 '到+장소+来(去)'의 형식으로 쓰여 '~에 오다(가다)'란 의미를 가집니다.

周末到我家来玩儿吧。 주말에 우리집에 놀러 오세요.
Zhōumò dào wǒ jiā lái wánr ba.

我打算暑假到中国去旅游。 나는 여름휴가 때 중국에 여행갈 생각입니다.
Wǒ dǎsuan shǔjià dào Zhōngguó qù lǚyóu.

단어

- 矿泉水 kuàngquánshuǐ 미네랄 워터, 생수
- 玩儿 wánr 놀다
- 旅游 lǚyóu 여행
- 周末 zhōumò 주말
- 暑假 shǔjià 여름휴가(방학)

讲一讲

29

5

我今天去超市买了很多东西。
Wǒ jīntiān qù chāoshì mǎi le hěn duō dōngxi.

我买了水果、蔬菜、豆腐、饮料什么的。
Wǒ mǎi le shuǐguǒ、shūcài、 dòufu、 yǐnliào shénmede.

我请小瑛今天晚上到我家来吃饭。
Wǒ qǐng Xiǎoyīng jīntiān wǎnshang dào wǒ jiā lái chī fàn.

我打算做泡菜汤，因为小瑛还没吃过韩国的泡菜汤。
Wǒ dǎsuan zuò pàocàitāng, yīnwèi Xiǎoyīng hái méi chīguo Hánguó de pàocàitāng.

PLUS

'请'은 문장 맨 앞에 쓰여 '~해 주세요'라는 뜻 외에 '초대하다, 한턱 내다'라는 뜻도 있습니다. 우리가 흔히 말하는 '내가 한턱 쏠게!'는 '我请客! Wǒ qǐng kè!'라고 합니다.

해석

저는 오늘 슈퍼마켓에 가서 많은 물건을 샀습니다. 과일, 야채, 두부, 음료수 등을 샀습니다. 저는 샤오잉에게 오늘 저녁 우리집에 와서 식사하라고 초대했습니다. 샤오잉이 아직 한국의 김치찌개를 먹어보지 못했기 때문에 김치찌개를 할 생각입니다.

단어

- 多 duō 많다
- 打算 dǎsuan ~할 계획(생각)이다
- 因为 yīnwèi 왜냐하면
- 请 qǐng 초대하다, 한턱 내다
- 做 zuò 만들다, 하다

연습 문제

1 다음 문장에서 '手艺'가 뜻하는 것은 무엇입니까?

A: 来尝尝我的手艺。
B: 不错，很好吃！

· **不错** búcuò 알맞다, 괜찮다, 좋다 · **好吃** hǎochī 맛있다

① 공작 솜씨　② 글 솜씨　③ 음식 솜씨　④ 재봉 솜씨

2 다음 대화를 잘 듣고 미애가 간 곳은 어디인지 골라 보세요. 30

① 

② 

③ 

④ 

3 다음 대화를 잘 듣고 미애가 사지 <u>않은</u> 물건은 무엇인지 골라 보세요. 30

① 과자　② 두부　③ 음료수　④ 채소

4 다음 문장을 중국어로 써 보세요.

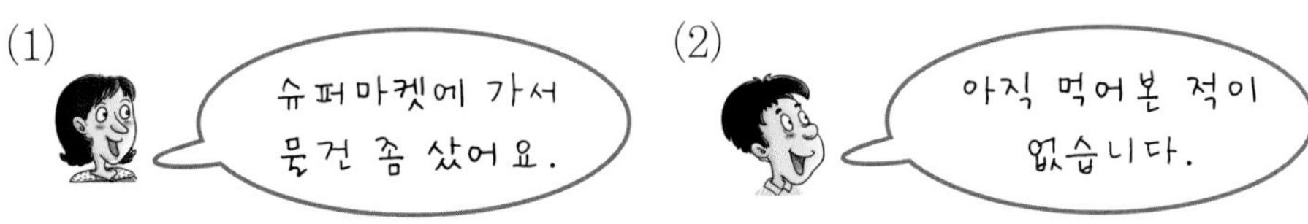

(1)
슈퍼마켓에 가서
물건 좀 샀어요.
(2)
아직 먹어본 적이
없습니다.

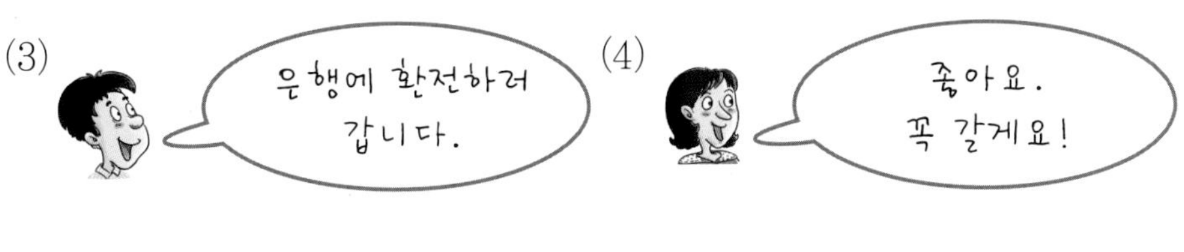

(3)
은행에 환전하러
갑니다.
(4)
좋아요.
꼭 갈게요!

5 어순에 맞게 나열하여 문장을 완성하세요.

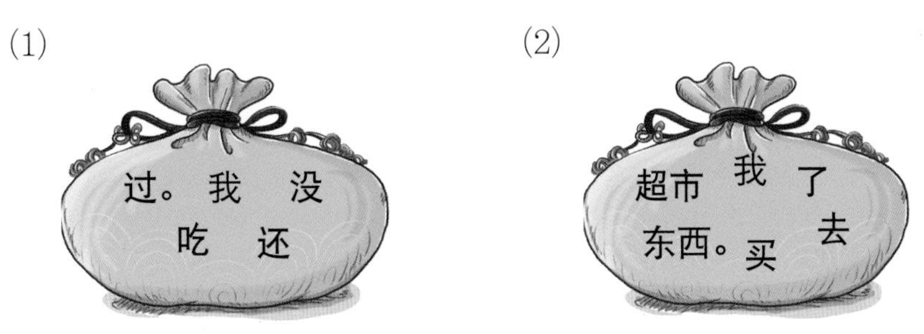

중국의 화폐

현재 중국에서 통용되는 화폐 단위는 元(yuán), 角(jiǎo), 分(fēn)입니다. 예전의 화폐 도안이 여러 소수 민족을 모델로 하였다면, 지금은 모택동을 모델로 한 화폐가 새로 나와 예전의 화폐를 대신하고 있습니다.

1. **지폐** : 100元, 50元, 20元, 10元, 5元, 2元, 1元

모택동

인민대회당

모택동

포달랍궁

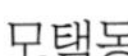
모택동

계림 산수

모택동

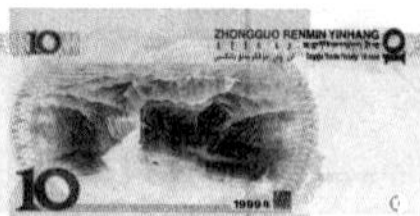
장강 삼협

2. **지폐와 동전** : 1元, 5角, 2角, 1角

3. **동전** : 5分, 2分, 1分

중국에서 환전을 하거나 물건을 살 때 사람들이 元, 角보다 块(kuài), 毛(máo)라고 말하는 것을 흔히 볼 수 있는데요, 전자는 주로 문서 상에서 후자는 회화에서 많이 통용되니 참고하세요.

Unit
6
现在几点?
지금 몇 시입니까?
我快饿死了。
现在几点?
明天几月几号?
학습 포인트
• 시간 묻기
• '快～了'의 표현
• 날짜 묻기

익혀 두세요

学一学

31

1

现在几点?
Xiànzài jǐ diǎn?

지금 몇 시입니까?

▌시간을 묻는 표현입니다. '现在'를 생략하고 '几点了? Jǐ diǎn le?'라고도 합니다.

2

我快饿死了。
Wǒ kuài èsǐ le.

배고파 죽을 지경이에요.

▌'~해 죽겠다'란 말 자주 쓰죠? 이걸 중국어로 표현하면 '동/형+死了'가 됩니다.

3

明天几月几号?
Míngtiān jǐ yuè jǐ hào?

내일은 몇 월 며칠입니까?

▌날짜를 묻는 표현입니다. '明天' 자리에 자신이 묻고자 하는 때를 나타내는 말을 넣으면 됩니다. 요일을 묻고 싶으면 '星期几 xīngqī jǐ'라고 하면 됩니다.

말해 보세요

王洪，我们去吃饭吧。
Wáng Hóng, wǒmen qù chī fàn ba.

现在几点？
Xiànzài jǐ diǎn?

12点了，我快饿死了。
Shí'èr diǎn le, wǒ kuài èsǐ le.

미애: 왕홍 씨,
우리 밥 먹으러 가죠.

왕홍: 지금 몇 시인가요?

미애: 12시예요,
배고파 죽겠어요.

6

해설

吧 중국어의 회화체에서 자주 쓰는 어기조사로 권유, 제의, 촉구, 요청, 명령 등을 나타냅니다.

我们快走吧。 Wǒmen kuài zǒu ba. 빨리 갑시다.

快～了 '快～了' 는 '곧(머지않아) ～하다'라는 뜻으로 시간적으로 가깝거나 어떤 상황이 곧 나타나게 됨을 나타낼 때 쓰는 표현입니다.

快春天了。 Kuài chūntiān le. 곧 봄이다.

단어

· 吧 ba	(권유, 제의, 명령)~하자, ～해라	· 点 diǎn	시
· 快～了 kuài ~ le	곧(머지 않아) ～하다	· ～死 sǐ	～해 죽겠다, 극도로 ～하다
· 走 zǒu	가다	· 春天 chūntiān	봄

말해 보세요

好，我们一起去吃饭。
Hǎo, wǒmen yìqǐ qù chī fàn.

你知道明天几月几号吗？
Nǐ zhīdao míngtiān jǐ yuè jǐ hào ma?

明天8月16号，怎么了？
Míngtiān bā yuè shíliù hào, zěnme le?

왕훙: 좋아요, 같이 밥 먹으러 갑시다.
미애: 내일 몇 월 며칠인지 아세요?
왕훙: 내일은 8월 16일 이잖아요, 왜요?

해설

要 말하는 사람의 의지나 바람을 나타내거나(~하려고 하다, ~하고 싶다) 당위성을 나타내는(~해야 한다) 조동사입니다.
我要吃面条。 Wǒ yào chī miàntiáo. 저는 국수를 먹겠습니다.

단어

- 一起 yìqǐ 같이, 함께
- 号 hào 일
- 月 yuè 월
- 面条 miàntiáo 국수

说一说

明天就是我的生日。
Míngtiān jiùshì wǒ de shēngrì.

是吗？那我要送你一件礼物。
Shì ma? Nà wǒ yào sòng nǐ yí jiàn lǐwù.

미애: 내일이 바로 제 생일이거든요.
왕홍: 그래요? 그럼 제가 선물을 하나 해야겠네요.

해설

那我要送你一件礼物。 위의 문장에서 술어로 쓰인 '送'은 두 개의 목적어를 갖는 동사로 '送 + 대상(~에게) + 사물(~을)'의 형식을 취합니다. 이런 동사에는 '**给** gěi 주다, **借** jiè 빌리다, 빌려주다, **教** jiāo 가르치다, **问** wèn 묻다' 등이 있습니다.

王老师教我们汉语。 Wáng lǎoshī jiāo wǒmen Hànyǔ. 왕 선생님은 우리에게 중국어를 가르치신다.

단어

- **就** jiù 바로, 곧
- **要** yào ~할 것이다, ~하려고 한다
- **件** jiàn 개, 건(일, 사건, 개체를 세는 단위)
- **教** jiāo 가르치다
- **生日** shēngrì 생일
- **送** sòng 주다, 보내다
- **礼物** lǐwù 선물
- **我们** wǒmen 우리들

바꿔 말해 보세요

 33

1 现在 Xiànzài

六点整。 liù diǎn zhěng. — 지금은 정각 6시입니다.

三点十八分。 sān diǎn shíbā fēn. — 지금은 3시 18분입니다.

两点半。 liǎng diǎn bàn. — 지금은 2시 반입니다.

差十分一点。 chà shí fēn yì diǎn. — 지금은 1시 10분 전입니다.

2 今天 Jīntiān / 你的生日 Nǐ de shēngrì

几月几号? jǐ yuè jǐ hào?

오늘은 몇 월 며칠입니까?

당신의 생일은 몇 월 며칠입니까?

Tip 1월에서 12월까지

1월	2월	3월	4월	5월	6월
一月 yī yuè	二月 èr yuè	三月 sān yuè	四月 sì yuè	五月 wǔ yuè	六月 liù yuè
7월	**8월**	**9월**	**10월**	**11월**	**12월**
七月 qī yuè	八月 bā yuè	九月 jiǔ yuè	十月 shí yuè	十一月 shíyī yuè	十二月 shí'èr yuè

단어

- 整 zhěng 정각

3 快 Kuài 放假 fàng jià 了。le. 곧 방학입니다.

十二点 shí'èr diǎn 곧 12시입니다.

到 dào 곧 도착합니다.

4 我要 Wǒ yào 喝水。hē shuǐ. 저는 물을 마시겠습니다.

去买东西。qù mǎi dōngxi. 저는 쇼핑을 하러 갈 겁니다.

照顾孩子。zhàogù háizi. 저는 아이를 돌봐야 합니다.

Tip **星期** xīngqī **요일**

星期一 xīngqī yī	星期二 xīngqī' èr	星期三 xīngqī sān	星期四 xīngqī sì	星期五 xīngqī wǔ	星期六 xīngqī liù	星期天 xīngqī tiān 星期日 xīngqī rì
월요일	화요일	수요일	목요일	금요일	토요일	일요일

단어

- **放假** fàng jià 방학(휴가)하다
- **喝水** hē shuǐ 물을 마시다
- **到** dào 도착하다

꼭 알아두세요!

❶ 시간 읽기

(1) 시 点 diǎn

一点 yī diǎn	两点 liǎng diǎn	三点 sān diǎn	四点 sì diǎn	五点 wǔ diǎn	六点 liù diǎn
1시	2시	3시	4시	5시	6시
七点 qī diǎn	八点 bā diǎn	九点 jiǔ diǎn	十点 shí diǎn	十一点 shíyī diǎn	十二点 shí'èr diǎn
7시	8시	9시	10시	11시	12시

(2) 분 分 fēn

十分 shí fēn	十五分 = 一刻 shíwǔ fēn = yí kè	二十五分 èrshíwǔ fēn
10분	15분	25분
三十分 = 半 sānshí fēn = bàn	四十分 sìshí fēn	四十五分 = 三刻 sìshíwǔ fēn = sān kè
30분	40분	45분

(3) ~전 差 chà

시간을 말할 때 '~시 ~분 전'이란 표현을 쓰기도 하죠. 이때 '差(chà 모자라다, 부족하다)'라는 단어를 씁니다.

差五分两点 chà wǔ fēn liǎng diǎn 2시 5분 전

(4) 때를 나타내는 말

새벽	아침	오전	정오	오후	저녁	밤
早晨 zǎochén	早上 zǎoshang	上午 shàngwǔ	中午 zhōngwǔ	下午 xiàwǔ	晚上 wǎnshang	夜晚 yèwǎn
그끄저께	그저께	어제	오늘	내일	모레	글피
大前天 dàqiántiān	前天 qiántiān	昨天 zuótiān	今天 jīntiān	明天 míngtiān	后天 hòutiān	大后天 dàhòutiān

1분 스피치

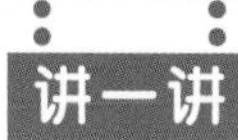

讲一讲

34

今天8月16号星期六，是我的生日！
Jīntiān bā yuè shíliù hào xīngqī liù, shì wǒ de shēngrì!

今天晚上7点王洪和小瑛要来我家。
Jīntiān wǎnshang qī diǎn Wáng Hóng hé Xiǎoyīng yào lái wǒ jiā.

他们要祝我生日快乐。
Tāmen yào zhù wǒ shēngrì kuàilè.

现在上午11点半，我要去超市买东西。
Xiànzài shàngwǔ shíyī diǎn bàn, wǒ yào qù chāoshì mǎi dōngxi.

我要做韩国菜，和他们一起吃晚饭。
Wǒ yào zuò Hánguócài, hé tāmen yìqǐ chī wǎnfàn.

PLUS

'생일 축하합니다!'를 중국어로는 '祝你生日快乐！Zhù nǐ shēngrì kuàilè!'라고 합니다.

해석

오늘은 8월 16일 토요일, 제 생일입니다! 오늘 저녁 7시에 왕홍과 샤오잉이 우리집에 오기로 했습니다. 제 생일을 축하해 준다네요. 지금은 오전 11시 반, 저는 슈퍼마켓에 쇼핑하러 갈 생각입니다. 한국음식을 만들어 왕홍, 샤오잉과 함께 저녁을 먹을 겁니다.

단어

- 祝 zhù 축하하다
- 做菜 zuò cài 음식을 하다
- 晚饭 wǎnfàn 저녁 식사
- 快乐 kuàilè 즐겁다
- 韩国菜 Hánguócài 한국음식

연습 문제

1 다음 대화를 잘 듣고 질문에 답해 보세요. 35

(1) 샤오잉의 생일은 언제입니까?

① 지난 주 화요일　② 지난 주 목요일

③ 다음 주 화요일　④ 다음 주 목요일

(2) 다음 중 대화 내용과 다른 것은 어느 것입니까?

① 샤오잉의 생일은 7월 22일이다　② 샤오잉의 생일은 겨울이다

③ 샤오잉 친구의 생일은 12월 8일이다　④ 샤오잉 친구의 생일은 겨울이다

2 가족의 생일이 몇 월 며칠인지 중국어로 답해 보세요.

(1) 爸爸的生日 ________　(2) 妈妈的生日 ________

(3) 姐姐的生日 ________　(4) 妹妹的生日 ________

(5) 哥哥的生日 ________　(6) 弟弟的生日 ________

3 다음 달력을 보고 질문에 답하세요.

(1) 昨天几月几号?

________。

(2) 这个星期一几号?

________。

(3) 爸爸的生日星期几?

________。

2008

9

日	月	火	水	木	金	土
	1	2	3	4	5	6
7	8	9	10	11	12	13
14	15	16	17	18	19	20
21	22	23	24	25	26	27
28	29	30	3			

6

4 녹음을 듣고 해당하는 그림을 연결해 보세요.  35

(1) (2) (3)

① ② ③

5 다음 생일 축하 노래를 불러 봅시다.  35

祝你生日快乐 생일 축하합니다

祝你生日快乐 Zhù nǐ shēngrì kuàilè	생일 축하합니다
祝你生日快乐 Zhù nǐ shēngrì kuàilè	생일 축하합니다
祝你幸福祝你健康 Zhù nǐ xìngfú zhù nǐ jiànkāng	행복과 건강을 빕니다
祝你生日快乐 Zhù nǐ shēngrì kuàilè	생일 축하합니다

'二'과 '两'

'二 èr'과 '两 liǎng'은 똑같이 '2'라는 뜻이지만 중국어를 하다 보면 도대체 어느 때 '二'과 '两'을 써야 할지 헛갈릴 때가 많습니다. 가장 좋은 방법은 중국어 문장을 많이 보고, 듣고, 읽어서 저절로 몸에 배게 하는 것이지만 굳이 구별을 하자면 다음과 같습니다.

1. 한 자리 숫자가 양사 앞에 올 때 보통 '两 liǎng'을, 두 자리 이상의 숫자는 '二 èr' 을 씁니다.

   两天 liǎng tiān 이틀　　二十二次 èrshí'èr cì 스물두 번

2. 십 단위에서는 '二'만 쓰고 백 단위에서는 '二'과 '两'을 같이 쓸 수 있습니다.

   一百二十五 yì bǎi èrshíwǔ 125

   二百块（两百块）èr bǎi kuài (liǎng bǎi kuài) 200위안

3. 천, 만, 억 단위 앞에는 '两'을 많이 쓰고 '二'은 잘 쓰지 않습니 다.

   两千年 liǎng qiān nián 2000년　　两万人 liǎng wàn rén 2만 명

   两亿美元 liǎng yì měiyuán 2억 달러

4. 서수, 소수, 분수 앞에는 '二'만 씁니다.

   第二 dì'èr 제2　　二月 èr yuè 2월　　零点二 líng diǎn èr 0.2

   二分之一 èr fēnzhī yī 1/2　　五分之二 wǔ fēnzhī èr 2/5

Unit
7
你会打网球吗?
테니스 칠 줄 아세요?
你会打网球吗?
我对中国电影
很感兴趣。
你平时喜欢做什么?
학습 포인트
• '会'의 표현
• 취미 활동

익혀두세요

学一学

36

1

你会打网球吗?
Nǐ huì dǎ wǎngqiú ma?

테니스 칠 줄 아세요?

▎누군가에게 무언가를 할 줄 아느냐고 물을 때는 '(배워서)~할 수 있다'라는 뜻을 가진 조동사 '会'를 씁니다.

2

你平时喜欢做什么?
Nǐ píngshí xǐhuan zuò shénme?

평소에 뭐 하는 걸 좋아하세요?

▎상대방의 취미를 물을 때 쓸 수 있는 말로 '做' 대신 '하다'란 뜻의 동사 '干 gàn'을 쓰기도 합니다.

3

我对中国电影很感兴趣。
Wǒ duì Zhōngguó diànyǐng hěn gǎn xìngqù.

저는 중국 영화에 관심이 많습니다.

▎'对~感兴趣'는 '~에 흥미(취미)가 있다'라는 뜻으로 자주 쓰는 표현입니다. 우리말로 '~에 관심이 많다'는 뜻입니다.

말해 보세요

美爱，你会打网球吗？
Měi'ài, nǐ huì dǎ wǎngqiú ma?

我不会打网球。
Wǒ búhuì dǎ wǎngqiú.

那么，我教你打网球吧。
Nàme, wǒ jiāo nǐ dǎ wǎngqiú ba.

왕홍: 미애 씨, 테니스 칠 줄 아세요?

미애: 전 테니스를 칠 줄 몰라요.

왕홍: 그럼 제가 테니스 치는 걸 가르쳐 드릴게요.

7

해설

会 학습이나 경험을 통해 '(배워서)~할 수 있다, 할 줄 알다'는 뜻을 나타내는 조동사입니다.
他会说汉语。 Tā huì shuō Hànyǔ. 그는 중국어를 할 줄 압니다.

打 테니스를 비롯한 도구를 사용하는 구기종목에는 '打'라는 동사를 씁니다. 그러나 축구는 '(발로)차다'라는 뜻의 동사 '踢 tī'를 씁니다.

단어

- **会** huì ~할 수 있다, ~할 줄 알다
- **打网球** dǎ wǎngqiú 테니스를 치다
- **那么** nàme 그렇다면
- **踢** tī (발로)차다

말해보세요

37

真的吗？太谢谢你了。
Zhēnde ma? Tài xièxie nǐ le.

美爱，你平时喜欢做什么？
Měi'ài, nǐ píngshí xǐhuan zuò shénme?

我喜欢看电影。
Wǒ xǐhuan kàn diànyǐng.

미애: 정말이요? 너무 고마워요.

왕홍: 미애 씨는 평소에 뭐 하는 걸 좋아하세요?

미애: 전 영화 보는 걸 좋아해요.

▲ 영화 적벽대전

단어

- 真的 zhēnde 정말로, 참으로
- 平时 píngshí 평소, 보통 때
- 看电影 kàn diànyǐng 영화를 보다

说一说

我对中国电影很感兴趣。
Wǒ duì Zhōngguó diànyǐng hěn gǎn xìngqù.

我也喜欢看电影，
Wǒ yě xǐhuan kàn diànyǐng,

下次我们一起去看电影吧。
xiàcì wǒmen yìqǐ qù kàn diànyǐng ba.

미애: 전 중국 영화에 관심이 많아요.

왕홍: 저도 영화 보는 걸 좋아하는데, 다음에 우리 같이 영화 보러 가죠.

7

해설

对 '~에 대하여, 관하여'라는 뜻의 전치사로 뒤에 대상이 옵니다.

他对中国历史很感兴趣。 Tā duì Zhōngguó lìshǐ hěn gǎn xìngqù. 그는 중국 역사에 관심이 많습니다.

* 이 밖에도 '~에게, ~를 향해'라는 뜻으로도 쓰이며 뒤에 주로 인칭대명사가 나옵니다.

他对我很好。 Tā duì wǒ hěn hǎo. 그는 저에게 잘 대해 줍니다.

단어

- **对** duì ~에 대해
- **下次** xiàcì 다음 번, 다음에
- **感兴趣** gǎn xìngqù 흥미를 느끼다

바꿔 말해 보세요

 38

1 我会 Wǒ huì

打网球。 dǎ wǎngqiú. 저는 테니스를 칠 줄 압니다.

说汉语。 shuō Hànyǔ. 저는 중국어를 할 줄 압니다.

开车。 kāi chē. 저는 운전을 할 줄 압니다.

2 我不会 Wǒ bú huì

说英语。 shuō Yīngyǔ. 저는 영어를 할 줄 모릅니다.

弹钢琴。 tán gāngqín. 저는 피아노를 칠 줄 모릅니다.

游泳。 yóu yǒng. 저는 수영을 할 줄 모릅니다.

단어

- 开车 kāi chē 운전하다
- 弹钢琴 tán gāngqín 피아노를 치다
- 英语 Yīngyǔ 영어
- 游泳 yóu yǒng 수영(하다)

3 我平时喜欢 听音乐。
Wǒ píngshí xǐhuan tīng yīnyuè.
저는 평소 음악 듣는 것을 좋아합니다.

看电视。
kàn diànshì.
저는 평소 TV 보는 것을 좋아합니다.

唱歌。
chàng gē.
저는 평소 노래 부르는 것을 좋아합니다.

上网聊天。
shàng wǎng liáo tiān.
저는 평소 인터넷 채팅 하는 것을 좋아합니다.

4 我对 汉语 很感兴趣。
Wǒ duì Hànyǔ hěn gǎn xìngqù.
저는 중국어에 관심이 많습니다.

中国文化
Zhōngguó wénhuà
저는 중국 문화에 관심이 많습니다.

단어

- 听音乐 tīng yīnyuè 음악을 듣다
- 唱歌 chàng gē 노래를 부르다
- 聊天 liáo tiān 한담하다, 잡담하다
- 看电视 kàn diànshì TV를 보다
- 上网 shàng wǎng 인터넷에 접속하다
- 文化 wénhuà 문화

좀 더 알아볼까요?

补充

❶ 여러 가지 운동

打篮球
dǎ lánqiú
농구를 하다

打排球
dǎ páiqiú
배구를 하다

打棒球
dǎ bàngqiú
야구를 하다

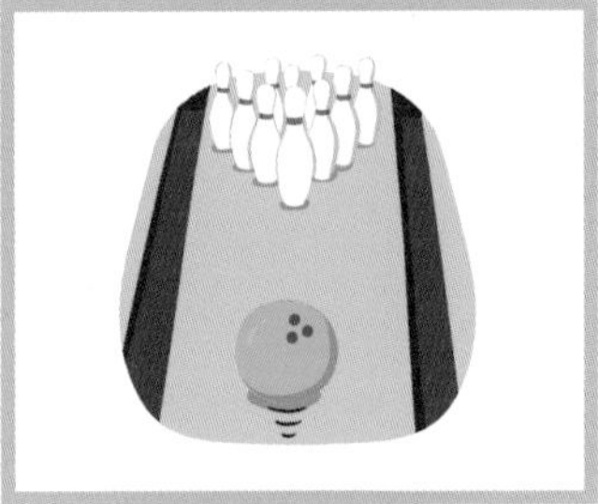

打保龄球
dǎ bǎolíngqiú
볼링을 치다

踢足球
tī zúqiú
축구를 하다

打乒乓球
dǎ pīngpāngqiú
탁구를 치다

打羽毛球
dǎ yǔmáoqiú
배드민턴을 치다

滑雪
huá xuě
스키를 타다

打网球
dǎ wǎngqiú
테니스를 치다

1분 스피치

39

我喜欢看电影，特别对中国电影很感兴趣。
Wǒ xǐhuan kàn diànyǐng, tèbié duì Zhōngguó diànyǐng hěn gǎn xìngqù.

王洪呢，他喜欢锻炼身体。
Wáng Hóng ne, tā xǐhuan duànliàn shēntǐ.

每个周末他都去网球场打网球。
Měi ge zhōumò tā dōu qù wǎngqiúchǎng dǎ wǎngqiú.

王洪听我说不会打网球，要教我打网球。
Wáng Hóng tīng wǒ shuō búhuì dǎ wǎngqiú, yào jiāo wǒ dǎ wǎngqiú.

我真的太高兴了，一定要好好儿学打网球。
Wǒ zhēnde tài gāoxìng le, yídìng yào hǎohāor xué dǎ wǎngqiú.

PLUS

'平时, 周末, 今天'과 같이 때를 나타내는 말(시간사)은 주어 앞이나 뒤에 와도 상관이 없습니다.

해석

저는 영화 보는 것을 좋아하는데 특히 중국 영화에 관심이 많습니다. 왕홍 씨는 운동하는 것을 좋아합니다. 주말마다 그는 테니스장에 테니스를 치러 갑니다. 왕홍 씨는 내가 테니스를 못 친다는 말을 듣자 제게 테니스를 가르쳐 주겠다고 했습니다. 저는 정말 기뻤습니다. 꼭 열심히 테니스를 배울 것입니다.

단어

- 特别 tèbié 특히, 특별히
- 每 měi 매, 마다
- 好好儿 hǎohāor 잘, 충분히, 힘껏
- 锻炼 duànliàn (몸과 마음을)단련하다
- 网球场 wǎngqiúchǎng 테니스 코트
- 学 xué 배우다

1 다음 중 그림 내용과 맞지 않는 중국어는 무엇인가요?

(1) 打网球　(2) 打篮球　(3) 打保龄球　(4) 打乒乓球

2 다음 대화의 괄호 안에 넣기에 적절치 못한 말은 무엇인가요?

王洪：美爱，你会(　　　)吗?
美爱：我不会(　　　)。

① 吃饭　② 打网球　③ 开车　④ 说英语

3 어순에 맞게 나열하여 문장을 완성하세요.

(1)

(2)

______________________　______________________

4 다음 대화를 잘 듣고 맞는 답을 고르세요. 40

(1) 왕홍은 평소 무엇을 하기 좋아합니까?

① 看电影　　② 踢足球

③ 唱歌　　④ 听音乐

(2) 왕홍은 무엇에 관심이 많습니까?

① 中国音乐　　② 韩国音乐

③ 中国电影　　④ 韩国电影

5 다음 주어진 말을 중국어로 써 보세요.

(1)

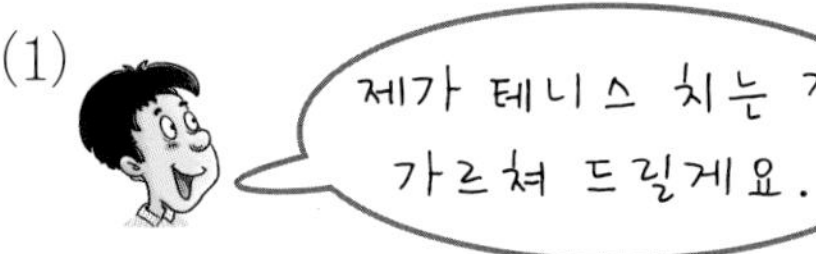

____

(2)

저는 영화 보는
걸 좋아해요.

____

(3)

당신은 평소에 뭐
하는 걸 좋아하세요?

____

(4)

전 중국 영화에
관심이 많아요.

____

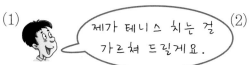

부수를 알면 한자가 보인다!

모든 한자(漢字)가 다 그런 것은 아니지만 부수를 보면 그 한자의 뜻을 알 수 있는 경우가 많습니다. 본문에 나온 '打网球'의 '打'를 예로 들어 볼까요? '打'는 '때리다, 치다'란 뜻인데 보통 손을 사용한 동작을 나타냅니다. 설령 이 단어 뜻을 모르더라도 '打'의 부수인 '扌'가 손 '手'의 약자임을 안다면 손과 관련된 뜻이 있다는 것을 짐작할 수 있겠죠. 자, 그럼 부수로 자주 쓰이는 한자 중 어떤 자(字)가 어떤 자의 약자인지 한번 알아봅시다.

부수	뜻	예
扌	手 손 ㊃	打 dǎ 때리다, 치다
讠	言 말씀 ㊁	说话 shuō huà 말하다
氵	水 물 ㊃	游泳 yóuyǒng 수영(하다)
亻	人 사람 ㊀	他 tā 그
忄	心 마음 ㊄	愉快 yúkuài 유쾌하다, 즐겁다
灬	火 불 ㊋	热 rè 덥다
钅	金 쇠 ㊎	铁 tiě 철
饣	食 먹을 ㊅	米饭 mǐfàn 쌀밥
月	肉 고기 ㊊	皮肤 pífū 피부
艹	艸 풀 ㊇	草莓 cǎoméi 딸기
目	目 눈 ㊍	眼睛 yǎnjing 눈
木	木 나무 ㊍	树林 shùlín 숲
⻊	足 발 ㊆	踢 tī (발로)차다
⻗	雨 비 ㊃	雪 xuě 눈
⺮	竹 대나무 ㊆	篮 lán (대로 만든)바구니
虫	虫 벌레 ㊆	蚊子 wénzi 모기
口	口 입 ㊀	喝 hē 마시다
车	車 차 ㊇	轮 lún 바퀴

能不能便宜一点儿?

좀 싸게 해주실 수 있나요?

학습 포인트

- 물건 사기
- '想'의 표현
- '一点儿'의 표현

익혀 두세요

学一学

 41

1

SALE
您想买什么?
Nín xiǎng mǎi shénme?

어떤 걸 사시려고 합니까?

▌상점에 들어갔을 때 점원에게서 자주 듣는 말입니다. '想'은 '~하고 싶다, ~하려 한다'는 뜻의 조동사로 동사 앞에서 말하는 사람의 의지를 나타냅니다. 부정 표현은 '不想 bù xiǎng'입니다.

2

你觉得怎么样?
Nǐ juéde zěnmeyàng?

당신은 어떤 것 같습니까?

▌상대방의 의견이나 느낌을 물을 때 자주 쓰는 표현입니다.

3

20% 할인해 드리겠습니다.

▌상품의 할인율을 이야기할 때 중국은 우리와 반대로 말을 합니다. 예를 들어, 15% 할인은 '打八五折。dǎ bā wǔ zhé.'라고 합니다. 그리고 '몇 % 할인하나요?'는 '打几折? Dǎ jǐ zhé?'라고 합니다.

말해 보세요

说一说

42

欢迎光临，您想买什么？
Huānyíng guānglín, nín xiǎng mǎi shénme?

我想买一条白色的裤子。
Wǒ xiǎng mǎi yì tiáo báisè de kùzi.

有中号的吗？
Yǒu zhōnghào de ma?

점원: 어서 오세요,
어떤 걸 사시려고요?

미애: 흰색 바지 한 벌
사려고 하는데요.
중간 사이즈 있나요?

8

해설

中号的 '중간 사이즈의 것'이란 뜻으로 '的' 뒤에 명사가 생략되었습니다. '的'는 '명 / 형 / 동 + 的'자 구조를 이루어 명사화하는 데도 쓰입니다.

사람 또는 사물을 나타낼 때

我是教书的。 Wǒ shì jiāo shū de. 저는 교사입니다.

앞에서 언급한 사람 또는 사물을 생략할 때

这个菜是我做的。 Zhè ge cài shì wǒ zuò de. 이 음식은 제가 만든 것입니다.

단어

- **售货员** shòuhuòyuán 점원, 판매원
- **想** xiǎng ~하고 싶다, ~하려고 한다
- **白色** báisè 흰색
- **中号** zhōnghào 미디움, 중간 사이즈
- **欢迎光临** huānyíng guānglín 어서 오세요, 환영합니다
- **条** tiáo 벌(바지, 강, 국수, 길 등과 같이 긴 것을 세는 단위)
- **裤子** kùzi 바지

말해 보세요

42

有。请试试这条裤子。
Yǒu. Qǐng shìshi zhè tiáo kùzi.

小瑛，你觉得怎么样，
Xiǎoyīng, nǐ juéde zěnmeyàng,

好看吗？
hǎokàn ma?

漂亮，很适合你。
Piàoliang, hěn shìhé nǐ.

점 원: 네, 이 바지 한번 입어보세요.
미 애: 샤오잉, 어때요, 예쁘나요?
샤오잉: 예쁘네요, 아주 잘 어울려요.

해설

试 '试'는 구체적인 동사를 대신하기도 합니다. 여기서는 '입다'란 동사 '穿 chuān'을 대신하며 '试试'와 같이 중첩된 형식으로 잘 쓰입니다.

条 길이나 국수와 같이 가늘고 긴 것을 세는 양사입니다.

这条路 zhè tiáo lù 이 길　　一条鱼 yì tiáo yú 생선 한 마리

단어

- 试试 shìshi 한번 ~해 보다
- 好看 hǎokàn 예쁘다, 보기 좋다
- 鱼 yú 생선
- 觉得 juéde ~인 것 같다, ~라 생각한다(주관적인 느낌이 강하다)
- 适合 shìhé 어울리다

说一说

请问，这条裤子多少钱？
Qǐngwèn, zhè tiáo kùzi duōshao qián?

380块。
Sānbǎi bāshí kuài.

有点儿贵，
Yǒudiǎnr guì,

能不能便宜一点儿？
néng bu néng piányi yìdiǎnr?

好吧，特别给您打个八折。
Hǎo ba, tèbié gěi nín dǎ ge bā zhé.

미애: 저, 이 바지 얼마인가요?

점원: 380위안입니다.

미애: 좀 비싸네요, 싸게 좀 해주실 수 있나요?

점원: 좋아요, 손님께 특별히 20% 할인해 드리죠.

8

해설

'有点儿'과 '一点儿' '有点儿'은 부사로 '有点儿 + 형용사 / 동사'의 형태로 쓰이며, 상황이 불만족스럽거나 여의치 않음을 나타냅니다.

这件衣服有点儿贵。 Zhè jiàn yīfu yǒudiǎnr guì. 이 옷은 좀 비쌉니다.

'一点儿'은 '형용사 / 동사 + 一点儿'의 형태로 쓰이고 '조금'이라는 뜻으로 수량이 적음을 나타냅니다. 회화에서는 '一'가 생략된 '点儿'을 많이 씁니다.

多吃(一)点儿。 Duō chī (yì) diǎnr. 많이 드세요.

단어

- 有点儿 yǒudiǎnr 약간, 조금(주로 상황이 여의치 않을 때)
- 能 néng (능력이나 조건이 되어 어떤 일을)할 수 있다
- 贵 guì 비싸다
- 打折 dǎ zhé 할인하다

바꿔 말해 보세요

43

1 您想 **买** 什么?
Nín xiǎng mǎi shénme?
어떤 걸 사시려고 합니까?

吃
chī
어떤 걸 드시겠습니까?

说
shuō
무엇을 말하려고 하십니까?

2 我觉得 **很适合你。**
Wǒ juéde hěn shìhé nǐ.
당신한테 잘 어울리는 것 같아요.

还可以。
hái kěyǐ.
제 생각엔 괜찮은 것 같아요.

这个菜很好吃。
zhè ge cài hěn hǎochī.
이 음식은 맛있는 것 같아요.

Tip 옷을 살 때 쓸 수 있는 형용사

- 大 dà 크다
- 小 xiǎo 작다
- 长 cháng 길다
- 短 duǎn 짧다
- 松 sōng 헐겁다
- 紧 jǐn 꽉 끼다
- 合身 héshēn 몸에 맞다

단어

- 还 hái 그런대로
- 可以 kěyǐ 괜찮다

3 我有点儿 忙。 저는 좀 바쁩니다.
Wǒ yǒudiǎnr máng.

累。 저는 좀 피곤합니다.
lèi.

后悔。 저는 좀 후회가 됩니다.
hòuhuǐ.

4 请你 大声(一)点儿。 좀 큰 소리로 말씀해 주세요.
Qǐng nǐ dàshēng (yì) diǎnr.

小心(一)点儿。 조심하세요.
xiǎoxīn (yì) diǎnr.

多吃(一)点儿。 많이 드세요.
duō chī (yì) diǎnr.

Tip 여러 가지 색깔

- 红色 hóngsè 빨간색
- 粉红色 fěnhóngsè 분홍색
- 黄色 huángsè 노란색
- 桔黄色 júhuángsè 오렌지색
- 绿色 lǜsè 녹색
- 豆绿色 dòulǜsè 연두색
- 蓝色 lánsè 파란색
- 天蓝色 tiānlánsè 하늘색
- 紫色 zǐsè 자주색
- 浅紫色 qiǎnzǐsè 보라색
- 棕色 zōngsè 갈색
- 灰色 huīsè 회색
- 黑色 hēisè 검은색
- 白色 báisè 흰색

단어

- 后悔 hòuhuǐ 후회하다
- 小心 xiǎoxīn 조심하다

补充

❶ '穿(chuān 입다, 신다)'과 어울리는 명사

(1) 의류 衣服 yīfu

裙子 qúnzi 치마
裤子 kùzi 바지
连衣裙 liányīqún 원피스
迷你裙 mínǐqún 미니 스커트
上衣 shàngyī 자켓, 상의
毛衣 máoyī 스웨터
大衣 dàyī 외투
外衣 wàiyī 겉옷, 상의, 코트
西服 xīfú 양복
衬衫 chènshān 와이셔츠
长袜 chángwà 스타킹
袜子 wàzi 양말

(2) 신발 鞋 xié

皮鞋 píxié 구두
高跟鞋 gāogēnxié 하이힐
长靴 chángxuē 롱부츠
凉鞋 liángxié 샌들
运动鞋 yùndòngxié 운동화
拖鞋 tuōxié 슬리퍼

❷ '戴(dài 착용하다)'와 어울리는 명사

(1) 의류 衣服 yīfu

领带 lǐngdài 넥타이
围巾 wéijīn 스카프
帽子 màozi 모자
手套 shǒutào 장갑

(2) 액세서리 首饰 shǒushi

戒指 jièzhi 반지
项链儿 xiàngliànr 목걸이
耳环 ěrhuán 귀걸이
手表 shǒubiǎo 손목시계

1분 스피치

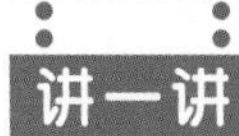

44

我想买一条白色的裤子，去了一家服装店。
Wǒ xiǎng mǎi yì tiáo báisè de kùzi, qù le yì jiā fúzhuāngdiàn.

售货员给我一条白色的裤子试试。
Shòuhuòyuán gěi wǒ yì tiáo báisè de kùzi shìshi.

小瑛觉得这条裤子很适合我，很好看。
Xiǎoyīng juéde zhè tiáo kùzi hěn shìhé wǒ, hěn hǎokàn.

可是我觉得裤子有点儿贵。
Kěshì wǒ júede kùzi yǒudiǎnr guì.

售货员很好，特别给我打个八折。
Shòuhuòyuán hěn hǎo, tèbié gěi wǒ dǎ ge bā zhé.

해석

나는 흰 바지를 사고 싶어서 옷 가게에 갔습니다. 점원은 나에게 입어보라고 흰 바지를 주었습니다. 샤오잉은 바지가 나에게 잘 어울리고 예쁜 것 같다고 했습니다. 하지만 나는 바지가 좀 비싼 것 같았습니다. 점원은 마음씨 좋게도 특별히 20% 할인해 주었습니다.

단어

- 家 jiā 가게, 호텔, 기업 등을 세는 단위
- 服装店 fúzhuāngdiàn 옷 가게

연습 문제

1 다음 대화를 잘 듣고 괄호 안에 들어갈 단어를 골라 보세요. 

美爱觉得裤子有点儿(　　　)。

① 大　　② 小　　③ 贵　　④ 便宜

2 다음 대화를 잘 듣고 맞는 것을 골라 보세요. 45

① 주인은 가격을 10% 할인해 주었다.
② 주인은 가격을 20% 할인해 주었다.
③ 주인은 가격을 90% 할인해 주었다.
④ 주인은 가격을 80% 할인해 주었다.

3 다음 밑줄 친 동사와 바꿔 쓸 수 있는 것은 무엇입니까?

 我想买一条白色的裤子。有中号的吗?

 有。请<u>试试</u>这条裤子。

① 穿　　② 戴　　③ 脱　　④ 给

4 다음 대화의 빈칸에 들어갈 말을 골라 넣으세요.

适合　打　觉得　一点儿　试试　有点儿　买

(1) A: 你(　　)怎么样，好看吗?
B: 漂亮，很(　　)你。

(2) A: (　　　　)贵，能不能便宜(　　　　)?
B: 好吧，特别给您(　　)个八折。

5 다음 주어진 말을 중국어로 써 보세요.

(1)
어서 오세요. 어떤 걸 사시려고요?
(2)
어떤 것 같아요?

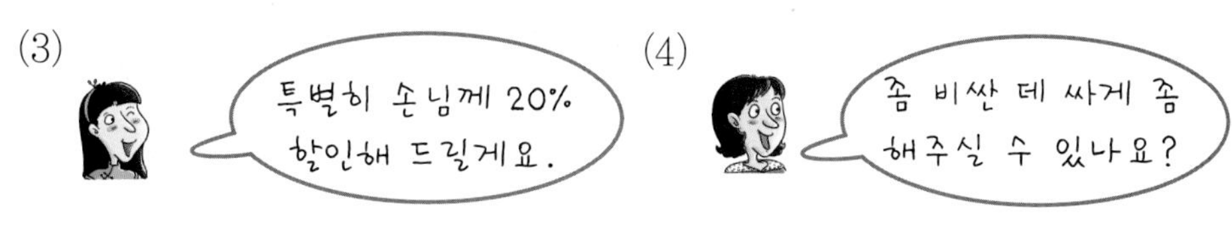

(3)
특별히 손님께 20% 할인해 드릴게요.
(4)
좀 비싼 데 싸게 좀 해주실 수 있나요?

물건을 세는 단위 — 양사

양사(量词)는 사람이나 사물 등을 세는 단위로 보통 수사나 지시대명사(这,那 등)와 함께 쓰이며, 명사에 따라 다른 양사를 씁니다. 어순은 '수사+양사+명사'입니다.

(1) 个 ge

개, 명: 사람을 세는 데 쓰이며, 전용 양사가 없는 명사에도 두루 쓰입니다.

一个人 yí ge rén 한 사람

一个(道)菜 yí ge(dào) cài 요리 하나

(2) 件 jiàn

벌: 옷, 사건, 문건, 물건 등을 세는 데 씁니다.

一件衣服 yí jiàn yīfu 옷 한 벌

一件事 yí jiàn shì 한 가지 일

(3) 张 zhāng

개, 장: 넓고 평평한 것을 세는 데 씁니다.

一张纸 yì zhāng zhǐ 종이 한 장

一张桌子 yì zhāng zhuōzi 테이블 하나

(4) 本 běn

권: 서적 등을 셀 때 씁니다.

一本书 yì běn shū 책 한 권

一本词典 yì běn cídiǎn 사전 한 권

(5) 杯 bēi

잔: 잔으로 셀 수 있는 것에 씁니다.

一杯水 yì bēi shuǐ 물 한 잔

一杯咖啡 yì bēi kāfēi 커피 한 잔

(6) 双 shuāng

켤레, 쌍: 좌우 대칭의 신체나 기관 혹은 짝을 이루어 사용되는 물건(주로 몸에 착용하는 것)에 씁니다.

一双鞋子 yì shuāng xiézi 신발 한 켤레

一双手 yì shuāng shǒu 양손

(7) 对 duì

쌍: 짝을 이룬 것에 씁니다.

一对夫妇 yí duì fūfù 부부 한 쌍

一对男女 yí duì nánnǚ 남녀 한 쌍

어떤 양사를 써야 할지 모를 땐 양사 '个'를 쓰면 됩니다.

종합 평가 1과~8과

1 다음 단어의 병음과 성조를 적으세요.

(1) 什么 ____________ (2) 高兴 ____________

(3) 姐姐 ____________ (4) 请问 ____________

(5) 吃饭 ____________ (6) 便宜 ____________

2 다음 중 반대말끼리 연결된 것이 아닌 것을 고르세요.

① 大 - 小 ② 好看 - 好吃 ③ 去 - 来 ④ 贵 - 便宜

3 맞는 문장에는 O, 틀린 문장에는 X를 표시하세요.

(1) 你叫什么名字吗? ( ) (2) 我去超市买了皮鞋。( )

(3) 我要送他一件礼物。( ) (4) 这件衣服一点儿贵。( )

4 다음 숫자를 중국어로 써보세요.

(1) 28 ____________ (2) 380 ____________

(3) 707 ____________ (4) 1006 ____________

5 다음 대화를 잘 듣고 질문에 맞는 답을 고르세요. 46

① 12시 15분 ② 2시 15분 ③ 12시 45분 ④ 2시 45분

6 그림을 보고 대화를 완성하세요.

(1) A：明天几月几号，星期几？　(2) A：现在打几折？

B: ______________。　B: ______________。

7 다음 문장을 듣고 화자가 무엇을 샀는지 고르세요. 46

① 바지, 치마, 운동화　② 치마, 상의, 운동화

③ 바지, 상의, 구두　④ 치마, 상의, 구두

8 다음 녹음을 듣고 대화 내용과 맞지 않는 것을 고르세요. 46

① 왕홍은 테니스는 칠 줄 알지만 수영은 못한다.

② 왕홍은 테니스는 칠 줄 알지만 농구는 못한다.

③ 왕홍은 농구는 할 줄 알지만 수영은 못한다.

④ 왕홍은 테니스와 농구를 할 줄 안다.

9 다음 녹음을 듣고 문장을 받아 적어 보세요. 46

(1) ______________________________

(2) ______________________________

(3) ______________________________

(4) ______________________________

어떻게 부를까요?

• 가족에 대한 호칭

爷爷 yéye 할아버지

奶奶 nǎinai 할머니

外公 wàigōng (= 姥爷 lǎoye) 외할아버지

外婆 wàipó (= 姥姥 lǎolao) 외할머니

爸爸 bàba 아빠(아버지)

妈妈 māma 엄마(어머니)

哥哥 gēge 형(오빠) 姐姐 jiějie 누나(언니)

弟弟 dìdi 남동생

妹妹 mèimei 여동생

爱人 àiren 남편, 아내(남녀 구분 없이 자신의 배우자를 가리킬 때)

先生 xiānsheng (= 老公 lǎogōng) 남편

太太 tàitai (= 老婆 lǎopo) 아내

儿子 érzi 아들

女儿 nǚ'ér 딸

独生子 dúshēngzǐ 외동아들

独生女 dúshēngnǚ 외동딸

老大 lǎodà 첫째

老二 lǎo'èr 둘째

老三 lǎosān 셋째

老四 lǎosì 넷째

老幺 lǎoyāo 막내

• 낯선 사람에 대한 호칭

老大爷 lǎodàye 할아버지

老大娘 lǎodàniang 할머니

叔叔 shūshu 아저씨

阿姨 āyí 아주머니

先生 xiānsheng 아저씨, 선생님(남성을 부를 때)

小姐 xiǎojie 아가씨(주로 미혼 여성을 부를 때)

감상해 볼까요?

47

静夜思 (唐) 李白
Jìng yè sī (Táng) Lǐ Bái

정야사 (당) 이백

床前明月光，
Chuáng qián míng yuè guāng,
침대 앞의 밝은 달빛이

疑是地上霜。
yí shì dì shang shuāng.
땅 위에 내린 서리인 듯 하구나.

举头望明月，
Jǔ tóu wàng míng yuè,
고개 들어 밝은 달을 바라 보고

低头思故乡。
dī tóu sī gù xiāng.
고개 숙여 고향을 그리워하네.

너무나도 잘 알려진 이백의 시입니다. 조용한 밤 침대맡에 홀로 앉아 달을 바라보는데 달빛이 너무 환하여 서리가 내린 듯하고, 또 달을 쳐다보고 있자니 멀리 고향에서도 가족들이 이 달을 보고 있을 거란 생각에 고개를 떨구고 고향을 그리워한다는 내용으로 고향을 그리는 나그네의 심정을 잘 묘사하였습니다.

你们要点什么?
무엇을 주문하시겠습니까?

我来一个香菇青菜。

你们要点什么?

小姐，买单。

학습 포인트

- 음식 주문
- '要'의 표현
- '来'의 표현

익혀 두세요

学一学

48

1

你们要点什么？
Nǐmen yào diǎn shénme?

무엇을 주문하시겠습니까?

식당이나 커피숍에 가면 자주 듣는 말이죠. 이밖에도 '你(们)要吃什么？Nǐ(men) yào chī shénme?(무엇을 드시겠습니까?)', '你(们)要喝什么？ Nǐ(men) yào hē shénme?(무엇을 마시겠습니까?)'도 알아두면 좋겠죠!

2

我来一个香菇青菜。
Wǒ lái yí ge xiānggū qīngcài.

저는 샹구칭차이로 주세요.

주문하겠다는 뜻으로 '来' 자리에 '点'를 넣어 말할 수도 있습니다. '香菇青菜'는 표고버섯과 청경채를 따로 볶아 녹말 소스를 끼얹은 요리로 맛이 담백하여 한국인의 입에 잘 맞습니다.

3

小姐，买单。
Xiǎojie, mǎidān.

여기 계산해 주세요.

음식을 다 먹고 계산을 할 때 이 말을 씁니다. '小姐' 같은 호칭 없이 그냥 '买单' 또는 '我要买单。Wǒ yào mǎidān.'이라고 해도 됩니다.

말해보세요

说一说

49

欢迎光临！请这边坐。
Huānyíng guānglín! Qǐng zhèbiān zuò.

这是菜单。你们要点什么？
Zhè shì càidān. Nǐmen yào diǎn shénme?

我来一个香菇青菜。
Wǒ lái yí ge xiānggū qīngcài.

美爱，你呢？
Měi'ài, nǐ ne?

종업원: 어서 오세요! 이쪽으로 앉으십시오. 여기 메뉴 있습니다. 무엇을 드시겠습니까?

샤오잉: 전 샹구칭차이 주세요. 미애 씨는 뭘 먹을 건가요?

9

▲샹구칭차이

해설

点 본문에서 '点'은 '주문하다'란 뜻의 동사로 쓰였죠. 이밖에 '고개를 끄덕이다, 불을 켜다, 액체를 한 방울씩 떨어뜨리다'란 뜻도 있습니다.

他点了点头。 Tā diǎn le diǎn tóu. 그는 고개를 끄덕였습니다.
打火机点不着火。 Dǎhuǒjī diǎn bu zháo huǒ. 라이터가 불이 안 켜져요.
我要点眼药水。 Wǒ yào diǎn yǎnyàoshuǐ. 안약을 넣어야 해요.

단어

- 位 wèi 분, 명
- 菜单 càidān 메뉴
- 来 lái 구체적인 동사를 대신함
- 头 tóu 머리
- 点不着火 diǎn bu zháo huǒ (불이)붙지 않다
- 这边 zhèbiān 여기, 이쪽
- 点 diǎn 주문하다
- 香菇青菜 xiānggū qīngcài 표고버섯과 청경채 요리
- 打火机 dǎhuǒjī 라이터
- 眼药水 yǎnyàoshuǐ 안약

我想吃辣一点儿的，
Wǒ xiǎng chī là yìdiǎnr de,

来一个宫保鸡丁。
lái yí ge gōngbǎo jīdīng.

饮料呢？
Yǐnliào ne?

我要矿泉水。
Wǒ yào kuàngquánshuǐ.

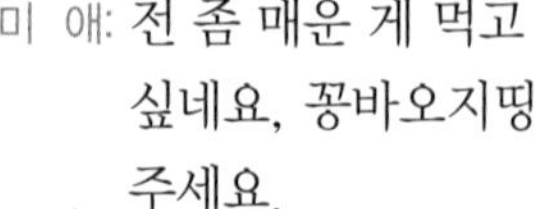

미 애: 전 좀 매운 게 먹고 싶네요. 꽁바오지띵 주세요.

종업원: 음료는 무엇으로 하시겠습니까?

미 애: 전 생수를 마시겠어요.

▲ 꽁바오지딩

해설

我要矿泉水。 '要'는 '~하려고 하다, ~해야 한다'란 뜻의 조동사로서 동사 앞에 쓰여 화자의 의지나 바람을 나타내기도 하지만 위의 문장처럼 '필요하다, 바라다, 원하다'라는 동사로 쓰이기도 합니다.

단어

- 辣 là 맵다
- 要 yào 필요하다, 바라다, 원하다
- 宫保鸡丁 gōngbǎo jīdīng 닭고기, 땅콩, 피망 볶음 요리

说一说

再来一瓶矿泉水和茶水。
Zài lái yì píng kuàngquánshuǐ hé cháshuǐ.

好的，请稍等。菜马上就来。
Hǎo de, qǐng shāo děng. Cài mǎshàng jiù lái.

* * *

小姐，买单。
Xiǎojie, mǎidān.

一共四十六块。
Yígòng sìshí liù kuài.

샤오잉: 생수 한 병이랑 차도 주세요.

종업원: 알겠습니다, 잠시만 기다리세요. 곧 음식을 갖다드리겠습니다.

* * *

샤오잉: 아가씨, 계산이요.

종업원: 모두 합해서 46콰이입니다.

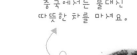

중국에서는 물대신 따뜻한 차를 마셔요.

9

해설

再 '다시, 재차, 또, 더'라는 뜻으로 아직 실현되지 않은 동작의 중복을 나타내며, 또한 앞으로 이루어질 동작을 나타내기도 합니다.

再来一次！ Zài lái yí cì! 다시 한번 더!

欢迎您下次再来。 Huānyíng nín xiàcì zài lái. 다음에 또 오세요.

단어

• 瓶 píng	병(병을 세는 단위)	• 茶水 cháshuǐ	차
• 马上 mǎshàng	곧, 즉시	• 买单 mǎidān	계산하다
• 一共 yígòng	모두, 전부	• 欢迎 huānyíng	환영하다

바꿔 말해 보세요

 50

1 我要 去睡觉。 저는 자러 가겠습니다.
Wǒ yào qù shuì jiào.

买数码相机。 저는 디지털 카메라를 사려고 합니다.
mǎi shùmǎ xiàngjī.

早一点下班。 저는 조금 일찍 퇴근하겠습니다.
zǎo yìdiǎn xià bān.

2 我要 可乐。 콜라 주세요.
Wǒ yào kělè.

标准间。 스탠다드룸으로 주세요.
biāozhǔnjiān.

这本书。 저는 이 책이 필요합니다.
zhè běn shū.

단어

- 睡觉 shuì jiào 잠을 자다
- 早 zǎo 이르다
- 可乐 kělè 콜라
- 数码相机 shùmǎ xiàngjī 디지털 카메라
- 下班 xià bān 퇴근하다
- 标准间 biāozhǔnjiān 스탠다드룸(2인 1실)

3 我来 一个香菇青菜。 샹구칭차이 하나 주세요.
Wǒ lái yí ge xiānggū qīngcài.

一瓶啤酒。 맥주 한 병 주세요.
yì píng píjiǔ.

一杯咖啡。 커피 한 잔 주세요.
yì bēi kāfēi.

4 我想吃 甜 一点儿的。 저는 좀 단 게 먹고 싶습니다.
Wǒ xiǎng chī tián yìdiǎnr de.

酸 저는 좀 신 게 먹고 싶습니다.
suān

清淡 저는 좀 담백한 게 먹고 싶습니다.
qīngdàn

단어

- 啤酒 píjiǔ 맥주
- 咖啡 kāfēi 커피
- 杯 bēi 잔(잔을 세는 단위)

❶ '来'의 특별한 용법

'来'는 원래 '오다'란 뜻의 동사지만 다음의 용법으로 쓰이기도 합니다.

(1) 구체적인 동사를 대신하여 '~하다'란 뜻으로 쓰입니다.

再来一点吧。 Zài lái yìdiǎn ba. 음식을 권할 때 : 좀 더 드세요. ('吃' 대신)

再来一个! Zài lái yí ge! 노래를 다시 청할 때 : 앙코르! ('唱 chàng 노래 부르다' 대신)

(2) 동사 앞에 놓여 어떤 일을 하려함을 나타냅니다.

我来介绍一下。 Wǒ lái jièshào yíxià. 제가 소개하겠습니다.

你来念一遍。 Nǐ lái niàn yíbiàn. 당신이 처음부터 끝까지 한 번 읽어 보세요.

❷ 여러 가지 맛과 냄새

1분 스피치

今天小瑛请我吃饭，我们去了一家四川餐厅。
Jīntiān Xiǎoyīng qǐng wǒ chī fàn, wǒmen qù le yì jiā Sìchuān cāntīng.

我们点了两菜一汤，喝了一瓶矿泉水和茶水。
Wǒmen diǎn le liǎng cài yì tāng, hē le yì píng kuàngquánshuǐ hé cháshuǐ.

我比较喜欢吃辣的，点了一个宫保鸡丁。
Wǒ bǐjiào xǐhuan chī là de, diǎn le yí ge gōngbǎo jīdīng.

小瑛喜欢吃清淡一点儿的，点了一个香菇青菜。
Xiǎoyīng xǐhuan chī qīngdàn yìdiǎnr de, diǎn le yí ge xiānggū qīngcài.

我觉得这家餐厅的菜都很好吃，下次一定要再来。
Wǒ juéde zhè jiā cāntīng de cài dōu hěn hǎochī, xiàcì yídìng yào zài lái.

해석

오늘 샤오잉이 한턱 내겠다고 해서 우리는 사천요리 식당에 갔습니다. 우리는 요리 두 개와 탕 하나를 시키고 생수 한 병과 차를 마셨습니다. 저는 비교적 매운 것을 좋아해서 꽁바오지띵을 시켰고, 샤오잉은 담백한 걸 좋아해서 샹구칭차이를 시켰습니다. 이 식당의 음식은 모두 맛있었습니다. 다음 번에 꼭 다시 와야겠습니다.

단어

- 四川 Sìchuān 사천
- 菜 cài 요리, 음식
- 比较 bǐjiào 비교적
- 餐厅 cāntīng 식당
- 汤 tāng 탕
- 都 dōu 모두, 다

9

연습 문제

1 다음 대화를 잘 듣고 질문에 답하세요. 52

(1) 다음 중 미애와 샤오잉이 주문한 것이 아닌 것은 무엇입니까?

① 宫保鸡丁 ② 矿泉水 ③ 可乐 ④ 茶水

(2) 미애는 무슨 음식을 먹고 싶어합니까?

① 단 음식 ② 매운 음식 ③ 신 음식 ④ 담백한 음식

2 다음 중 '来'의 쓰임이 다른 문장은 무엇입니까?

① 我来一瓶矿泉水。 ② 再来一点吧。

③ 再来一个！ ④ 下次一定要再来。

3 다음 주어진 말을 중국어로 써 보세요.

(1)

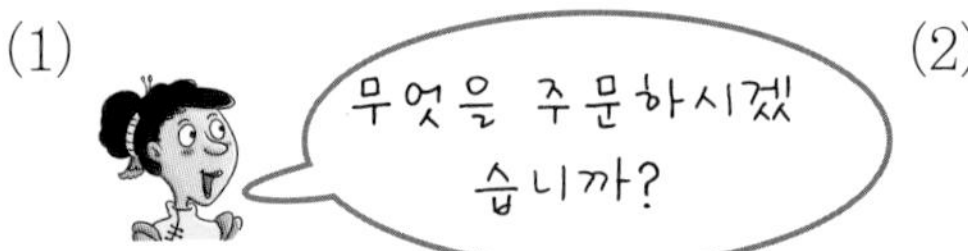

무엇을 주문하시겠습니까?

(2)

전 좀 매운 게 먹고 싶네요.

(3)

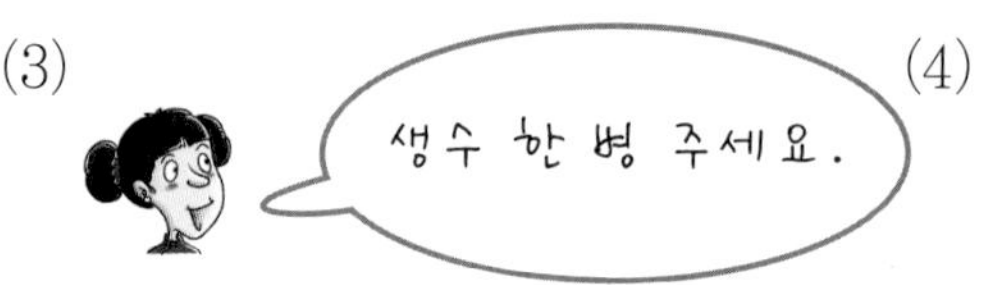

생수 한 병 주세요.

(4)

계산해 주세요!

4 어순에 맞게 나열하여 문장을 완성하세요.

(1) 请 / 欢迎 / 这边 / 光临， / 坐。

____

(2) 来 / 你 / 我 / 一个 / 呢？ / 香菇青菜，

____

(3) 菜 / 请 / 马上 / 等， / 就 / 稍 / 来。

____

5 다음은 1분 스피치에 대한 내용입니다. 빈칸에 알맞은 말을 써 보세요.

今天小瑛_____我吃饭，我们去了一___四川_______。

我们_____了两菜一汤，_____了一瓶矿泉水和茶水。

我比较_____吃辣的，点了一个宫保鸡丁。

小瑛喜欢吃清淡_____的，点了一个香菇青菜。

我_____这家餐厅的菜都很好吃，下次一定要再来。

중국인의 식사 습관

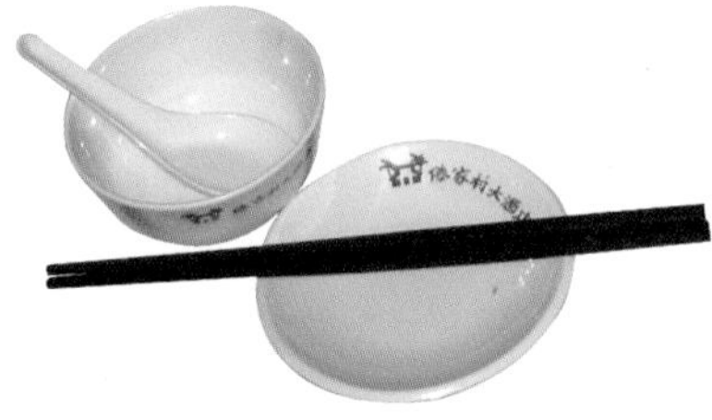

우리는 식사를 할 때 밥 그릇을 식탁에 올려놓고 숟가락으로 밥을 떠서 먹고, 젓가락으로 반찬을 집어 먹는 것이 일반적인 식사 예절이죠. 혹 나이 드신 어르신과 식사를 할 때 밥 그릇을 들고 밥을 먹으면 체신머리 없다며 야단을 듣기도 합니다. 하지만 중국은 이런 점에서 우리의 식사 예절과 차이가 있습니다. 중국 영화를 보다 보면 중국 사람들은 식사를 할 때 밥그릇을 손에 들고 젓가락으로 밥을 먹는 것을 볼 수 있는데요, 그네들한테는 체신머리 없는 짓이 아닌 아주 자연스러운 문화입니다. 또 기본적으로 젓가락으로 음식을 집는다는 점은 같으나 중국은 숟가락의 용도가 좀 다른데요, 중국에서는 숟가락은 거의 탕을 먹을 때 사용하고 모양도 우리나라의 숟가락과는 달리 손잡이가 짧고 탕을 뜨기 쉽게 머리 부분이 움푹 들어가 있습니다.

먹는 것을 중요하게 생각하는 중국인은 손님을 식사에 초대하면 아주 융성하게 대접을 합니다. 우리는 음식이 남으면 손님이 '음식 맛이 없어서 남겼나?' 하고 생각하지만, 중국인은 '음식이 부족한 건가?'라고 생각하고 손님에 대한 결례를 했다고 생각합니다. 이는 식당도 마찬가지인데요, 요리 하나를 시키더라도 접시 한 가득 내오므로 요리를 잔뜩 시켰다가는 음식을 남기기 십상입니다.

식사를 할 때 중국인은 계속 '慢慢吃 mànmān chī 천천히 드세요', '多吃点儿 duō chī diǎnr 많이 드세요'라고 말하며 음식을 권합니다. 또 주인은 손님에 대한 예의로 음식이 나오면 제일 좋은 것은 젓가락으로 집어 손님에게 먼저 먹을 것을 권하는데 이를 사양해서는 안 됩니다. 아무리 먹어 보지 못한 음식이라도 권한 음식을 먹지 않는 것은 주인에 대한 결례이니 주의하세요.

▲ 회전식탁

Unit
10
请问，去王府井怎么走？
실례지만, 왕푸징은 어떻게 갑니까?
BUS
请问，去王府井怎么走？
公共汽车站在哪儿？
离这儿远不远？
학습 포인트
• 길 묻기
• 방위사
• 교통 수단

익혀 두세요

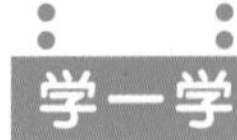

1

去王府井怎么走?
Qù Wángfǔjǐng zěnme zǒu?

왕푸징은 어떻게 갑니까?

‘去’와 ‘走’는 모두 ‘가다’란 뜻인데 ‘去’ 뒤에는 화자가 가려는 곳이 명시되지만, ‘走’는 그렇지 않은 경우가 많습니다.

2

从这儿往前走。
Cóng zhèr wǎng qián zǒu.

여기서 앞으로 가세요.

어느 방향으로 가라고 할 때 쓰는 표현이 ‘往＋방향＋동사’입니다. 동사 자리에는 주로 ‘走’나 ‘拐’가 오죠.

3

公共汽车站在哪儿?
Gōnggòng qìchēzhàn zài nǎr?

버스정류장은 어디에 있습니까?

‘在’가 ‘~에 있다’란 뜻으로 술어의 주요 성분이 되기도 하는데 주로 ‘在 + 방위 · 장소’의 형식으로 쓰입니다.

말해보세요

说一说

54

请问，去王府井怎么走？
Qǐngwèn, qù Wángfǔjǐng zěnme zǒu?

从这儿往前走，
Cóng zhèr wǎng qián zǒu,

到第二个路口往左拐。
dào dì'èr ge lùkǒu wǎng zuǒ guǎi.

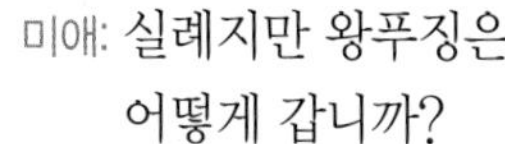

미애: 실례지만 왕푸징은 어떻게 갑니까?

행인: 여기서 앞으로 가서 두 번째 길목에서 왼쪽으로 꺾으세요.

왕푸징
명대 황족의 저택이 있던 곳입니다.

10

해설

怎么 + 동사 '어떻게 ~을 하냐'라는 방식을 묻는 표현이다.
这个怎么卖? Zhè ge zěnme mài? 이거 어떻게 팔아요?

从 장소나 시간의 기점, 범위를 나타내는 전치사입니다.
从早上到晚上 cóng zǎoshang dào wǎnshang 아침부터 저녁까지

往 동작의 방향을 나타내는 전치사입니다.
一直往前走。 Yìzhí wǎng qián zǒu. 앞으로 곧장 가세요.

단어

- 王府井 Wángfǔjǐng 왕푸징(우리나라 명동 같은 번화가)
- 往 wǎng (방향)~로, ~쪽으로
- 路口 lùkǒu 길목
- 拐 guǎi (꺾어)돌다, 돌아가다
- 一直 yìzhí 곧장, 앞으로
- 从 cóng (기점, 범위)~에서, ~부터
- 前 qián 앞(쪽)
- 左 zuǒ 왼쪽
- 早上 zǎoshang 아침

말해 보세요

54

离这儿远不远?
Lí zhèr yuǎn bu yuǎn?

比较远，你还是坐车好。
Bǐjiào yuǎn, nǐ háishi zuò chē hǎo.

坐车过去要多长时间?
Zuò chē guòqù yào duō cháng shíjiān?

미애: 여기서 먼가요?
행인: 비교적 멀죠, 차를 타는 편이 나을 거예요.
미애: 차 타고 가면 얼마나 걸립니까?

해설

离 공간적, 시간적 거리를 나타낼 때 기준점이 되는 장소나 시간명사 앞에 쓰입니다.
我家离地铁站很近。 Wǒ jiā lí dìtiězhàn hěn jìn. 우리 집은 지하철역에서 가깝다.

过 '过'는 조사로 동사 뒤에 쓰여 과거의 경험을 나타내는 것 외에 동사로서 다음의 뜻이 있습니다.
① (한 장소에서 다른 장소로)가다, 건너다
过马路，就在前面。 Guò mǎlù, jiù zài qiánmian. 길을 건너면 바로 앞에 있습니다.
② (어느 시점을 지나는 것을 일컬음)지나다, 보내다
时间过得真快。 Shíjiān guò de zhēn kuài. 시간이 참 빨리 간다.

단어

- 离 lí ~에서, ~로부터, ~까지
- 还是 háishi ~하는 편이 좋다
- 过去 guòqù (지나)가다
- 长 cháng 길다
- 近 jìn 가깝다
- 前面 qiánmian 앞
- 真 zhēn 진심으로, 정말
- 远 yuǎn 멀다
- 坐车 zuò chē 차를 타다
- 多 duō (의문문에 쓰여)얼마나
- 地铁站 dìtiězhàn 지하철역
- 马路 mǎlù 대로, 큰길
- 得 de 동사나 형용사 뒤에 쓰여 정도나 결과 보어를 이끄는 조사
- 快 kuài 빠르다

大概十分钟左右。
Dàgài shí fēnzhōng zuǒyòu.

公共汽车站在哪儿?
Gōnggòngqìchē zhàn zài nǎr?

过马路就在右边。
Guò mǎlù jiù zài yòubian.

坐几路车?
Zuò jǐ lù chē?

20路车。
Èrshí lù chē.

행인: 대략 10분 정도요.

미애: 버스정류장은 어디에 있나요?

행인: 길 건너면 바로 오른쪽에 있어요.

미애: 몇 번 버스를 타야 하죠?

행인: 20번 버스요.

▲ 북경 제1의 쇼핑가 왕푸징 모습

해설

在 + 방위, 장소 '무엇이 어디에 있다'고 말할 때 존재나 위치를 나타내는 동사 '在'를 씁니다.

银行在商店右边。 Yínháng zài shāngdiàn yòubian. 은행은 상점 오른쪽에 있습니다.

단어

- **大概** dàgài 대략, 대강, 대충
- **左右** zuǒyòu ~정도, 남짓
- **过** guò 건너다
- **路** lù (버스 노선)~번
- **分钟** fēnzhōng 분
- **公共汽车站** gōnggòngqìchē zhàn 버스정류장
- **右边** yòubian 오른쪽

바꿔 말해 보세요

55

1

意大利面 Yìdàlìmiàn	怎么 zěnme	做? zuò?	스파게티는 어떻게 만드나요?
这部手机 Zhè bù shǒujī		用? yòng?	이 휴대폰은 어떻게 사용하나요?
这个菜 Zhè ge cài		吃? chī?	이 요리는 어떻게 먹나요?

2

往 Wǎng	前 qián	走, zǒu,	就到了。 jiù dào le.	앞으로 가면 도착합니다.
	东 dōng	拐, guǎi,		동쪽으로 돌면 도착합니다.
	右 yòu	转, zhuǎn,		오른쪽으로 돌면 도착합니다.

단어

- 意大利面 yìdàlìmiàn 스파게티
- 部 bù (전화기나 휴대폰 등 부피가 작은 기계를 세는 양사)대

3

请问，洗手间 在哪儿？ 실례지만 화장실이 어디에 있나요?
Qǐngwèn, xǐshǒujiān zài nǎr?

火车站 실례지만 기차역이 어디에 있나요?
huǒchēzhàn

4

洗手间 在 二楼。 화장실은 2층에 있습니다.
Xǐshǒujiān zài èr lóu.

火车站 对面。 기차역은 맞은편에 있습니다.
Huǒchēzhàn duìmiàn.

Tip '有'와 '在'

'어디에 무엇이 존재한다'는 동사 '有'를, '무엇이 어디에 존재한다'는 동사 '在'를 씁니다

'有'가 술어의 주요 성분이 될 때 〈방위 · 장소 + 有 + 사람 · 사물〉	'在'가 술어의 주요 성분이 될 때 〈사람 · 사물 + 在 + 방위 · 장소〉
商店右边有一个银行。 Shāngdiàn yòubian yǒu yí ge yínháng. 상점 오른쪽에 은행이 하나 있다.	银行在商店右边。 Yínháng zài shāngdiàn yòubian. 은행은 상점의 오른쪽에 있다.

단어

- 洗手间 xǐshǒujiān 화장실
- 楼 lóu 층
- 火车站 huǒchēzhàn 기차역
- 对面 duìmiàn 맞은편

꼭 알아두세요!

❶ '多长时间'과 '什么时候'

(1) '多长时间'은 '얼마동안'이란 뜻으로, 어떤 일을 하는 데 걸린 시간을 나타내며, 서술어 뒤에 위치합니다.

A: **你来中国多长时间了?** 당신은 중국에 온 지 얼마나 되었습니까?
Nǐ lái Zhōngguó duōcháng shíjiān le?

B: **我来中国一个月了。** 저는 중국에 온 지 한 달이 되었습니다.
Wǒ lái Zhōngguó yí ge yuè le.

(2) '什么时候'는 '언제'란 뜻으로, 어떤 일을 한 시점을 나타내며, 서술어 앞에 위치합니다.

A: **你什么时候来中国了?** 당신은 언제 중국에 왔습니까?
Nǐ shénme shíhou lái Zhōngguó le?

B: **我上个星期天来中国了。** 저는 지난 주 일요일에 중국에 왔습니다.
Wǒ shàng ge xīngqī tiān lái Zhōngguó le.

❷ 방위사

东 dōng 동	南 nán 남	西 xī 서	北 běi 북	左 zuǒ 좌	右 yòu 우
东边 dōngbian 동쪽	南边 nánbian 남쪽	西边 xībian 서쪽	北边 běibian 북쪽	左边 zuǒbian 왼쪽	右边 yòubian 오른쪽
前 qián 앞	后 hòu 뒤	上 shàng 위	下 xià 아래	里 lǐ 안	外 wài 밖
前边 qiánbian 앞쪽	后边 hòubian 뒤쪽	上边 shàngbian 위쪽	下边 xiàbian 아래쪽	里边 lǐbian 안쪽	外边 wàibian 바깥쪽

Tip 방위를 나타내는 접미사 '边 biān' 대신 '面 miàn'을 쓸 수도 있지만, '旁边 pángbiān 옆쪽', '对面 duìmiàn 맞은편'은 예외입니다.

1분 스피치

今天星期天，我约王洪在王府井见面。
Jīntiān xīngqī tiān, wǒ yuē Wáng Hóng zài Wángfǔjǐng jiàn miàn.

我坐公共汽车去了，但是我下了车就迷路了。
Wǒ zuò gōnggòngqìchē qù le, dànshì wǒ xià le chē jiù mí lù le.

我问一个行人去王府井怎么走。
Wǒ wèn yí ge xíngrén qù Wángfǔjǐng zěnme zǒu.

他说，王府井离这儿比较远，要坐大概10分钟的车。
Tā shuō, Wángfǔjǐng lí zhèr bǐjiào yuǎn, yào zuò dàgài shí fēnzhōng de chē.

他告诉我公共汽车站过马路就在右边，要坐20路车。
Tā gàosu wǒ gōnggòngqìchē zhàn guò mǎlù jiù zài yòubian, yào zuò èrshí lù chē.

PLUS

'见面'이란 동사는 뒤에 목적어를 따로 취할 수 없는데요, 단어 자체가 이미 '동+목' 구조로 되어 있기 때문입니다. 그래서 '그를 만나다'라고 말할 때는 '见面他'라고 하지 않고, '见他面', '和他见面', '跟gēn他见面'과 같이 표현합니다.

해석

오늘은 일요일, 저는 왕홍 씨와 왕푸징에서 만나기로 약속을 했습니다. 전 버스를 타고 갔는데 버스에서 내리자마자 길을 잃었습니다. 저는 한 행인에게 왕푸징에 어떻게 가는지 물어 보았습니다. 그는 왕푸징이 여기서 비교적 멀다며 10분 정도 차를 타고 가야 한다고 했습니다. 그는 제게 버스 정류장이 길 건너 오른쪽에 있으니 20번 버스를 타고 가라고 알려 주었습니다.

단어

- 约 yuē 약속하다
- 见面 jiàn miàn 만나다
- 站 zhàn 정거장, 역
- 迷路 mí lù 길을 잃다

10

1 녹음을 잘 듣고 지도에서 답을 찾아 보세요. 57

(1) ____________________

(2) ____________________

단어

· 医院 yīyuàn	병원	· 饭店 fàndiàn	호텔
· 邮局 yóujú	우체국	· 书店 shūdiàn	서점
· 药店 yàodiàn	약국	· 百货公司 bǎihuò gōngsī	백화점

2 주어진 단어를 가지고 문장을 만들고 해석해 보세요.

(1) 怎么 / 去 / 王府井 / 走？ / 请问，

____

해석 ______________________________

(2) 在 / 站 / 公共汽车 / 哪儿？

____

해석 ______________________________

(3) 远， / 比较 / 车 / 你 / 坐 / 好。 / 还是

____

해석 ______________________________

3 그림을 보고 대화를 완성해 보세요.

(1)

A：请问，去王府井怎么走？

B：______________________________

(2)

A：坐几路车？

B：______________________________

중국의 교통수단

중국 사람들은 무엇을 타고 다닐까요?

自行车 zìxíngchē

중국 사람치고 자전거 못 타는 사람이 없을 정도로 자전거는 중국인의 생활과 밀접한 관계가 있습니다. 출퇴근 길 도로를 보면 자전거가 거의 반을 메울 만큼 중국은 자전거 천국이죠.

公共汽车 gōnggòngqìchē

중국에는 차체 두 대가 연결된 버스, 일반 시내버스, 트롤리 버스, 미니버스, 장거리 버스 등 종류가 다양합니다. 대부분의 시내버스에는 검표원이 있으므로 구간에 따라 버스표나 교통카드로 요금을 지불하면 됩니다. 요즘은 검표원이 없는 버스도 있습니다.

出租车 chūzūchē

택시는 지역마다 요금에 약간씩 차이가 있는데요, 북경의 택시는 기본 거리 3km에 요금이 10元이고 1km마다 2元씩 추가됩니다. 그리고 밤 11시~새벽 5시까지는 기본 요금이 11元이고, 20%의 할증이 붙지요. 택시 차종은 엘란트라라고 써진 아반테와 소나타, 폭스바겐이 주종을 이루고 있습니다.

地铁 dìtiě

중국의 지하철은 북경, 상해, 천진, 광주에서 운행되고 있고 다른 주요 도시에서도 지하철을 건설하고 있습니다. 북경의 지하철은 기존의 1, 2, 5, 13호선의 4개 노선에 10호선, 올림픽 지선, 공항선이 추가되었으며 요금은 노선마다 다른데 보통 2~5元이고 공항선 요금은 25元입니다.

火车 huǒchē

기차는 중국의 각 도시를 연결하는 주요 교통 수단으로 춘지에(春节 Chūnjié 설날)나 국경절(国庆节 Guóqìngjié 10월1일) 같은 황금 연휴에는 표를 구하기 어려워 암표상이 기승을 부리기도 합니다.

飞机 fēijī

비행기는 요금이 비싸 중국 일반 시민이 이용하기에는 부담스럽죠. 요즘은 각 여행사에서 경쟁적으로 할인된 가격을 제시하므로 외국 여행객이 이용하기에는 좋습니다.

Unit 11

下个星期就要暑假了。

다음 주면 곧 여름 휴가입니다.

학습 포인트

- '打算'의 표현
- 선택의문문
- '好'의 표현

익혀 두세요

学一学

58

1

你坐火车还是坐飞机?
Nǐ zuò huǒchē háishi zuò fēijī?

기차를 탑니까 아니면 비행기를 탑니까?

▌이 문장에서 핵심어는 '还是'죠. 상대방에게 두 가지 상황 중 하나를 선택하라고 할 때 쓰는 의문형 식입니다.

2

机票已经买好了。
Jīpiào yǐjing mǎihǎo le.

비행기표는 벌써 사 놓았습니다.

▌과거를 나타내는 표현에 '了'와 '동사＋过'의 형식이 있다고 5과에서 이미 배웠는데요, 이밖에 '已经~了'를 써서 과거를 나타낼 수도 있습니다.

3

祝你一路平安。
Zhù nǐ yílù píng'ān.

가시는 길 내내 평안하세요.

▌위의 말과 같은 뜻으로 '祝你一路顺风。Zhù nǐ yí lù shùn fēng.'이 있는데, 요즘 비행기 관련 사고가 많아서 비행기로 여행 가는 사람에게 '风(바람)'이 들어간 이 말은 잘 안 쓴다고 하네요.

말해 보세요

下个星期就要暑假了。
Xià ge xīngqī jiù yào shǔjià le.

你打算去哪儿?
Nǐ dǎsuan qù nǎr?

我打算去杭州旅游。
Wǒ dǎsuan qù Hángzhōu lǚyóu.

你坐火车还是坐飞机?
Nǐ zuò huǒchē háishi zuò fēijī?

왕홍: 다음 주면 곧 여름 휴가인데 어디 갈 생각이세요?

미애: 항주에 여행갈 생각이에요.

왕홍: 기차 타고 가나요, 비행기 타고 가나요?

11

해설

就要~了 시간적으로 가깝거나 어떤 상황이 곧 나타나게 됨을 나타내며, '就要~了' 앞에는 구체적인 시간을 나타내는 말이 꼭 나와야 합니다.

他明天就要结婚了。 Tā míngtiān jiùyào jiéhūn le. 그는 내일이면 곧 결혼한다.

打算 동사 앞에 쓰여 자신의 계획, 생각 등을 나타냅니다. 이외에 '계획, 생각'이란 뜻의 명사로 쓰이기도 합니다.

你有什么打算? Nǐ yǒu shénme dǎsuan? 무슨 계획이 있나요?

단어

- 就要~了 jiùyào ~le 곧(머지 않아)~할 것이다
- 坐 zuò 타다
- 还是 háishi 또는, 아니면
- 结婚 jiéhūn 결혼하다
- 杭州 Hángzhōu 항주
- 火车 huǒchē 기차
- 飞机 fēijī 비행기

말해 보세요

59

坐飞机，飞机又快又舒服。
Zuò fēijī, fēijī yòu kuài yòu shūfu.

买机票了吗？
Mǎi jīpiào le ma?

是的，机票已经买好了。
Shì de, jīpiào yǐjing mǎihǎo le.

미애: 비행기요, 비행기가 빠르면서 편안하잖아요.

왕홍: 비행기표는 샀나요?

미애: 네, 표는 이미 사 놓았어요.

해설

동사 + 好 '好'가 동사 뒤에서 보어로 쓰일 경우 완성을 나타내며 경우에 따라 동사를 생략하기도 합니다.

我们约好六点见面。 Wǒmen yuēhǎo liù diǎn jiàn miàn. 우리는 6시에 만나기로 약속했습니다.

晚饭做好了没有？ Wǎnfàn zuò hǎo le méiyǒu? 저녁밥 다 됐니?

又~又~ 병렬 관계를 표시하는 구문으로, 한 사람이나 사물이 가진 두 가지 성질이나 특징을 말할 때 씁니다.

这个东西又好又便宜。 Zhè ge dōngxi yòu hǎo yòu piányi. 이 물건은 좋고 쌉니다.

단어

- 又~又 yòu~yòu ~하고 또한 ~하다
- 机票 jīpiào 비행기표
- 舒服 shūfu 편안하다, 쾌적하다
- 已经 yǐjing 벌써, 이미

祝你一路平安。对了，
Zhù nǐ yí lù píng'ān. Duì le,

别忘了给我带小礼物。
bié wàng le gěi wǒ dài xiǎo lǐwù.

知道了。
Zhīdao le.

왕홍: 여행 잘 다녀오세요. 맞다, 제 선물 사 가지고 오는 거 잊지 마세요.

미애: 알았어요.

11

해설

祝 상대방에게 축원의 인사를 할 때 쓰는 말로 '~하기를 빌다, 축원하다'라는 뜻입니다.

对了 '对'는 형용사로서 '옳다', '맞다'는 뜻이지만, 여기서의 '对了'는 '아, 맞다!'라는 뜻으로 갑자기 어떤 일이 생각나서 화제를 전환할 때 씁니다.

단어

- 平安 píng'ān 평안하다, 무사하다
- 别 bié ~하지 마라
- 带 dài (몸에)지니다, 휴대하다
- 对 duì 맞다, 옳다
- 忘 wàng 잊다
- 小 xiǎo 작다

바꿔 말해 보세요

60

1

我 打算 戒烟。
Wǒ dǎsuan jiè yān.
저는 담배를 끊을 생각입니다.

我 去自助旅游。
Wǒ qù zìzhù lǚyóu.
저는 배낭여행을 갈 생각입니다.

你 什么时候订机票?
Nǐ shénme shíhou dìng jīpiào?
당신은 언제 비행기표를 예매할 생각입니까?

2

左边 还是 右边?
Zuǒbian háishi yòubian?
왼쪽입니까, 아니면 오른쪽입니까?

喝扎啤 喝瓶啤?
Hē zhāpí hē píngpí?
생맥주 마시겠습니까, 아니면 병맥주 마시겠습니까?

要带走 在这儿吃?
Yào dài zǒu zài zhèr chī?
가지고 가시겠습니까, 아니면 여기서 드시겠습니까?

단어

戒烟 jiè yān	담배를 끊다	自助旅游 zìzhù lǚyóu	배낭여행
订 dìng	예약하다	扎啤 zhāpí	생맥주
瓶啤 píngpí	병맥주	带走 dàizǒu	가지고 가다

3	香蕉 Xiāngjiāo	又 yòu	香 xiāng	又 yòu	甜。 tián.	바나나는 향기롭고 달콤하다.
	衣服 Yīfu		黑 hēi		脏。 zāng.	옷이 까맣고 더럽다.
	我 Wǒ		高兴 gāoxìng		着急。 zháo jí.	나는 기쁘면서도 한편으로 초조하다.

4	我 Wǒ	已经 yǐjing	吃饱 chībǎo	了。 le.	저는 이미 배부릅니다.
			习惯 xíguàn		저는 이미 습관이 됐습니다(익숙해졌습니다).
			喝醉 hēzuì		저는 벌써 취했습니다.

단어

- 香蕉 xiāngjiāo 바나나
- 脏 zāng 더럽다
- 吃饱 chībǎo 배불리 먹다
- 喝醉 hēzuì 술 취하다
- 黑 hēi 검다
- 着急 zháojí 초조하다
- 习惯 xíguàn 습관이 되다, 익숙해지다

❶ 축원의 인사말 한 마디!

중국인과 이메일을 주고 받다 보면 마지막에 꼭 빠지지 않는 인사말이 있습니다. 바로 상대방을 축원하는 말인데요, 때에 따라 또는 그 사람이 현재 처한 상황에 따라 그에 맞는 축원의 인사말을 하면 됩니다. 비단 이메일과 같은 서신에서 뿐만 아니라 평소에도 쓸 수 있는 말이니 기억해 두었다가 적절한 때 축원의 인사말을 해 보세요.

祝你身体健康! Zhù nǐ shēntǐ jiànkāng! 건강하세요!	祝你早日康复! Zhù nǐ zǎorì kāngfù! 빨리 건강을 회복하시길 바랍니다!
祝你生日快乐! Zhù nǐ shēngrì kuàilè! 생일 축하합니다!	祝你节日快乐! Zhù nǐ jiérì kuàilè! 명절 잘 보내세요!
祝你周末快乐! Zhù nǐ zhōumò kuàilè! 주말 잘 보내세요!	祝你新年快乐! Zhù nǐ xīnnián kuàilè! 새해 복 많이 받으세요!
祝你圣诞快乐! Zhù nǐ Shèngdàn kuàilè! 메리 크리스마스!	祝你万事如意! Zhù nǐ wàn shì rú yì! 모든 일이 뜻대로 되길 기원합니다!
祝你心想事成! Zhù nǐ xīn xiǎng shì chéng! 뜻대로 이루시길 바랍니다!	祝你恭喜发财! Zhù nǐ gōngxǐ fācái! 부자 되세요!
祝你事业成功! Zhù nǐ shìyè chénggōng! 사업 성공하시길 기원합니다!	祝你工作顺利! Zhù nǐ gōngzuò shùnlì! 하시는 일 순조롭기를 기원합니다!
祝你学习进步! Zhù nǐ xuéxí jìnbù! 학업에 향상이 있기를 바랍니다!	祝你家庭幸福! Zhù nǐ jiātíng xìngfú! 행복한 가정 되세요!

1분 스피치

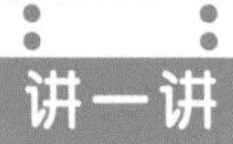

61

下个星期就要暑假了，我打算去杭州旅游。
Xià ge xīngqī jiù yào shǔjià le, wǒ dǎsuan qù Hángzhōu lǚyóu.

我考虑坐火车还是坐飞机。
Wǒ kǎolǜ zuò huǒchē háishi zuò fēijī.

我觉得飞机又快又舒服，所以决定坐飞机。
Wǒ juéde fēijī yòu kuài yòu shūfu, suǒyǐ juédìng zuò fēijī.

从北京到杭州要坐两个小时的飞机。
Cóng Běijīng dào Hángzhōu yào zuò liǎng ge xiǎoshí de fēijī.

王洪要我给他带小礼物，我真希望暑假很快来到！
Wáng Hóng yào wǒ gěi tā dài xiǎo lǐwù, wǒ zhēn xīwàng shǔjià hěn kuài láidào!

11

PLUS

'小时' 와 '时间' '한 시간, 두 시간, 세 시간'처럼 시간의 양을 나타낼 때는 '小时'를 쓰고 '시간 있어요'처럼 '여유, 짬'과 같은 의미를 나타낼 때는 '时间'을 씁니다.

해석

다음 주면 곧 여름 휴가인데 저는 항주로 여행 갈 생각입니다. 기차를 타고 갈지 비행기를 타고 갈지 고민을 하다가 비행기가 빠르고 편안한 것 같아서 비행기를 타고 가기로 결정했습니다. 북경에서 항주까지는 비행기로 2시간 걸립니다. 왕홍은 제게 선물을 사오라고 했습니다. 여름 휴가가 빨리 오기를 간절히 바랍니다!

단어

- 考虑 kǎolǜ 고려하다
- 从~到~ cóng~dào~ ~에서 ~까지
- 来到 láidào 오다, 도착하다
- 决定 juédìng 결정하다
- 小时 xiǎoshí 시간

연습 문제

1 다음 대화를 잘 듣고 문제를 풀어 보세요. 62

(1) 미애는 휴가가 언제입니까?

① 7월 24일 ② 7월 25일 ③ 7월 26일 ④ 7월 27일

(2) 미애가 비행기를 타고 가는 이유는 무엇입니까?

① 기차표를 못 구해서 ② 안전해서 ③ 표가 싸서 ④ 빠르니까

2 다음 제시어 중 알맞는 단어를 골라 빈칸에 써 넣으세요.

打算	还是	又～又	别	已经	好	祝

(1) 咖啡__________香__________苦。

(2) __________忘了给我打个电话。

(3) 你去__________不去?

(4) 电影票__________卖完了。

3 그림을 보고 대화를 완성해 보세요.

(1) A: 什么时候放暑假?

B: ____________________

(2) A: 你打算去哪儿?

B: ____________________

4 다음 대화를 완성하세요.

A: 这个暑假我________去杭州玩儿。

B: 你坐飞机________坐火车?

A: 坐火车。

B: 买票了吗?

A: 三天前已经________了。

B: 别忘了________我带小礼物。

• 前 qián ~전

5 다음 문장을 중국어로 작문해 보세요.

(1) 저는 중국에 여행갈 생각입니다.

____

(2) 비행기가 빠르면서 편안하잖아요.

____

(3) 표는 이미 사 놓았어요.

____

(4) 여행 잘 다녀오세요.

____

중국의 여행지

▲ 서호의 봄

중국에는 가볼 만한 여행지가 참 많습니다. 그 중에서 제가 추천해 드리고 싶은 곳은 절강성(浙江省)의 항주(杭州)입니다. 중국에는 예로부터 '하늘에는 천당이 있고, 땅에는 소주와 항주가 있다.(上有天堂，下有苏杭。Shàng yǒu tiāntáng, xià yǒu Sū Háng.)'는 속담이 있습니다. 항주와 소주의 경치가 천당에 비유될 만큼 빼어나다는 뜻이지요.

항주에 가시면 서호(西湖)를 꼭 여행하셔야 합니다. 서호에서 작은 배를 타고 호수를 천천히 돌아볼 수 있는데요, 아름답게 꾸며진 호수를 돌다 보면 마치 옛 시대로 돌아간 듯한 착각에 빠질 때도 있습니다. 서호는 맑은 날도 좋지만 비오는 날도 운치가 있습니다. 사실 어느 때 가도 아름답습니다. 이른 봄 길게 드리운 수양버들도 멋지지만, 하늘로 날아갈 듯 치솟은 건축들도 인상적입니다.

서호는 항주 서쪽에 있다고 하여 붙여진 이름인데, 중국의 4대 미인 중 한 명인 서시(西施)를 기념하는 의미로 '서자호(西子湖)'라고도 합니다. 춘추(春秋)시대 말기 오(吳)나라에 패한 월(越)왕 구천(句踐)은 서시를 오왕 부차(夫差)에게 보냈는데, 서시의 미모에 사로잡혀 정사를 돌보지 않은 오왕은 결국 월나라에 패했다고 합니다. 그리고 서시는 속담에도 등장을 하는데요, '情人眼里出西施。(Qíngrén yǎnli chū Xīshī.)'는 '사랑하는 사람 눈에 서시가 나타나다'란 뜻으로 사랑하는 사람의 눈에는 배우자가 서시처럼 아름답게 보인다는 말로 '제 눈에 안경이지', '눈에 콩깍지가 씌었네'라는 우리말과 같은 뜻입니다.

항주하면 또 빼놓을 수 없는 게 바로 용정차(龍井茶)죠. 그리 높지 않은 산길을 걷고 계곡을 지나 도착한 용정마을. 용정마을 사람들은 지나는 길손에게도 찻잎을 가득 담아 우려낸 차를 내놓는데요, 차 맛이 좋으면 그 자리에서 구입할 수도 있습니다. 용정마을 사람들이 내놓은 푸른 용정차를 마신 뒤 마을 분의 삼륜차를 얻어 타고 산 아래까지 내려오는데 눈 아래 펼쳐진 풍경이 한 폭의 수채화를 펼쳐놓은 듯 아름다웠습니다. 눈을 감으면 지금도 그 모습이 손에 잡힐 듯 선명합니다.

항주에서 재배되는 대표적인 녹차, 용정차.

Unit
12
麻烦你帮我一件事，可以吗？
죄송하지만, 저 좀 도와주시겠어요?
你想吃什么就吃什么。
不知道怎么感谢你才好。
麻烦你帮我一件事，可以吗？
학습 포인트
• '可以'의 표현
• 감사의 표현
• '想～就～'의 표현

익혀 두세요

学一学

63

1

죄송하지만, 저 좀 도와주시겠어요?

▌누군가에게 부탁할 때 '麻烦你~'라고 처음 말을 건넬 수 있는데요, 대신 '请'을 써도 됩니다. '~，可以吗?'는 '~괜찮겠습니까?'라는 상대방의 허가를 구하는 뜻으로 '~，好吗?'와 바꿔 쓸 수 있습니다.

2

不知道怎么
Bù zhīdào zěnme
感谢你才好。
gǎnxiè nǐ cái hǎo.

어떻게 감사를 드려야 좋을지 모르겠어요.

▌상대방의 도움에 고마움을 표현할 때 쓸 수 있는 말입니다.

3

你想吃什么就吃什么。
Nǐ xiǎng chī shénme jiù chī shénme.

당신이 먹고 싶은 걸로 먹어요.

▌기분 좋게 누군가에게 한턱을 낼 때, 식당에서 상대방에게 메뉴 선택권을 줄 때 쓸 수 있는 말입니다.

말해 보세요

64

王洪，麻烦你帮我一件事，
Wáng Hóng, máfan nǐ bāng wǒ yí jiàn shì,

可以吗？
kěyǐ ma?

可以，你说吧。
Kěyǐ, nǐ shuō ba.

我要用中文写电子邮件，但是我不会。
Wǒ yào yòng Zhōngwén xiě diànzǐ yóujiàn, dànshì wǒ bú huì.

> 미애: 왕홍 씨,
> 미안하지만 저 좀
> 도와주시겠어요?
>
> 왕홍: 그러죠, 말해 보세요.
>
> 미애: 중국어로 이메일을
> 쓰려고 하는데 제가
> 못하거든요.

12

해설

可以 가능이나 허가를 나타내는 조동사입니다. 가능을 나타낼 때 부정은 '不能'이고, 허가를 나타낼 때 부정은 '不能, 不可以' 둘 다 쓸 수 있습니다.

在家也可以做运动。 Zài jiā yě kěyǐ zuò yùndòng. 집에서도 운동을 할 수 있다. (가능)

我可以进去吗？ Wǒ kěyǐ jìnqù ma? 저 들어가도 되나요? (허가)

用 '用'은 '사용하다'라는 뜻 외에 '用＋명사'의 형식으로도 쓰이는데, 이때는 '~(으)로'란 뜻으로 도구, 방식, 수단을 나타냅니다.

用左手吃饭。 Yòng zuǒshǒu chī fàn. 왼손으로 밥을 먹다.

단어

- 麻烦 máfan 귀찮다, 번거롭다
- 写 xiě 쓰다
- 电子邮件 diànzǐ yóujiàn 이메일
- 用 yòng ~(으)로
- 中文 Zhōngwén 중국어
- 进去 jìnqù (밖에서 안으로)들어가다

말해 보세요

64

那可简单，我告诉你。
Nà kě jiǎndān, wǒ gàosu nǐ.

真是太谢谢你了，
Zhēnshi tài xièxie nǐ le,

不知道怎么感谢你才好。
Bùzhīdào zěnme gǎnxiè nǐ cái hǎo.

没事儿，今天晚上你请客吧。
Méishìr, jīntiān wǎnshang nǐ qǐng kè ba.

왕홍: 그거라면 간단해요, 제가 알려드리죠.

미애: 정말 너무 고마워요, 어떻게 감사를 드려야 좋을지 모르겠네요.

왕홍: 괜찮아요, 오늘 저녁에 한턱 쏘세요.

해설

可 본문에서의 '可'는 어기를 강조하는 부사로 회화체에서 자주 쓰입니다.

这个问题可不简单。 Zhè ge wèntí kě bù jiǎndān. 이 문제는 정말 만만하지 않다.

才 어떤 조건이나 상황에서 일이나 동작이 일어나는 것을 나타내며 '비로소'라는 뜻입니다.

最近工作很忙，晚上11点才下班。 요즘 일이 바빠서 저녁 11시에야 퇴근한다.
Zuìjìn gōngzuò hěn máng, wǎnshang shíyī diǎn cái xià bān.

수량이 적거나 정도가 심하지 않은 것을 말하며 '겨우'라는 뜻입니다.

他今年才二十岁。 Tā jīnnián cái èrshí suì. 그는 올해 겨우 20살입니다.

단어

- 简单 jiǎndān 간단하다, 단순하다
- 感谢 gǎnxiè 감사하다
- 没事儿 méishìr 괜찮다
- 真是 zhēnshi 정말, 참
- 才 cái ~에야, 비로소
- 请客 qǐng kè 한턱 내다

好，我请客。
Hǎo, wǒ qǐng kè.

你想吃什么就吃什么。
Nǐ xiǎng chī shénme jiù chī shénme.

美爱，你可以吃辣的吧？
Měi'ài, nǐ kěyǐ chī là de ba?

那还用说，我是韩国人嘛。
Nà hái yòng shuō, wǒ shì Hánguórén ma.

好，我们去吃火锅吧！
Hǎo, wǒmen qù chī huǒguō ba!

미애: 좋아요, 제가 한턱 쏘죠. 먹고 싶은 거 있으면 드세요.

왕홍: 미애 씨, 매운 거 먹을 수 있죠?

미애: 두말하면 잔소리죠, 한국 사람인걸요.

왕홍: 좋아요, 우리 훠궈 먹으러 갑시다!

12

해설

想~就~ '~하고 싶으면 곧 ~하다'란 뜻으로 어떤 조건을 나타냅니다.

你想做什么就做什么。 Nǐ xiǎng zuò shénme jiù zuò shénme. 당신이 하고 싶은 대로 하세요.

吧 '~하자, ~해라'와 같은 권유, 제의, 촉구, 명령 등의 어기를 나타내는 것 외에 의문문에서 추측의 어기를 나타냅니다.

你不是开玩笑吧？ Nǐ búshì kāi wánxiào ba? 농담하시는 건 아니죠?

단어

- **吧** ba (어기조사)추측의 의문을 나타냄
- **嘛** ma (어기조사)어떤 사실, 이유 확인을 나타냄
- **开玩笑** kāi wánxiào 농담하다
- **那还用说** nà hái yòng shuō 물론이다
- **火锅** huǒguō 훠궈, 샤브샤브

바꿔 말해 보세요

 65

1

他明天 Tā míngtiān	可以 kěyǐ	来吗? lái ma?	그는 내일 올 수 있답니까?
我 Wǒ		出去玩儿吗? chūqù wánr ma?	저 나가 놀아도 되나요?
我一个人也 Wǒ yí ge rén yě		做得到。 zuò de dào.	저 혼자서도 할 수 있습니다.
你 Nǐ		走了。 zǒu le.	당신은 가도 좋습니다.

2

用 Yòng	杯子喝水。 bēizi hē shuǐ.	컵으로 물을 마시다.
	面巾纸擦干净。 miànjīnzhǐ cā gānjìng.	티슈로 깨끗하게 닦다.
	筷子吃饭。 kuàizi chī fàn.	젓가락으로 밥을 먹다.

단어

- 做得到 zuò de dào 할 수 있다
- 杯子 bēizi 컵
- 擦 cā 닦다
- 筷子 kuàizi 젓가락
- 一个人 yí ge rén 혼자
- 面巾纸 miànjīnzhǐ 티슈
- 干净 gānjìng 깨끗하다

3 不知道怎么 办 才好。
Bùzhīdào zěnme bàn cái hǎo.
어떻게 해야 할지 모르겠어요.

说 shuō
어떻게 말해야 할지 모르겠어요.

解决 jiějué
어떻게 해결해야 할지 모르겠어요.

4 你想 买 什么就 买 什么。
Nǐ xiǎng mǎi shénme jiù mǎi shénme.
당신이 사고 싶은 걸로 사세요.

说 shuō … 说 shuō
하고 싶은 말이 있으면 하세요.

唱 chàng … 唱 chàng
당신이 부르고 싶은 노래로 부르세요.

단어

- 解决 jiějué 해결하다

补充

66

月亮代表我的心

영화 첨밀밀

你问我爱你有多深　我爱你有几分
Nǐ wèn wǒ ài nǐ yǒu duō shēn　wǒ ài nǐ yǒu jǐ fēn
당신은 내게 당신을 얼마나 사랑하는지 물었죠.

我的情也真　我的爱也真　月亮代表我的心
Wǒ de qíng yě zhēn　wǒ de ài yě zhēn　yuèliang dàibiǎo wǒ de xīn
내 마음은 진실되고　내 사랑 역시 진실하답니다. 달빛이 내 마음을 말해주죠.

你问我爱你有多深　我爱你有几分
Nǐ wèn wǒ ài nǐ yǒu duō shēn　wǒ ài nǐ yǒu jǐ fēn
당신은 내게 당신을 얼마나 사랑하는지 물었죠.

我的情不移　我的爱不变　月亮代表我的心
Wǒ de qíng bù yí　wǒ de ài bú biàn　yuèliang dàibiǎo wǒ de xīn
내 마음은 변치 않고　내 사랑 역시 변치 않아요. 달빛이 내 마음을 말해주죠.

**

轻轻的一个吻　已经打动我的心
Qīngqīng de yí ge wěn　yǐjing dǎdòng wǒ de xīn
가벼운 입맞춤은　이미 내 마음을 움직였고,

深深的一段情　教我思念到如今
Shēnshēn de yí duàn qíng　jiào wǒ sīniàn dào rújīn
깊은 사랑은　내가 지금까지도 당신을 그리워하게 하네요.

你问我爱你有多深　我爱你有几分
Nǐ wèn wǒ ài nǐ yǒu duō shēn　wǒ ài nǐ yǒu jǐ fēn
당신은 내게 당신을 얼마나 사랑하는지 물었죠.

你去想一想　你去看一看　月亮代表我的心
Nǐ qù xiǎng yi xiǎng　nǐ qù kàn yi kàn　yuèliang dàibiǎo wǒ de xīn
생각해 보세요.　한번 보라고요.　달빛이 내 마음을 말해줄 거예요.

你去想一想　你去看一看　月亮代表我的心
Nǐ qù xiǎng yi xiǎng　nǐ qù kàn yi kàn　yuèliang dàibiǎo wǒ de xīn
생각해 보세요.　한번 보라고요.　달빛이 내 마음을 말해줄 거예요.

1분 스피치

67

我学汉语已经半年了。
Wǒ xué Hànyǔ yǐjing bàn nián le.

可是还不会用中文写电子邮件。
Kěshì hái búhuì yòng Zhōngwén xiě diànzǐ yóujiàn.

今天王洪详细告诉我用中文怎么写伊妹儿。
Jīntiān Wáng Hóng xiángxì gàosu wǒ yòng Zhōngwén zěnme xiě yīmèir.

学会了用中文写伊妹儿，我真的很高兴。
Xuéhuì le yòng Zhōngwén xiě yīmèir, wǒ zhēnde hěn gāoxìng.

以后可以和中国朋友用伊妹儿联系。
Yǐhòu kěyǐ hé Zhōngguó péngyou yòng yīmèir liánxì.

12

해석

저는 중국어를 배운 지 이미 반년이 되었습니다. 그러나 아직 중국어로 이메일을 쓸 줄 모릅니다. 오늘 왕홍이 제게 중국어로 어떻게 이메일을 쓰는지 자세히 알려 주었습니다. 중국어로 이메일을 쓰는 법을 배워 익히게 되어 너무 기쁩니다. 앞으로 중국친구와 이메일로 연락할 수 있게 되었습니다.

단어

- 半年 bànnián 반년
- 学会 xuéhuì 배워서 할 수 있(게 되)다
- 联系 liánxì 연락하다
- 详细 xiángxì 자세하다, 상세하다
- 伊妹儿 yīmèir 영어의 'E-mail'에서 음차

연습 문제

1 대화를 잘 듣고 미애가 왕홍에게 부탁한 일은 무엇인지 답해 보세요.  68

① 중국어로 보고서 작성하는 것을 도와 달라고
② 중국어로 이메일 쓰는 것을 도와 달라고
③ 자기 대신 중국어로 보고서 써 달라고
④ 자기 대신 중국어로 이메일 써 달라고

2 녹음을 듣고 내용과 맞지 않는 것을 고르세요. 68

① 미애는 왕홍에게 너무 고마워했다.
② 왕홍은 미애에게 저녁을 사라고 했다.
③ 미애는 왕홍에게 한턱 내겠다고 했다.
④ 왕홍은 오늘 미애를 집으로 초대했다.

3 다음 대화에서 밑줄 친 부분이 의미하는 것은 무엇인가요?

 美爱，你可以吃辣的吧？

 <u>那还用说</u>，我是韩国人嘛。

① 매운 것을 좋아한다.
② 매운 것을 잘 못 먹는다.
③ 매운 것을 잘 먹는다.
④ 매운 것을 싫어한다.

做一做

4 다음 두 문장에 공통으로 들어갈 수 있는 말을 골라 보세요.

我马上(　　　)来。
你想吃什么(　　　)吃什么。

① 就　② 也　③ 还　④ 都

5 녹음을 듣고 빈칸에 들어갈 말을 중국어로 써 보세요. 68

王洪，(1) ____________，可以吗？

可以，你说吧。

我要(2) ____中文(3) ____________，但是我不会。

那(4) ____简单，我告诉你。

真是太谢谢你了，(5) ____________你才好。

6 다음 문장을 중국어로 작문해 보세요.

(1) 좋아요, 제가 한턱 쏘죠.

____

(2) 당신이 먹고 싶은 걸로 드세요.

____

12

중국의 화장실

중국어로 화장실은 '卫生间 wèishēngjiān', '洗手间 xǐshǒujiān', '厕所 cèsuǒ'라고 하는데요, 중국 여행을 다녀오신 분이라면 한 번쯤 화장실 때문에 곤란을 겪은 경험이 있을 겁니다. 우리와는 사뭇 다른 화장실 모습에 일 보기가 여간 민망한 게 아닙니다. 주택가의 다세대가 이용하는 공동 화장실은 구멍만 몇 개 뚫어놓고 사이를 막지 않아 서로 인사를 하며 일을 볼 정도니까요.

그러나 대도시는 요금을 내고 사용할 수 있는 화장실이 거리마다 설치되어 있어 그나마 나은 편입니다. 낮은 문을 달아 놓아 최소한의 프라이버시는 지킬 수 있으니까요. 이것도 이용하기에 불편하시면 맥도날드나 KFC 같은 패스트푸드점의 화장실을 이용하시면 됩니다. 이곳은 우리나라처럼 화장실이 깨끗하게 잘 되어 있는 편입니다.

▲중국의 화장실

Unit

13 明天天气怎么样？

내일 날씨는 어떻습니까?

不冷也不热，
天气很好。

看起来明天
好像要下雨了。

明天天气怎么样？

학습 포인트

- 날씨의 표현
- 추측의 표현

익혀두세요

学一学

69

1

明天天气怎么样？
Míngtiān tiānqì zěnmeyàng?

내일 날씨는 어떻습니까?

‘天气怎么样?’은 날씨가 어떤지 물을 때 쓰는 표현으로 앞에 ‘今天, 外边, 北京’ 등 때나 장소를 나타내는 명사를 넣어 물어볼 수 있습니다.

2

不冷也不热。
Bù lěng yě bú rè.

춥지도 덥지도 않아요.

‘不冷也不热’는 가을처럼 춥지도 덥지도 않은 활동하기에 딱 좋은 날씨를 말하죠. 겨울에 날씨가 영하로 떨어져 ‘영하~도’라고 말할 때는 ‘零下(língxià)~度’라고 표현합니다.

3

明天好像要下雨了。
Míngtiān hǎoxiàng yào xià yǔ le.

내일 비가 올 것 같아요.

‘마치~인 것 같아요’라고 자신의 추측이나 느낌을 얘기할 때 ‘好像’이란 표현을 씁니다.

말해 보세요

说一说

70

明天星期六，
Míngtiān xīngqī liù,

我们一起去打网球吧。
wǒmen yìqǐ qù dǎ wǎngqiú ba.

好啊，明天天气怎么样？
Hǎo a, míngtiān tiānqì zěnmeyàng?

20到22度，不冷也不热，天气很好。
Èrshí dào èrshí'èr dù, bù lěng yě bú rè, tiānqì hěn hǎo.

왕홍: 내일 토요일인데 우리 같이 테니스 치러 가죠.

미애: 좋아요, 내일 날씨 어떻대요?

왕홍: 20~22도로 춥지도 덥지도 않고 좋은 날씨예요.

13

단어

- 啊 a 어기조사
- 到 dào (범위)~까지
- 冷 lěng 춥다
- 天气 tiānqì 날씨
- 度 dù (온도, 밀도 등의)도

可是今天天气阴沉沉的，
Kěshì jīntiān tiānqì yīnchénchén de.

看起来明天好像要下雨了。
kànqǐlái míngtiān hǎoxiàng yào xià yǔ le.

不用担心。
Búyòng dān xīn.

天气预报说明天多云转晴。
Tiānqì yùbào shuō míngtiān duō yún zhuǎn qíng.

미애: 그런데 오늘 날씨가 어둠침침한 게 내일 비가 올 것 같네요.

왕홍: 걱정 마세요. 일기예보에서 내일 구름 많다가 날씨가 갠다고 했어요.

해설

好像 불확실한 추측이나 판단, 느낌을 나타냅니다. 뒤에 '一样 yíyàng', '似的 shìde'를 붙이기도 합니다.
好像做梦一样。 Hǎoxiàng zuò mèng yíyàng. 마치 꿈을 꾼 것 같다.

看起来 '보아하니, 보기에'란 뜻으로 어떤 일의 상황 등을 미루어 보아 주관적인 느낌이나 생각을 나타냅니다.
你这样穿，看起来更年轻。 Nǐ zhèyàng chuān, kànqǐlái gèng niánqīng. 이렇게 입으니 더 젊어 보이네요.

단어

- 阴沉沉(的) yīnchénchén(de) 어둠침침하다
- 好像 hǎoxiàng 마치 ~인 것 같다
- 下雨 xià yǔ 비가 내리다
- 担心 dān xīn 걱정하다
- 云 yún 구름
- 晴 qíng 맑다
- 似的 shìde 같다
- 这样 zhèyàng 이렇게
- 年轻 niánqīng 젊다
- 看起来 kànqǐlái 보기에
- 要~了 yào ~ le 곧 ~할 것이다
- 不用 búyòng ~할 필요가 없다
- 天气预报 tiānqì yùbào 일기예보
- 转 zhuǎn 바뀌다
- 一样 yíyàng 같다
- 做梦 zuò mèng 꿈을 꾸다
- 更 gèng 더욱

说一说

那太好了。
Nà tài hǎo le.

明天下午三点在公司网球场，
Míngtiān xiàwǔ sān diǎn zài gōngsī wǎngqiúchǎng,

不见不散。
bújiàn búsàn.

好的。
Hǎo de.

미애: 그럼 잘 됐네요.

왕훙: 내일 오후 세 시 회사 테니스 코트에서 올 때까지 기다릴게요.

미애: 알았어요.

13

해설

不用 '~할 필요 없다'는 뜻으로 그만둘 것을 충고하거나 금지, 불필요함을 나타냅니다.

不用客气。Búyòng kèqi. 사양하지 마세요.

단어

- 客气 kèqi 사양하다
- 不见不散 bújiàn búsàn 만날 때까지 기다리다

바꿔 말해 보세요

71

1 天气很 Tiānqì hěn

天气很 Tiānqì hěn	暖和。nuǎnhuo.	날씨가 따뜻합니다.
	热。rè.	날씨가 덥습니다.
	凉快。liángkuai.	날씨가 시원합니다.
	冷。lěng.	날씨가 춥습니다.

2

今天 Jīntiān	晴。qíng.	오늘은 맑습니다.
	阴。yīn.	오늘은 흐립니다.
	多云。duōyún.	오늘은 구름이 많습니다.
	下雨。xià yǔ.	오늘은 비가 옵니다.

단어

- 暖和 nuǎnhuo 따뜻하다
- 凉快 liángkuai 시원하다
- 晴 qíng 맑다
- 阴 yīn 흐리다
- 多云 duōyún 구름이 많다
- 下雨 xià yǔ 비가 내리다

3 明天 晴天。 내일은 맑은 날입니다.
Míngtiān qíngtiān.

阴天。 내일은 흐린 날입니다.
yīntiān.

雨天。 내일은 비오는 날입니다.
yǔtiān.

4 今天 雨 转 晴。 오늘은 비가 오다가 맑겠습니다.
Jīntiān yǔ zhuǎn qíng.

多云 阴有雪。 오늘은 구름이 많다가 흐리고 눈이 오겠습니다.
duōyún yīn yǒu xuě.

阴 阵雨。 오늘은 흐리다가 소나기가 오겠습니다.
yīn zhènyǔ.

단어

- 雪 xuě 눈
- 阵雨 zhènyǔ 소나기

꼭 알아두세요!

补充

❶ 계절과 날씨

季节 jìjié	계절	四季 sìjì	사계
春天 chūntiān	봄	夏天 xiàtiān	여름
秋天 qiūtiān	가을	冬天 dōngtiān	겨울
暖和 nuǎnhuo	따뜻하다	热 rè	덥다
凉快 liángkuai	시원하다	冷 lěng	춥다

春天很暖和。Chūntiān hěn nuǎnhuo. 봄은 따뜻하다.

夏天很热。Xiàtiān hěn rè. 여름은 덥다.

秋天很凉快。Qiūtiān hěn liángkuai. 가을은 시원하다.

冬天很冷。Dōngtiān hěn lěng. 겨울은 춥다.

❷ 그 외 날씨 관련 표현

晴 qíng	맑다	阴 yīn	흐리다
多云 duō yún	구름이 많다	少云 shǎo yún	구름이 적다
晴天 qíngtiān	맑게 갠 날	阴天 yīntiān	흐린 날
雪天 xuětiān	눈오는 날	雨天 yǔtiān	비오는 날
刮风 guā fēng	바람이 불다	台风 táifēng	태풍
下雨 xià yǔ	비가 오다	下雪 xià xuě	눈이 내리다
小雨 xiǎoyǔ	가랑비	大雨 dàyǔ	큰 비, 호우
小雪 xiǎoxuě	적은 눈, 소설	大雪 dàxuě	큰 눈, 대설
雨季 yǔjì	장마철, 우기	梅雨 méiyǔ	장맛비
阵雨 zhènyǔ	소나기	雷雨 léiyǔ	천둥과 번개를 동반한 비
洪水 hóngshuǐ	홍수	沙尘暴 shāchénbào	황사바람

* 비나 눈이 온다고 할 때 동사 '下'나 '有'를 쓸 수 있습니다. '下'는 내리는 동작을, '有'는 비가 온다는 사실을 나타냅니다.

今天下雨。Jīntiān xià yǔ. = 今天有雨。Jīntiān yǒu yǔ. 오늘 비가 내립니다(옵니다).

1분 스피치

讲一讲

72

韩国四季分明，每个季节各有各的特点。
Hánguó sìjì fēnmíng, měi ge jìjié gè yǒu gè de tèdiǎn.

春天暖和，风比较大，常常刮沙尘暴。
Chūntiān nuǎnhuo, fēng bǐjiào dà, chángcháng guā shāchénbào.

夏天很热，有雨季，下大雨。
Xiàtiān hěn rè, yǒu yǔjì, xià dàyǔ.

冬天很冷，天气干燥，经常下雪。
Dōngtiān hěn lěng, tiānqì gānzào, jīngcháng xià xuě.

秋天的天气最好，不冷也不热，很舒服。
Qiūtiān de tiānqì zuì hǎo, bù lěng yě bú rè, hěn shūfu.

13

해석

한국은 사계가 뚜렷하며 계절마다 각각의 특징을 가지고 있죠. 봄은 따뜻하고 바람이 비교적 많이 부는데 황사바람이 종종 붑니다. 여름은 덥고 장마철이 있어 비가 많이 옵니다. 겨울은 춥고 날씨가 건조하며 자주 눈이 내립니다. 가을 날씨가 가장 좋은데 춥지도 덥지도 않으며 쾌적합니다.

단어

- 分明 fēnmíng 뚜렷하다, 분명하다
- 特点 tèdiǎn 특징
- 大 dà 많다, 세다
- 刮 guā (바람 등이) 불다
- 最 zuì 가장, 제일
- 各 gè 각기, 각각
- 风 fēng 바람
- 常常 chángcháng 자주, 종종
- 干燥 gānzào 건조하다

연습 문제

1

녹음을 잘 듣고 문제를 풀어 보세요. 73

(1) 내일의 날씨에 해당하는 내용이 아닌 것은 무엇입니까?

① 비가 온다　　② 흐리다가 맑아진다

③ 기온이 25~30도이다　　④ 오후에 덥다

(2) 오늘 날씨는 어떻습니까?

① 춥지 않다　　② 덥지 않다

③ 아주 좋다　　④ 잘 모르겠다

2

계절에 맞는 날씨를 연결해 보세요.

(1) 春天 ●　　① 冷

(2) 夏天 ●　　② 暖和

(3) 秋天 ●　　③ 凉快

(4) 冬天 ●　　④ 热

3

어순에 맞게 나열하여 문장을 완성하세요.

(1) 看起来 / 雨 / 今天 / 天气 / 好像 / 阴沉沉的， / 明天 / 下 / 要 / 了。

____

(2) 多云 / 天气预报 / 晴。 / 明天 / 转 / 说

____

4 다음 지도를 보고 보기 와 같이 각 도시의 날씨를 말해 보세요.

보기
A：北京天气怎么样？
B：北京今天晴，10到25度，明天也是晴天。

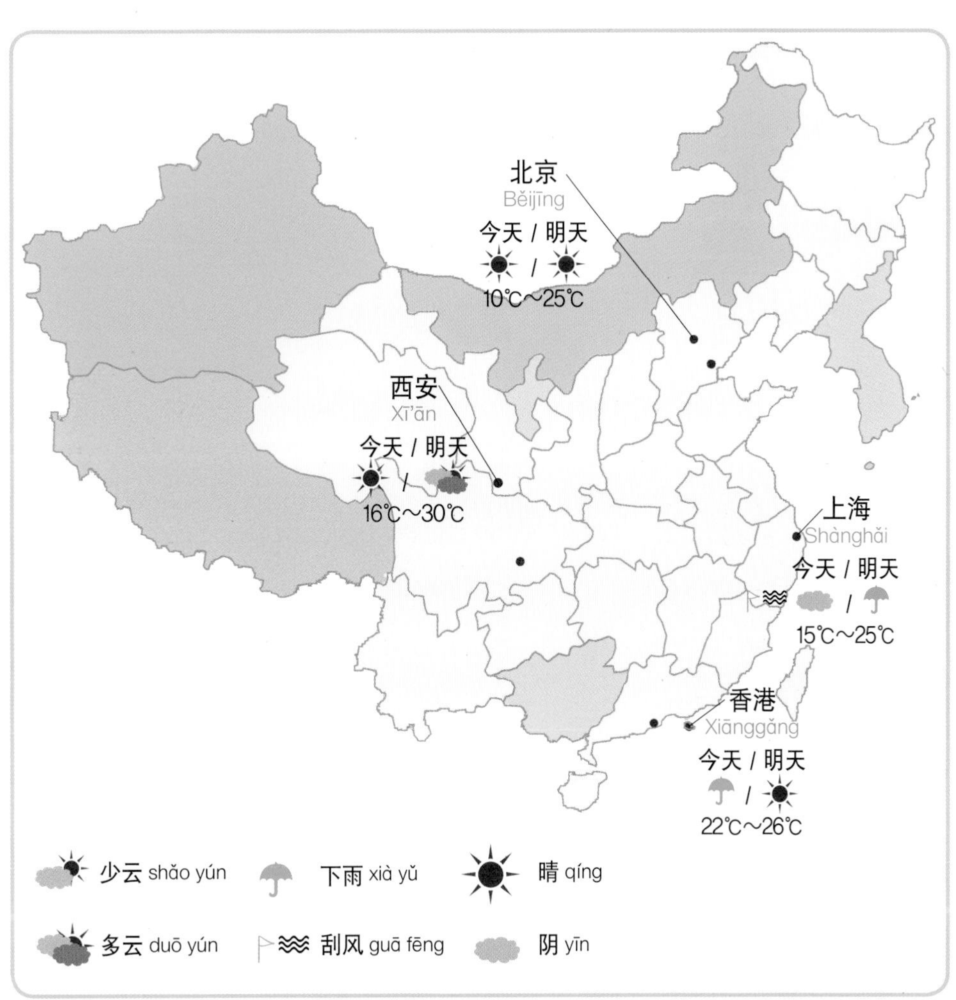

띠에 대한 상식

중국은 우리나라와 마찬가지로 자신이 태어난 해의 십이간지 동물을 띠로 삼습니다. 그럼 상대방의 띠를 묻고 대답하는 것을 배워 볼까요?

A：你属什么？	Nǐ shǔ shénme?	당신은 무슨 띠입니까?
B：我属虎。	Wǒ shǔ hǔ.	저는 호랑이 띠입니다.

'属(shǔ)'는 '~에 속하다'라는 뜻으로 자신의 띠를 말할 때 '属' 다음에 자신의 띠를 넣어 말하면 됩니다. 호랑이 띠와 쥐 띠는 접두사 '老 lǎo'를 붙여 각각 '老虎 lǎohǔ', '老鼠 lǎoshǔ'라고도 합니다.

십이지상(12支像)

鼠 shǔ 쥐

牛 niú 소

虎 hǔ 호랑이

兔 tù 토끼

龙 lóng 용

蛇 shé 뱀

马 mǎ 말

羊 yáng 양

猴 hóu 원숭이

鸡 jī 닭

狗 gǒu 개

猪 zhū 돼지

Unit

路上堵车堵得很厉害。

도중에 차가 너무 막혔어요.

학습 포인트

- 사과의 표현
- '得'의 표현

익혀 두세요

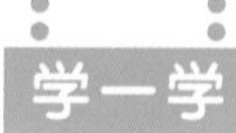

学一学

74

1

对不起，我来晚了。
Duì bu qǐ, wǒ lái wǎn le.

늦어서 죄송합니다.

상대방과의 약속 시간에 늦었을 때 할 수 있는 말입니다. 또 다른 말로 '오래 기다리게 해서 죄송합니다'는 '对不起，让你久等了。Duìbuqǐ, ràng nǐ jiǔ děng le.'라고 합니다.

2

路上堵车堵
Lùshang dǔ chē dǔ
得很厉害。
de hěn lìhai.

도중에 차가 너무 막혔어요.

이 과에서 배울 '得'는 알고 나면 정말 유용한 표현으로 실제 중국어를 할 때 많이 쓰는데요, '得' 뒤에 정도를 나타내는 말을 써서 동작이나 상태를 보충 설명합니다.

3

我什么都看不见。
Wǒ shénme dōu kàn bu jiàn.

아무 것도 보이지 않아요.

'什么都~'는 '무엇이든지 다', '아무것도~'라는 뜻으로 범위 내에선 예외가 없음을 나타냅니다. 가령 '저는 뭐든지 다 좋아합니다.'는 '我什么都喜欢。Wǒ shénme dōu xǐhuan.'이라고 합니다.

말해 보세요

说一说

对不起，我来晚了。
Duì bu qǐ, wǒ lái wǎn le.

我们约好六点见面，
Wǒmen yuēhǎo liù diǎn jiàn miàn,

你怎么现在才来？
nǐ zěnme xiànzài cái lái?

真不好意思，我也没办法。
Zhēn bù hǎo yìsi, wǒ yě méi bànfǎ.

왕홍: 늦어서 미안해요.

미애: 6시에 만나기로 약속해 놓고 왜 이제야 오는 거예요?

왕홍: 정말 미안해요, 저도 어쩔 수 없었어요.

단어

- 来晚 lái wǎn 늦게 오다
- 办法 bànfǎ 방법
- 不好意思 bù hǎo yìsi 계면쩍다, 부끄럽다

14

말해 보세요

75

路上堵车堵得很厉害。
Lùshang dǔ chē dǔ de hěn lìhai.

电影票呢，买到了吗？
Diànyǐngpiào ne, mǎidào le ma?

买到了。
Mǎidào le.

快进去吧，电影要开演了。
Kuài jìnqù ba, diànyǐng yào kāi yǎn le.

왕흥: 도중에 차가 너무 심하게 막혔어요. 영화표는요, 샀어요?

미애: 샀어요. 빨리 들어가요, 영화가 곧 시작할 거예요.

해설

得 동사나 형용사 뒤에 쓰여 결과나 정도를 표시하는 보어를 이끄는 역할을 합니다.

他今天来得比较晚。 Tā jīntiān lái de bǐjiào wǎn. 그는 오늘 좀 늦게 왔다.

我最近忙得很。 Wǒ zuìjìn máng de hěn. 저는 요즘 매우 바쁩니다.

단어

- **路上** lùshang 도중, 노상
- **厉害** lìhai 대단하다, 심하다
- **电影票** diànyǐngpiào 영화표
- **开演** kāi yǎn (영화, 연극 등을)시작하다
- **堵车** dǔ chē 차가 막히다
- **得** de (정도보어를 이끄는)조사
- **快** kuài 빨리, 어서
- **晚** wǎn 늦다

前面的人坐得太高，
Qiánmian de rén zuò de tài gāo,

我什么都看不见。
wǒ shénme dōu kàn bu jiàn.

我替你跟他说一声吧。
Wǒ tì nǐ gēn tā shuō yì shēng ba.

先生，麻烦您能坐得稍微低一些吗？
Xiānsheng, máfan nín néng zuò de shāowēi dī yìxiē ma?

啊，对不起。
À, duì bu qǐ.

미애: 앞 사람이 너무 커서 아무 것도 보이지 않네요.

왕홍: 제가 대신 말해 볼게요. 저기요, 죄송하지만 좀 약간만 낮춰주시겠어요?

관중: 아, 죄송합니다.

해설

看不见 '동사 + 不 + 보어'의 형식으로 쓰여 불가능을 나타냅니다. 반대로 가능을 나타낼 때는 '동사 + 得 + 보어'의 형식을 취합니다.

替 '대신하다'란 뜻의 동사로 명사 목적어를 가질 수 있습니다.
请你替我向他问好。 Qǐng nǐ tì wǒ xiàng tā wèn hǎo. 저 대신 그에게 안부를 전해 주세요.

단어

- 看不见 kàn bu jiàn 보이지 않다
- 跟 gēn ~에게, ~와
- 低 dī 낮다
- 啊 à (비교적 짧게 발음)승낙의 뜻을 나타냄
- 问好 wèn hǎo 안부를 묻다
- 替 tì 대신하다
- 稍微 shāowēi 약간, 조금
- 一些 yìxiē 약간, 조금
- 向 xiàng ~에게

바꿔 말해 보세요

 76

1

今天下雨下 得 很大。 오늘은 비가 많이 내립니다.
Jīntiān xià yǔ xià de hěn dà.

他唱歌唱 非常好。 그는 노래를 대단히 잘합니다.
Tā chàng gē chàng fēicháng hǎo.

你说 对。 당신 말이 맞습니다.
Nǐ shuō duì.

肚子饿 咕咕叫。 배가 고파서 꾸르륵 소리가 납니
Dùzi è gūgū jiào.

2

今天下雨下 得 不大。 오늘은 비가 많이 내리지 않습니다.
Jīntiān xià yǔ xià de bú dà.

他唱歌唱 不太好。 그는 노래를 별로 못합니다.
Tā chàng gē chàng bú tài hǎo.

你说 不对。 당신 말은 틀립니다.
Nǐ shuō bú duì.

단어

- 非常 fēicháng 대단히, 매우
- 肚子 dùzi 배
- 咕咕 gūgū 꾸르륵
- 叫 jiào 소리를 내다

3 今晚心情好 得很。
Jīnwǎn xīnqíng hǎo de hěn.
오늘 밤은 기분이 너무 좋다.

昨天天气冷
Zuótiān tiānqì lěng
어제는 날씨가 너무 추웠다.

好吃的东西多
Hǎochī de dōngxi duō
맛있는 음식이 아주 많다.

4 我什么都 可以吃。
Wǒ shénme dōu kěyǐ chī.
저는 뭐든지 다 먹을 수 있습니다.

不知道。
bùzhīdào.
저는 아무것도 모릅니다.

忘了。
wàng le.
저는 아무것도 기억나지 않습니다.

단어

- 今晚 jīnwǎn 오늘 밤
- 心情 xīnqíng 기분, 마음

❶ '得'의 표현

동사나 형용사 뒤에 쓰여 정도나 결과를 나타내는 보어를 이끄는 조사로 목적어 앞에 오는 동사는 생략할 수 있습니다.

(1) 동사 + 목적어 + 동사 + 得 + 정도보어

他说汉语说得很流利。 Tā shuō Hànyǔ shuō de hěn liúlì. 그는 중국어를 아주 유창하게 한다.

他汉语说得很流利。 Tā Hànyǔ shuō de hěn liúlì.

부정형식은 정도보어 앞에 '不'를 씁니다.
他说汉语说得不流利。 Tā shuō Hànyǔ shuō de bù liúlì. 그는 중국어를 유창하게 하지 못한다.

(2) 동사/형용사 + 得 + 형용사/동사/절

今天玩儿得很开心。 Jīntiān wánr de hěn kāi xīn. 오늘 재미있게 놀았다.

他高兴得哈哈大笑。 Tā gāoxìng de hāhā dàxiào. 그는 기뻐서 하하 크게 웃었다.

困得眼睛都睁不开了。 Kùn de yǎnjing dōu zhēng bu kāi le. 졸려서 눈을 뜰 수가 없다.

(3) 형용사 + 得 + 很

好得很 hǎo de hěn 매우 좋다

冷得很 lěng de hěn 매우 춥다

多得很 duō de hěn 매우 많다

忙得很 máng de hěn 매우 바쁘다

热得很 rè de hěn 매우 덥다

少得很 shǎo de hěn 매우 적다

Tip 가능보어

看得见 kàn de jiàn 볼 수 있다, 보인다	看不见 kàn bu jiàn 보이지 않는다, 안 보인다
听得见 tīng de jiàn 들을 수 있다, 들린다	听不见 tīng bu jiàn 들리지 않는다, 안 들린다
买得到 mǎi de dào 살 수 있다	买不到 mǎi bu dào 살 수 없다
买得起 mǎi de qǐ (재정적 능력이 되서)살 수 있다	买不起 mǎi bu qǐ (돈이 없거나 비싸서)살 수 없다

1분 스피치

讲一讲

77

上个星期天我跟王洪一起去看了电影。
Shàng ge xīngqītiān wǒ gēn Wáng Hóng yìqǐ qù kàn le diànyǐng.

我们约好下午六点在电影院门口见面。
Wǒmen yuēhǎo xiàwǔ liù diǎn zài diànyǐngyuàn ménkǒu jiàn miàn.

王洪来得晚一点儿，因为路上堵车堵得很厉害。
Wáng Hóng lái de wǎn yìdiǎnr, yīnwèi lùshang dǔ chē dǔ de hěn lìhai.

我们看了中国电影，很有意思。
Wǒmen kàn le Zhōngguó diànyǐng, hěn yǒu yìsi.

我觉得看中国电影对学习汉语很有帮助。
Wǒ juéde kàn Zhōngguó diànyǐng duì xuéxí Hànyǔ hěn yǒu bāngzhù.

해석

지난 주 일요일 저는 왕홍 씨와 영화를 보러 갔습니다. 우리는 오후 6시에 영화관 입구에서 만나기로 약속을 했죠. 왕홍 씨가 좀 늦게 왔는데 도중에 차가 너무 막혔기 때문이랍니다. 우리는 중국 영화를 봤는데 참 재미있었습니다. 저는 중국 영화를 보는 것은 중국어 공부에 도움이 된다고 생각합니다.

단어

- 有意思 yǒu yìsi 재미있다
- 对~有帮助 duì ~ yǒu bāngzhù ~에 도움이 된다

1 다음 대화를 잘 듣고 문제에 답해 보세요. 78

(1) 왕홍이 약속에 늦은 이유는 무엇인가요?

① 비가 너무 많이 와서 ② 차가 너무 막혀서

③ 도중에 교통사고가 나서 ④ 영화표를 사느라고

(2) 다음 중 대화의 내용과 맞지 않는 것은 무엇인가요?

① 미애와 왕홍은 6시에 만나기로 약속했다

② 영화표는 미애가 사 놓았다

③ 왕홍은 차가 막혀 약속에 늦었다

④ 영화는 벌써 시작했다

2 다음 문장에 공통으로 들어갈 단어는 무엇인가요?

- 路上堵车堵( )很厉害。
- 他说汉语说( )很流利。
- 今天玩儿( )很开心。

① 的 ② 地 ③ 德 ④ 得

3 다음 중 틀린 문장은 무엇인가요?

① 对不起，我来晚了。 ② 我跟他见面。

③ 我什么就看不见。 ④ 路上堵车堵得很厉害。

4 다음 중 대화가 올바르게 짝지어진 것은 무엇인가요?

① A：对不起，我来晚了。
B：我也没办法。

② A：你怎么现在才来?
B：真不好意思。

③ A：路上堵车堵得很厉害。
B：票已经买好了。

④ A：前面的人坐得太高。
B：那还用说。

5 다음 말을 중국어로 써 보세요.

(1) 늦어서 죄송합니다.

____

(2) 도중에 차가 너무 막혔어요.

____

(3) 아무것도 보이지 않아요.

____

(4) 제가 당신 대신에 그에게 말해 보죠.

____

붉은색을 좋아하는 중국인

중국인의 붉은색에 대한 사랑은 각별합니다. 골목을 걷다 보면 붉은색으로 칠한 대문을 자주 볼 수 있죠. 결혼식 때 신부가 입는 전통 혼례복은 화려한 붉은색에 금빛으로 장식이 되어 있으며 신랑은 커다란 붉은 꽃술이 달린 천을 몸에 두릅니다. 축의금이나 세뱃돈 역시 红包(hóngbāo)라고 하는 붉은 봉투에 넣어 줍니다. 또 개업식 때도 곳곳을 붉은색으로 장식하여 사업이 번창하기를 기원합니다. 이는 모두 붉은색이 악귀를 쫓고 재물을 가져다 준다고 믿기 때문입니다.

중국인 친구를 만나면 지금도 2002년 대한민국의 여름을 뜨겁게 달구었던 한일월드컵 이야기를 꺼냅니다. 그때 'Be The Reds!'라는 문구가 새겨진 붉은색 의상을 입고 열렬하게 응원하는 우리 모습이 그들에게 깊이 각인된 것은 어쩌면 당연한 일인지도 모릅니다.

Unit
15
你哪儿不舒服?
어디 아프세요?
你哪儿不舒服?
我好像感冒了。
好好儿休息
就会好的。
학습 포인트
· '了'의 표현
· '一点儿' + (명사) + '也' + 부정 표현
· '会~的'의 표현

익혀 두세요

79

1

你哪儿不舒服？
Nǐ nǎr bù shūfu?

어디 아프신가요?

몸 상태가 안 좋을 때 '몸이 불편하다, 아프다'란 뜻으로 '不舒服'라는 말을 씁니다.

2

头疼得很。
Tóu téng de hěn.

머리가 너무 아파요.

'很' 대신 '要命(yàomìng 죽을 지경이다)', '厉害(lìhai 심하다)', '受不了(shòu bu liǎo 견딜 수 없다)'를 넣어 정도의 차이를 나타낼 수 있습니다.

3

好好儿休息，
Hǎohāor xiūxi,
就会好的。
jiù huì hǎo de.

푹 쉬면 좋아질 거예요.

여기서 '就'는 '~하면 곧 ~하다'란 뜻으로 어떤 조건을 나타내는데요, 문장 맨 앞에 '만약(에)'란 뜻의 '如果(rúguǒ)'나 '要是(yàoshi)'가 생략된 것입니다. 여기서 '会'는 '배워서 할 수 있다'란 뜻이 아닌 '~할 것이다'라는 추측을 나타내며 끝에 的를 붙입니다.

말해 보세요

说一说

80

王洪，我今天不能去上班了。
Wáng Hóng, wǒ jīntiān bùnéng qù shàng bān le.

请你帮我请个假，好吗？
Qǐng nǐ bāng wǒ qǐng ge jià, hǎo ma?

怎么了，美爱，
Zěnme le, Měi'ài,

你哪儿不舒服？
nǐ nǎr bù shūfu?

미애: 왕홍 씨, 저 오늘 출근을 못할 것 같아요. 저 대신에 휴가 좀 내주시겠어요?

왕홍: 왜요, 미애 씨, 어디 아프세요?

해설

15

了 1. 문미에 쓰여 변화 또는 새로운 상황의 출현을 표시합니다.

来了，来了。 Lái le, lái le. (누군가 불렀을 때) 곧 갈게요.

2. 곧 나타날 변화를 의미할 때 부정 표현 '不'와 함께 쓰면 '원래는 뭔가를 하려고 했는데 이제는 ~하지 않을 것이다'라는 의미를 나타냅니다.

我不吃饭了。 Wǒ bù chī fàn le. 전 밥 안 먹을래요.(나 밥 안 먹을래.)

怎么 '怎么'는 '어째서, 왜'란 뜻으로 상황, 원인 등을 물을 때 쓰기도 합니다.

你怎么不吃饭? Nǐ zěnme bù chī fàn? 왜 식사 안 하세요?

단어

- 请假 qǐng jià 휴가를 신청하다(받다)

말해 보세요

80

我好像感冒了。
Wǒ hǎoxiàng gǎnmào le.

头疼得很,
Tóu téng de hěn,

一点儿劲儿也没有。
yìdiǎnr jìnr yě méiyǒu.

发烧吗? 要不要陪你去看医生?
Fā shāo ma? Yào bu yào péi nǐ qù kàn yīshēng?

미애: 감기에 걸린 것 같아요. 머리가 너무 아프고 힘이 하나도 없네요.

왕홍: 열이 나나요? 제가 병원에 같이 가 줄까요?

해설

一点儿劲儿也没有。 '一点儿+ (명사) + 也 + 부정표현'은 '조금도 ~하지 않다'는 뜻으로 강조를 나타내며 '也' 대신에 '都'를 써도 같은 의미입니다.

一点儿也不贵。 Yìdiǎnr yě bú guì. 조금도 비싸지 않다.

단어

- 感冒 gǎnmào 감기에 걸리다
- 劲儿 jìnr 힘, 기운
- 陪 péi 모시다, 수행하다
- 疼 téng 아프다
- 发烧 fā shāo 열이 나다

说一说

不要紧，我这儿有感冒药。
Búyàojǐn, wǒ zhèr yǒu gǎnmàoyào.

吃点儿药，好好儿休息，
Chī diǎnr yào, hǎohāor xiūxi,

就会好的。
jiù huì hǎo de.

好的，我帮你请个假。
Hǎo de, wǒ bāng nǐ qǐng ge jià.

希望你多保重身体。
Xīwàng nǐ duō bǎozhòng shēntǐ.

谢谢。
Xièxie.

> 미애: 괜찮아요, 저 감기약 있어요. 약 좀 먹고 푹 쉬면 좋아질 거예요.
>
> 왕홍: 알았어요, 대신에 휴가 신청해 드릴게요. 몸 건강에 유의하세요.
>
> 미애: 고마워요.

15

해설

好好儿 '잘, 충분히'라는 뜻의 부사로 두 번째 '好'가 3성이 아닌 1성으로 발음된다는 점에 주의하시기 바랍니다.

冷静下来，好好儿想一想。Lěngjìng xiàlái, hǎohāor xiǎng yi xiǎng. 진정하고 잘 좀 생각해 봐.

会 '~(배워서) ~할 수 있다'라는 뜻 외에 '~할 것이다, ~할 가능성이 있다'라는 뜻으로도 쓰이며 문장 뒤에 '的'를 붙여 '会~的'의 형식으로 잘 쓰입니다.

他明天会来的，你放心吧。Tā míngtiān huì lái de, nǐ fàng xīn ba. 그는 내일 올 테니 안심하세요.

단어

- 不要紧 búyàojǐn 괜찮다
- 冷静 lěngjìng 침착하게 하다, 마음을 가라앉히다
- 感冒药 gǎnmàoyào 감기약
- 放心 fàng xīn 마음을 놓다

바꿔 말해 보세요

81

1	我先走 Wǒ xiān zǒu		了。 le.	저 먼저 가보겠어요.
	我该回家 Wǒ gāi huí jiā			이제 집에 가야겠어요.
	大家吃饭 Dàjiā chī fàn			모두 식사했어요.
2	你 Nǐ	好像 hǎoxiàng	认错人了。 rèncuò rén le.	사람을 잘못 보신 것 같네요.
	电脑 Diànnǎo		坏了。 huài le.	컴퓨터가 고장 난 것 같아요.
	我 Wǒ		听说过。 tīngshuō guo.	(소식, 소문 등)들어 본 것 같아요.

단어

- 先 xiān 먼저
- 回家 huí jiā 집에 돌아가다
- 电脑 diànnǎo 컴퓨터
- 该 gāi ~해야 한다
- 认错 rèn cuò 잘못 보다
- 坏 huài 고장 나다

3 一点儿也 不便宜。 하나도 안 싸네요.
Yìdiǎnr yě bù piányi.

没变。 하나도 변하지 않았네요.
méi biàn.

一点儿 问题 也 没有。 조금의 문제도 없어요.
Yìdiǎnr wèntí yě méiyǒu.

菜 没买。 조금의 음식도 사지 않았어요.
cài méi mǎi.

4 希望你 会 喜欢。 당신이 좋아하셨으면 좋겠어요.
Xīwàng nǐ huì xǐhuan.

我一定 努力学习汉语的。 저는 꼭 열심히 중국어를 공부할 거예요.
Wǒ yídìng nǔlì xuéxí Hànyǔ de.

现在他不 在家里。 지금 그는 집에 없을 거예요.
Xiànzài tā bú zài jiā li.

단어

- 变 biàn 변하다
- 努力 nǔlì 노력하다, 힘쓰다

补充

❶ 신체에 관한 말

脸 liǎn 얼굴	头 tóu 머리	头发 tóufa 머리카락
额头 étou 이마	眉毛 méimao 눈썹	眼睛 yǎnjing 눈
耳朵 ěrduo 귀	鼻子 bízi 코	嘴 zuǐ 입
下巴 xiàba 턱	脖子 bózi 목	肩膀 jiānbǎng 어깨
(后)背 (hòu)bèi 등	肚子 dùzi 배	腰 yāo 허리
手臂 shǒubì 팔(뚝)	手 shǒu 손	屁股 pìgu 엉덩이
膝盖 xīgài 무릎	腿 tuǐ 다리	脚 jiǎo 발

❷ 여러 가지 아픈 증상 표현 1

头晕 tóu yūn 머리가 어지럽다	牙疼 yá téng 이가 아프다
肚子疼 dùzi téng 배가 아프다	发烧 fā shāo 열이 난다
腰疼 yāo téng 허리가 아프다	嗓子疼 sǎngzi téng 목이 아프다
流鼻涕 liú bítì 콧물이 난다	鼻塞了 bí sāi le 코가 막혔다
有痰 yǒu tán 가래가 있다	有恶寒 yǒu èhán 오한이 난다

❸ 여러 가지 아픈 증상 표현 2

拉肚子了 lā dùzi le 설사를 한다	呕吐了 ǒutù le 구토를 한다
扭脚了 niǔ jiǎo le 발을 삐었다	扭腰了 niǔ yāo le 허리를 삐었다
全身酸软 quánshēn suānruǎn 온몸이 시큰시큰하고 나른하다	酸疼 suānténg 시큰시큰 쑤시고 아프다
直冒冷汗 zhí mào lěnghàn 식은땀을 계속 흘린다	手烫了 shǒu tàng le 손을 데었다
睡眠不足 shuìmián bùzú 수면부족이다	很难睡觉 hěn nán shuì jiào 잠이 잘 안 온다

1분 스피치

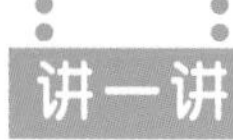

82

今天早上我一点儿劲儿也没有，感到很不舒服。
Jīntiān zǎoshang wǒ yìdiǎnr jìnr yě méiyǒu, gǎn dào hěn bù shūfu.

我有点儿发烧，头疼得很，好像感冒了。
Wǒ yǒudiǎnr fā shāo, tóu téng de hěn, hǎoxiàng gǎnmào le.

因为身体很不舒服，所以今天实在不能去上班了。
Yīnwèi shēntǐ hěn bù shūfu, suǒyǐ jīntiān shízài bùnéng qù shàng bān le.

我给王洪打电话，请他帮我向公司请一天假。
Wǒ gěi Wáng Hóng dǎ diànhuà, qǐng tā bāng wǒ xiàng gōngsī qǐng yì tiān jià.

我要吃点儿药，好好儿休息，
Wǒ yào chī diǎnr yào, hǎohāor xiūxi,

那么感冒很快就会好的。
nàme gǎnmào hěn kuài jiù huì hǎo de.

15

해석

오늘 아침 기운이 하나도 없는 게 몸이 아팠습니다. 열이 좀 나고 머리가 너무 아팠는데 감기에 걸린 것 같았습니다. 몸이 너무 아파서 오늘 아침은 정말이지 출근을 할 수가 없었습니다. 저는 왕홍 씨에게 전화를 걸어 회사에 휴가를 하루 내 달라고 부탁을 했습니다. 약을 좀 먹고 푹 쉬면 감기는 곧 나을 겁니다.

단어

- 感到 gǎndào 느끼다
- 实在 shízài 정말, 참으로

연습 문제

1 녹음을 잘 듣고 대화 내용과 일치하는 것을 고르세요.  83

① 美爱今天不想上班。

② 王洪今天不想请假。

③ 美爱好像感冒了。

④ 美爱累得头疼。

2 다음 중 대화 내용과 다른 것은 무엇인가요?

王洪：发烧吗？要不要陪你去看医生？
美爱：不要紧，我这儿有感冒药。

① 미애는 콧물이 많이 난다.

② 미애는 병원에 안 갈 것이다.

③ 미애는 감기약이 있다.

④ 왕홍은 미애와 함께 병원에 가주려고 했다.

3 다음 중 '会'와 같은 용법으로 쓰이지 않은 것은 무엇인가요?

吃点儿药，好好儿休息，就会好的。

① 我一定会努力学习汉语的。

② 你会不会开车？

③ 他会喜欢的。

④ 他不会知道这件事。

4 밑줄 친 부분과 같은 뜻으로 쓰인 것은 무엇인가요?

A：看起来伤口很大，要不要去医院？
B：不要紧，一点儿也不疼。

• **伤口** shāngkǒu 상처

① 很抱歉　② 哪里哪里　③ 不舒服　④ 没事儿

5 다음 그림에 나타난 병의 증상을 중국어로 써 보세요.

(1) 

(2) 

(3) 

6 다음 말을 중국어로 써 보세요.

(1) 어디가 아프신가요?

(2) 머리가 너무 아프고 힘이 하나도 없어요.

(3) 저 감기에 걸린 것 같아요.

福을 좋아하는 중국인

중국의 각 가정에 가 보면 대문이나 창문에 '福'자가 새겨진 마름모꼴의 붉은 종이가 거꾸로 붙어 있는 것을 볼 수 있습니다. 이것을 '倒福 dào fú'라고 하는데 '복이 온다'라는 뜻인 '到福 dàofú'의 '到 dào 이르다'와 '倒 dào 거꾸로 되다'의 발음이 같은 데서 유래한 것으로 집안에 복이 오길 바라는 마음에 그렇게 붙인다고 하는군요. 이 같은 도복(倒福)의 풍습은 중국 역사상 상업이 가장 발달했다는 송나라의 유습이라고 합니다.

예전에 중국인 선생님께서 '福'자가 각양 각색의 모양으로 백 개나 새겨진 두루마리와 옥으로 만든 박쥐를 선물해 주신 적이 있었는데요, 복이 하나도 아닌 백 개나 새겨진 만큼 상대방에게 많은 복을 전해 주고 싶은 마음을 담은 선물이라고 합니다.

그럼 박쥐는 무슨 의미가 있는 걸까요? 맨 처음 옥으로 된 박쥐를 받고 의아해 하며 선생님께 무슨 의미가 있는지 물었었죠. 박쥐는 중국어로 '蝙蝠 biānfú'라고 하는데 '蝙'은 '遍 biàn 널리 퍼져 있다'와, '蝠'는 '福 fú 복'과 발음이 같아 '遍福', 즉 널리 복이 퍼지길 바라는 뜻이 담겨 있다고 합니다. 서로 다른 글자지만 이렇게 재미있게 사물에 응용하고 표현해 내는 중국인들의 재치가 참 돋보였습니다.

옥으로 만든 박쥐

Unit

胖比瘦更好。

통통한 게 마른 것보다 더 나아요.

학습 포인트

- '为什么'와 '因为'
- 동작의 진행형 '在'
- 비교의 표현

익혀두세요

学一学

84

1

比以前胖多了。
Bǐ yǐqián pàng duō le.

예전보다 많이 뚱뚱해졌어요.

▌'胖多了' 같이 '형용사 + 多了' 표현은 '훨씬(많이) ~해졌다'라는 뜻으로 이전과 달리 변화된 상태를 나타냅니다.

2

통통한 게 마른 것보다 더 나아요.

▌'~보다 ~하다'라는 비교를 나타낼 때 전치사 '比'를 씁니다.

3

그녀보다 뚱뚱하지 않아요.

▌'比'말고도 '没有'를 써서 비교를 나타낼 수 있습니다. 그러나 이때 비교대상의 위치가 서로 반대라는 거 기억하세요. 즉 'A+比+B+형용사', 'B+没有+A+형용사'입니다.

말해보세요

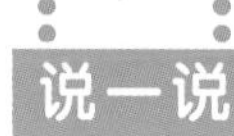

小瑛，你为什么不吃饭？
Xiǎoyīng, nǐ wèishénme bù chī fàn?

因为我在减肥。
Yīnwèi wǒ zài jiǎn féi.

你一点儿都不胖，
Nǐ yìdiǎnr dōu bú pàng,

不用减肥啦。
búyòng jiǎn féi la.

미 애: 샤오잉, 왜 밥을 안 먹어요?

샤오잉: 지금 다이어트 중이거든요.

미 애: 하나도 살 안 쪘는데 다이어트 할 필요 없어요.

16

해설

为什么와 因为 '为什么'는 '어째서, 왜'라는 뜻으로 동사 앞에 놓여 원인 또는 목적을 묻고, '왜냐하면'이란 뜻의 '因为'로 대답합니다. '为什么'는 단독으로 쓰일 수도 있습니다.

A: 你为什么昨天没来上班? Nǐ wèishénme zuótiān méi lái shàng bān? 왜 어제 출근하지 않았습니까?

B: 因为我身体不舒服。 Yīnwèi wǒ shēntǐ bù shūfu. 왜냐하면 몸이 좋지 않았어요.

단어

- 为什么 wèishénme 왜, 어째서
- 在 zài 지금(막) ~하고 있다
- 减肥 jiǎn féi 다이어트를 하다
- 啦 la 어기조사

可是我最近越来越胖，
Kěshì wǒ zuìjìn yuèláiyuè pàng,

比以前胖多了。
bǐ yǐqián pàng duō le.

胖比瘦更好。人太瘦了，
Pàng bǐ shòu gèng hǎo. Rén tài shòu le,

就不好看。
jiù bù hǎokàn.

我想跟章子怡一样瘦。
Wǒ xiǎng gēn Zhāng Zǐyí yíyàng shòu.

샤오잉: 하지만 요즘 점점 살이 쪄서 예전보다 뚱뚱해졌는걸요.

미 애: 통통한 게 마른 것보다는 낫죠. 사람이 너무 마르면 보기 안 좋아요.

샤오잉: 전 장쯔이처럼 날씬해지고 싶어요.

해설

越来越 '점점, 더욱더'라는 뜻으로 시간이 지남에 따라 정도가 심해지는 것을 나타냅니다.
你越来越漂亮了。 Nǐ yuèláiyuè piàoliang le. 당신은 점점 더 예뻐지네요.

比 '比'는 상태나 정도의 비교를 나타내는 전치사로 주로 'A + 比 + B + 형용사'의 형식으로 쓰입니다.
我比他忙。 Wǒ bǐ tā máng. 저는 그보다 바쁩니다.

* 자세한 내용은 '꼭 알아두세요'를 참고하세요.

단어

- 可是 kěshì 그러나
- 胖 pàng 살찌다, 뚱뚱하다
- 以前 yǐqián 이전
- 章子怡 Zhāng Zǐyí 장쯔이 (중국 영화배우)
- 越来越 yuèláiyuè 점점, 더욱더
- 比 bǐ ~보다
- 多 duō 훨씬
- 瘦 shòu 마르다, 여위다

说一说

你没有她胖，别担心。
Nǐ méiyǒu tā pàng, bié dān xīn.

最重要的是身体健康！
Zuì zhòngyào de shì shēntǐ jiànkāng!

明白了。为了身体健康，
Míngbai le. Wèi le shēntǐ jiànkāng,

从今天开始我要努力做运动！
cóng jīntiān kāishǐ wǒ yào nǔlì zuò yùndòng!

미 애: 장쯔이보다 뚱뚱하지 않으니 걱정 말아요. 가장 중요한 건 몸이 건강한 거죠.

샤오잉: 알았어요. 건강을 위해서 오늘부터 열심히 운동할게요.

16

해설

为了 '~를 위하여'라는 뜻으로 목적을 나타내며 '了'를 생략하기도 합니다.
为我们的友谊干杯！ Wèi wǒmen de yǒuyì gānbēi! 우리의 우정을 위해 건배!

단어

- 没有 méiyǒu ~만 못하다, ~에 못 미치다
- 健康 jiànkāng 건강(하다)
- 为了 wèi le ~를 위해서
- 友谊 yǒuyì 우정, 우의
- 重要 zhòngyào 중요하다
- 明白 míngbai 알다, 이해하다
- 开始 kāishǐ 시작하다
- 干杯 gānbēi 건배하다

바꿔 말해 보세요

86

1 你在想什么？
Nǐ zài xiǎng shénme?
지금 뭐 생각하고 있어요?

我找我的手机。
Wǒ zhǎo wǒ de shǒujī.
저는 지금 제 휴대폰을 찾고 있어요.

他正在上网玩儿网络游戏。
Tā zhèngzài shàngwǎng wánr wǎngluò yóuxì.
그는 지금 온라인 게임을 하고 있어요.

2 天气越来越热。
Tiānqì yuèláiyuè rè.
날씨가 점점 더워집니다.

压力越来越大。
Yālì dà.
스트레스가 점점 심해집니다.

绿色食品越来越受欢迎。
Lǜsè shípǐn shòu huānyíng.
녹색식품이 점점 각광을 받고 있습니다.

단어

- 找 zhǎo 찾다
- 压力 yālì 스트레스
- 受欢迎 shòu huānyíng 인기가 있다
- 网络游戏 wǎngluò yóuxì 인터넷 온라인 게임
- 绿色食品 lǜsè shípǐn (유기농, 건강식품 등의) 녹색식품

3 北京的冬天 比 首尔还冷。
Běijīng de dōngtiān bǐ Shǒu'ěr hái lěng.
북경의 겨울은 서울보다 더 춥습니다.

我姐姐 我大两岁。
Wǒ jiějie wǒ dà liǎng suì.
제 언니는 저보다 두 살 많습니다.

他的汉语水平 以前好多了。
Tā de Hànyǔ shuǐpíng yǐqián hǎoduō le.
그의 중국어 수준은 전보다 많이 좋아졌습니다.

4 火车 没有 飞机快。
Huǒchē méiyǒu fēijī kuài.
기차는 비행기만큼 빠르지 않습니다.

英语 汉语难。
Yīngyǔ Hànyǔ nán.
영어는 중국어만큼 어렵지 않습니다.

香蕉 西瓜好吃。
Xiāngjiāo xīguā hǎochī.
바나나는 수박만큼 맛있지 않습니다.

단어

- 水平 shuǐpíng 수준
- 西瓜 xīguā 수박
- 难 nán 어렵다

补充

❶ 동작의 진행형 '在'

'지금(막) ~하고 있다'란 뜻으로 동작의 현재 진행을 나타낼 때 부사 '在'를 씁니다. '正在~(呢)'도 같은 뜻의 표현입니다.

你在做什么? 당신은 지금 무엇을 하고 있습니까?
Nǐ zài zuò shénme?

我正在准备去上班呢。 저는 지금 출근 준비를 하고 있습니다.
Wǒ zhèngzài zhǔnbèi qù shàng bān ne.

❷ 비교 전치사 '比'

앞서 설명한 바와 같이 '比'는 주로 'A+比+B+형용사'의 형식으로 쓰입니다. 형용사 앞에는 부사 '还(더), 更(더욱)'만 쓸 수 있고, '很, 非常, 特别' 등은 올 수 없습니다. 그리고 구체적인 차이를 나타내는 말은 형용사 뒤에 옵니다.

我比他忙。 저는 그보다 바쁩니다.
Wǒ bǐ tā máng.

她比我还漂亮。 그녀는 저보다 더 예쁩니다.
Tā bǐ wǒ hái piàoliang.

他比我高一点儿。 그는 저보다 키가 좀 큽니다.
Tā bǐ wǒ gāo yìdiǎnr.

❸ 비교의 '没有'

'比'를 사용한 비교문의 부정 표현으로 '~만 못하다, ~에 미치지 못하다'란 뜻입니다. 형식은 'B + 没有 + A + 형용사'입니다.

他没有我忙。 그는 저보다 바쁘지 않습니다.
Tā méiyǒu wǒ máng.

我没有她漂亮。 저는 그녀보다 예쁘지 않습니다.
Wǒ méiyǒu tā piàoliang.

我没有他高。 저는 그보다 키가 크지 않습니다.
Wǒ méiyǒu tā gāo.

1분 스피치

讲一讲

87

小瑛最近在减肥，她觉得自己越来越胖，
Xiǎoyīng zuìjìn zài jiǎn féi, tā juéde zìjǐ yuèláiyuè pàng,

比以前胖多了。但是她一点儿都不胖，
bǐ yǐqián pàng duō le. Dànshì tā yìdiǎnr dōu bú pàng,

她的体重很标准。我觉得胖比瘦更好，人太瘦了
tā de tǐzhòng hěn biāozhǔn. Wǒ juéde pàng bǐ shòu gèng hǎo, rén tài shòu le,

就不好看。胖一点儿是没有关系的，
jiù bù hǎokàn. Pàng yìdiǎnr shì méiyǒu guānxi de,

最重要的是身体健康。如果想保持身体健康，
zuì zhòngyào de shì shēntǐ jiànkāng. Rúguǒ xiǎng bǎochí shēntǐ jiànkāng,

拥有好身材，那么平时应该少吃，多运动。
yōngyǒu hǎo shēncái, nàme píngshí yīnggāi shǎo chī, duō yùndòng.

해석

샤오잉은 요즘 다이어트를 하고 있습니다. 자신이 점점 살이 쪄 예전보다 많이 뚱뚱해진 것 같다나요. 그러나 샤오잉은 하나도 살찌지 않았고 그녀의 체중은 표준입니다. 저는 통통한 게 마른 것보다 낫다고 생각합니다. 사람이 너무 마르면 별로 보기 좋지 않죠. 조금 통통한 정도는 괜찮습니다. 가장 중요한 것은 건강이죠. 만약 건강을 유지하면서 멋진 몸매를 갖길 원한다면 평소에 적게 먹고 운동을 많이 해야 합니다.

단어

- 体重 tǐzhòng 체중
- 如果 rúguǒ 만약~하다면
- 拥有 yōngyǒu 가지다, 소유하다
- 应该 yīnggāi 반드시 ~해야 한다
- 标准 biāozhǔn 표준이다
- 保持 bǎochí 유지하다, 지키다
- 身材 shēncái 체격, 몸매

연습 문제

1 다음 녹음 내용이 말하고자 하는 요지는 무엇인가요? 88

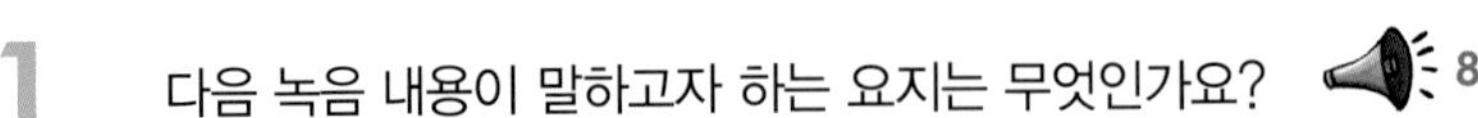

① 사람은 뚱뚱해야 된다
② 마른 것은 무조건 나쁘다
③ 몸이 건강한 것이 최고다
④ 뚱뚱하고 마른 것은 다 안 좋다

2 다음 녹음을 듣고 샤오잉의 상황과 맞지 않는 것을 고르세요. 88

① 从今天开始她要减肥。
② 她比以前胖多了。
③ 她正在减肥。
④ 为了身体健康，她打算做运动。

3 주어진 두 문장을 '比'를 이용하여 예문처럼 한 문장으로 만들어 보세요.

> 예 昨天二十八度。今天三十一度。
> → 今天比昨天还热。

(1) 我今年二十七岁。他今年二十五岁。

____

(2) 这件衣服一百五十块。那件衣服一百六十块。

____

4 다음 제시어 중 빈칸에 알맞은 단어를 넣으세요.

为　正在　越来越　跟～一样　没有　因为

(1) 我__________喜欢中国菜了。

(2) 她的头发______我的头发______长。

(3) 他______做什么呢?

(4) ______我们的合作干杯！

(5) 首尔的冬天______北京冷。

5 다음 말을 중국어로 써 보세요.

(1) 저는 지금 다이어트 중입니다.

____

(2) 요즘 점점 살쪄서 예전보다 많이 뚱뚱해졌어요.

____

(3) 통통한 게 마른 것보다 더 나아요.

____

(4) 그녀보다 뚱뚱하지 않으니 걱정 마세요.

____

쇼핑의 묘미 –가격 흥정

중국에서 물건을 살 때 제값을 다 주고 사면 바보라는 소리를 듣기 십상입니다. 그만큼 가격이 부풀려 있다는 말도 되겠지만 중국인은 백화점에서도 가격 흥정을 할 정도로 흥정을 좋아합니다. 옆에서 중국인이 가격 흥정 하는 걸 보면 어떨 땐 너무 한다 싶기도 합니다. 몇 백 위안짜리를 몇 십 위안에 사가는 경우도 있으니까요. 그렇게 깎아도 되느냐고 물으면 그들은 말합니다. 안 되는 게 어디 있냐고….

중국 북경의 건국문(建国门 jiànguómén)에 가면 '시우수이 시장(秀水市场 Xiùshuǐ Shìchǎng)'이라고 하는 명품 짝퉁과 여러 잡화를 파는 시장이 있는데요, 북경을 방문한 외국인 치고 소문을 안 들어 본 사람이 없을 겁니다. 저도 북경에서 수학할 시절 아주 싼 가격에 옷을 샀다는 외국인 친구의 말을 듣고 그곳에 갔습니다. 여러 가게가 다 비슷한 상품을 팔고 있었기 때문에 이곳저곳 가격을 대비해 보고 그 중 많이 깎아 주는 곳에서 물건을 샀습니다. 상인이 제시한 절반 가격에 옷을 사서 기분이 좋았는데 다른 친구는 3분의 1 가격에 옷을 샀다는 말을 듣고 도대체 얼마까지 깎아야 제대로 된 가격에 물건을 샀다고 할 수 있는지 궁금했습니다.

쇼핑의 재미를 한껏 누릴 수 있는 '시우수이 시장(秀水市场 Xiùshuǐ Shìchǎng)'이 이제는 6층 높이의 현대식 건물에 '시우수이 지에(秀水街 Xiùshuǐjiē)'란 이름으로 새롭게 단장하고 고객을 맞이하는데요, 쇼핑 코너는 물론이고, 북경오리구이로 유명한 '全聚德 Quánjùdé'를 비롯해 다양한 먹거리의 식당 등 여러 편의 시설이 갖춰져 있어 더욱 편리해졌답니다.

▲ 관광 및 쇼핑 천국 시우수이 시장

종합 평가 9과~16과

1 녹음을 듣고 설명하는 내용과 일치하는 그림을 고르세요. 

①

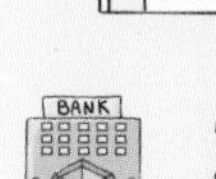

②

③

2 녹음을 듣고 화자의 증상이 아닌 것을 고르세요. 89

① 머리가 아프다 ② 기침이 난다 ③ 열이 난다 ④ 목이 아프다

3 녹음을 듣고 일기예보와 맞는 그림을 고르세요. 89

① 

②  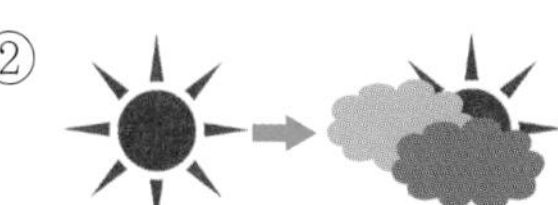

③ 

④ 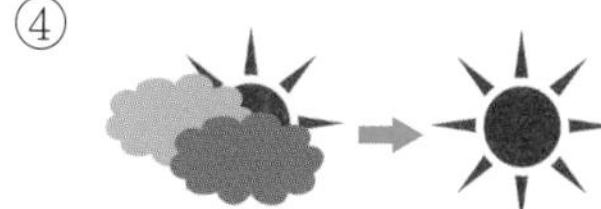

4 다음 중 녹음의 내용과 맞는 것은 무엇인가요? 89

① 나는 단 과일을 싫어한다
② 나는 과일이라면 뭐든지 다 좋아한다
③ 나는 수박이 바나나보다 더 맛있다
④ 나는 바나나가 수박보다 더 맛있다

5 다음 대화를 완성하세요.

A：请问，去天安门______________？

B：_______前走。

A：_______这儿____________？

B：不远，大概走五分钟就到了。

6 다음 대화에서 밑줄 친 부분이 의미하는 것은 무엇인가요?

A：星期六下午五点在书店门口，不见不散！
B：不见不散！

① 약속을 취소하자　　② 안 오면 그냥 가자

③ 안 오면 다시는 안 만난다　　④ 올 때까지 기다리자

7 다음 중 '可以'의 용법이 다른 하나를 고르세요.

① 做完作业，就可以出去玩儿。　　② 在哪儿可以坐公共汽车？

③ 我可以进去吗？　　④ 我想试一试，可以吗？

8 다음 제시어 중 빈칸에 알맞은 단어를 넣으세요.

已经　什么时候　越来越　怎么样　多长时间　还是

(1) 明天天气____________？

(2) 电影票____________卖完了。

(3) 你要吃韩国菜____________吃中国菜？

(4) 你来中国____________了？

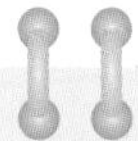

가로열쇠와 세로열쇠의 힌트를 보고 정답을 한어병음으로 적어보세요.

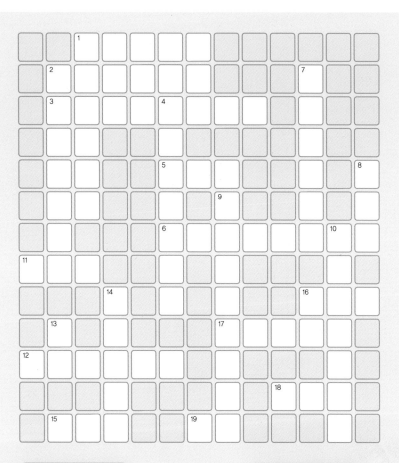

가로 열쇠 ▶▶▶

1. 쉬다
2. 한턱 내다
3. 출근하다
5. '你'의 존칭어
6. 비행기를 타다
11. '○天' (오늘)
12. '○○你很高兴。' (당신을 알게 되어 반갑습니다)
15. 비싸다
16. '○单, ○东西' (계산하다, 쇼핑하다)
17. 춥다
18. '打个八○' (20% 할인하다)
19. '过马○' (길을 건너다)

세로 열쇠 ▶▶▶

1. 좋아하다
3. 휴대폰
4. 일, 작업
7. 싸다
8. '○饭, ○药' (밥을 먹다, 약을 먹다)
9. 선물을 주다
10. 다이어트를 하다
13. 덥다
14. 아닙니다(부정의 대답)

부록 내용

듣기 대본

1 你好，王洪！ p. 28~29

2 (1) hǎo (2) zuìjìn
(3) xièxie (4) yě
(5) gōngzuò (6) bú tài

3 (1) A : Nǐ hǎo!
B : Nǐ hǎo!
(2) A : Nǐ zuìjìn hǎo ma?
B : Wǒ hěn hǎo, xièxie.
(3) A : Nǐ zuìjìn gōngzuò máng bu máng?
B : Bú tài máng.

4 (1) A : 你饿不饿？ B : 我不饿。
(2) A : 你好！ B : 你好！
(3) A : 你最近好吗？ B : 我很好，谢谢。
(4) A : 你忙不忙？ B : 我不太忙。

2 你叫什么名字？ p. 40~41

1 (1) míngzi (2) gāoxìng
(3) rènshi (4) guānzhào
(5) xuésheng (6) shǒujī

4 (1) A : 你是韩国人吗？
B : 不是，我是中国人。
(2) 很高兴认识你。
(3) A : 你叫什么名字？
B : 我叫王洪。
(4) A : 他是公司职员吗？
B : 是，他是公司职员。

3 你家有几口人？ p. 52

2 (1) 我家有7口人。
(2) 他今年22岁。
(3) 我有58块钱。

3 我家有五口人，爸爸、妈妈、两个弟弟和我。我今年20岁，是我家的老大。

4 喂，请问小瑛在吗？ p. 64

1 (1) A : 你的手机号码是多少？
B : 我的手机号码是13603095528。
(2) A : 喂，请问王先生在吗？
B : 我是。
(3) A : 有什么事儿？
B : 我是小瑛的朋友朴美爱。请她给我打个电话，好吗？

5 你买了什么？ p. 76

2 小瑛：美爱，你去哪儿了？
美爱：我去超市买了东西。

3 小瑛：你买了什么？
美爱：水果、蔬菜、豆腐、饮料什么的。

6 现在几点? p. 88~89

1 美景: 小瑛，你的生日几月几号?
小瑛: 7月22号，下个星期四，你呢?
美景: 我的生日是冬天，12月8号。

4 (1) 两点一刻 (2) 七点四十五分
(3) 差五分十点

7 你会打网球吗? p. 101

4 美爱 : 王洪，你平时喜欢做什么?
王洪 : 我喜欢听音乐。我对韩国音乐很感兴趣。

8 美爱 : 王洪，你会做什么运动?
王洪 : 我会打网球和篮球，可是不会游泳。

9 (1) 很高兴认识你。
(2) 请他给我打个电话，好吗?
(3) 我对中国电影很感兴趣。
(4) 能不能便宜一点儿?

8 能不能便宜一点儿? p. 112

1 美　爱 : 请问，这条裤子多少钱?
售货员 : 380块。
美　爱 : 有点儿贵，能不能便宜一点儿?

2 美　爱 : 有点儿贵，能不能便宜一点儿?
售货员 : 好吧，特别给您打个八折。

종합평가 1과~8과 p. 115~116

5 A : 请问，现在几点?
B : 现在两点三刻。

7 我今天买了一条裤子、一件上衣和一双皮鞋。

9 你们要点什么? p. 128

1 美　爱 : 我想吃辣一点儿的，来一个宫保鸡丁。
服务员 : 饮料呢?
美　爱 : 我要矿泉水。
小　瑛 : 再来一瓶矿泉水和茶水。

10 请问，去王府井怎么走? p. 140

1 (1) 往前走，到第二个路口往右拐。然后走五分钟，就在书店的对面。
问: 他要去哪儿?
(2) 往前走，在第一个路口往右拐，到红绿灯那儿过马路，就在地铁站的旁边。
问: 他要去哪儿?

11 下个星期就要暑假了。 p. 152

1 王洪 : 今天几号，星期几?
美爱 : 7月22号，星期四。

王洪：下个星期一就要暑假了，你打算去哪儿？

美爱：我打算去杭州旅游。

王洪：你坐火车还是坐飞机？

美爱：坐飞机，飞机又快又舒服。

12 麻烦你帮我一件事，可以吗？ p. 164~165

1 美爱：王洪，麻烦你帮我一件事，可以吗？

王洪：可以，你说吧。

美爱：我要用中文写电子邮件，但是我不会。

王洪：那可简单，我告诉你。

2 美爱：真是太谢谢你了，不知道怎么感谢你才好。

王洪：没事儿，今天晚上你请客吧。

美爱：好，我请客。

5 美爱：王洪，麻烦你帮我一件事，可以吗？

王洪：可以，你说吧。

美爱：我要用中文写电子邮件，但是我不会。

王洪：那可简单，我告诉你。

美爱：真是太谢谢你了，不知道怎么感谢你才好。

13 明天天气怎么样？ p. 176

1 (1)大家好，天气预报！今天下了大雨。但是明天阴转晴，25到30度，下午很热。

(2)A：今天天气怎么样？

B：不冷也不热，天气很好。

14 路上堵车堵得很厉害。 p. 188

1 美爱：我们约好六点见面，你怎么现在才来？

王洪：真不好意思，路上堵车堵得很厉害。电影票呢，买到了吗？

美爱：买到了。快进去吧，电影要开演了。

15 你哪儿不舒服？ p. 200

1 美爱：王洪，我今天不能去上班了。请你帮我请个假，好吗？

王洪：怎么了，美爱，你哪儿不舒服？

美爱：我好像感冒了。头疼得很，一点儿劲儿也没有。

16 胖比瘦更好。 p. 212

1 胖比瘦更好。人太瘦了，就不好看。最重要的还是身体健康！

2 我最近越来越胖，比以前胖多了，所以现在正在减肥。但是美爱说，我一点儿都不胖，最重要的是身体健康。为了身体健康，从今天开始我要努力做运动！

종합평가 9과~16과

p. 215

1 超市前面有一个药店。超市右边是书店。银行在超市的左边。

2 我感冒了，头疼、咳嗽、嗓子疼。但是没有发烧。

3 A: 你听天气预报了吗？明天天气怎么样？

B: 天气预报说明天晴转多云。

4 我喜欢吃水果，特别喜欢吃甜的水果。我喜欢的水果有西瓜、香蕉什么的。但是我觉得西瓜比香蕉更好吃。

汉语怎么样?
Hànyǔ zěnmeyàng?
很有意思!
Hěn yǒu yìsi!

연습문제 정답

1 你好，王洪！ p. 28~29

1 (1) ② (2) ①
(3) ④ (4) ③

2 (1) hǎo (2) zuìjìn
(3) xièxie (4) yě
(5) gōngzuò (6) bú tài

3 (1) Nǐ hǎo
(2) Wǒ hěn hǎo, xièxie
(3) gōngzuò máng bu máng

4 ② 
 ① 
④ 
③ 

5 (1) (你)最近好吗?
(2) (我)很好，谢谢。
(3) (你)最近工作忙不忙?
(4) (我)不太忙。

2 你叫什么名字? p. 40~41

1 (1) míngzi (2) gāoxìng
(3) rènshi (4) guānzhào
(5) xuésheng (6) shǒujī

2 (1) Hánguórén
(2) Zhōngguórén
(3) gōngsī zhíyuán

3 (1) 我不是中国人。
(2) 他不是公司职员。
(3) 这不是手机。

4 ③ 
④ 
① 
② 

5 (1) 我是学生。
(2) 你叫什么名字?
(3) 很高兴认识你。
(4) 我是韩国人。

3 你家有几口人? p. 52~53

1 (1) méiyǒu (2) mèimei
(3) jīnnián (4) duōdà

2 (1) 7 (2) 22
(3) 58

3 (1) × (2) ○
(3) × (4) ○

4 几口人，有

5 (1) 你家有几口人?
(2) 你有没有哥哥? / 你有哥哥吗?
(3) 你今年多大了?
(4) 我有笔记本电脑。

4 喂，请问小瑛在吗？ p. 64~65

1 (1) 13603095528
(2) 请问
(3) 给我打个电话

2 (1) 喂，请问小瑛在吗？
(2) 她不在。
(3) 我的手机号码是13017879230。
(4) 有什么事儿？

3 (1) 一三三六零七八八三四七
(2) 一三九一零零四二六二九
(3) 一三八零五三一八七六二

4 喂，你好！请问，王洪在吗？
他不在。
(你)有什么事儿？
请他(你，王洪)给我打个电话。
请问，你的电话号码是多少？

5 你买了什么？ p. 76~77

1 ③

2 ②

3 ①

4 (1) 我去超市买了东西。
(2) 我还没吃过。
(3) 我去银行换钱。
(4) 太好了，我一定去。

5 (1) 我还没吃过。
(2) 我去超市买了东西。

6 现在几点？ p. 88~89

1 (1) ④ (2) ②

3 (1) 九月九号 (2) 八号
(3) 下下个星期天

4 (1) ② (2) ③
(3) ①

7 你会打网球吗？ p. 100~101

1 ③

2 ①

3 (1) 你会打网球吗？
(2) 他对中国历史很感兴趣。

4 (1) ④ (2) ②

5 (1) 我教你打网球吧。
(2) 我喜欢看电影。
(3) 你平时喜欢做什么？
(4) 我对中国电影很感兴趣。

8 能不能便宜一点儿？ p. 112~113

1 ③

2 ②

3 ①

4 (1) 觉得，适合
(2) 有点儿，一点儿，打

5 (1) 欢迎光临，您想买什么?
(2) 你觉得怎么样?
(3) 特别给您打个八折。
(4) 有点儿贵，能不能便宜一点儿?

종합평가 1과~8과 p. 115~116

1 (1) shénme (2) gāoxìng
(3) jiějie (4) qǐngwèn
(5) chī fàn (6) piányi

2 ②

3 (1) × (2) ○
(3) ○ (4) ×

4 (1) 二十八 (2) 三百八十(三百八)
(3) 七百零七 (4) 一千零六

5 ④

6 (1) 明天九月二十二号，星期三
(2) 现在打八折

7 ③

8 ②

9 (1) 很高兴认识你。
(2) 请他给我打个电话，好吗?
(3) 我对中国电影很感兴趣。
(4) 能不能便宜一点儿?

9 你们要点什么? p. 128~129

1 (1) ③ (2) ②

2 ④

3 (1) 你(们)要点什么? / 要点什么?
(2) 我想吃辣一点儿的。
(3) 来一瓶矿泉水。/ 我要一瓶矿泉水。
(4) (我要)买单!

4 (1) 欢迎光临，请这边坐。
(2) 我来一个香菇青菜，你呢?
(3) 请稍等，菜马上就来。

5 请，家，餐厅，点，喝，喜欢，一点儿，觉得

10 请问，去王府井怎么走? p. 140~141

1 (1) 银行 (2) 百货公司

2 (1) 请问，去王府井怎么走?
실례지만 왕푸징은 어떻게 갑니까?
(2) 公共汽车站在哪儿?
버스정류장은 어디에 있나요?
(3) 比较远，你还是坐车好。
비교적 멀어요. 차를 타는 편이 나을 거예요.

3 (1) 从这儿往前走，到第二个路口往左拐。
(2) 30路车。

11 下个星期就要暑假了。 p. 152~153

1 (1) ③ (2) ④

2 (1) 又，又 (2) 别
(3) 还是 (4) 已经

3 (1) 八月六号。
(2) 我打算去中国旅游。

4 打算，还是，买好，给

5 (1) 我打算去中国旅游。
(2) 飞机又快又舒服。
(3) 机票已经买好了。
(4) 祝你一路平安。

12 麻烦你帮我一件事，可以吗？

p. 164~165

1 ②

2 ④

3 ③

4 ①

5 (1) 麻烦你帮我一件事
(2) 用
(3) 写电子邮件
(4) 可
(5) 不知道怎么感谢

6 (1) 好，我请客。
(2) 你想吃什么就吃什么。

13 明天天气怎么样？

p. 176~177

1 (1) ① (2) ③

2 (1) ② (2) ④
(3) ③ (4) ①

3 (1) 今天天气阴沉沉的，看起来明天好像要下雨了。
(2) 天气预报说明天多云转晴。

4 (1) 西安今天晴，16到30度，明天多云。
(2) 上海今天风大转阴，15到25度，明天下雨(有雨/是雨天)。
(3) 香港今天下雨(有雨/是雨天)，22到26度，明天晴(是晴天)。

14 路上堵车堵得很厉害。

p. 188~189

1 (1) ② (2) ④

2 ④

3 ③

4 ②

5 (1) 对不起，我来晚了。
(2) 路上堵车堵得很厉害。
(3) (我)什么都看不见。
(4) 我替你跟他说一声吧。

15 你哪儿不舒服？

p. 200~201

1 ③

2 ①

3 ②

4 ④

5 (1) 肚子疼 (2) 牙疼
(3) 发烧

6 (1) 你哪儿不舒服?
(2) 头疼得很，一点儿劲儿也没有。
(3) 我好像感冒了。

16 胖比瘦更好。 p. 212~213

1 ③

2 ①

3 (1) 我比他还大。/ 他比我还小。
(2) 这件衣服比那件(衣服)还便宜。
那件衣服比这件(衣服)还贵。

4 (1) 越来越 (2) 跟，一样
(3) 正在 (4) 为
(5) 没有

5 (1) 我在减肥。/ 我正在减肥呢。
(2) 我最近越来越胖，比以前胖多了。
(3) 胖比瘦更好。
(4) 你没有她胖，别担心。

종합평가 9과-16과 p. 215~216

1 ①

2 ③

3 ②

4 ③

5 怎么走，往，离，远不远(远吗)

6 ④

7 ②

8 (1) 怎么样 (2) 已经
(3) 还是 (4) 多长时间

쉬어가기

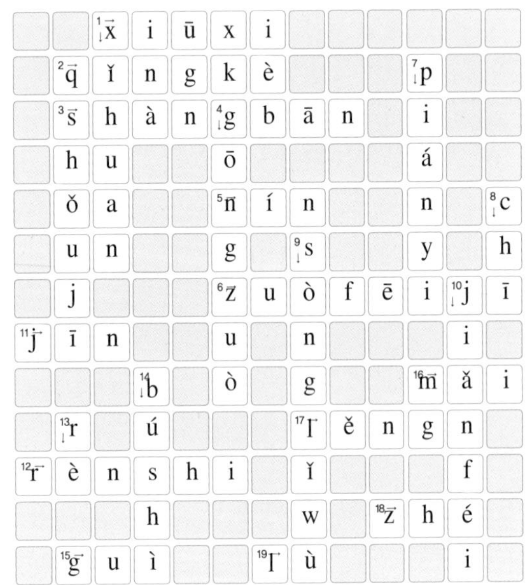

색 인

A

B

C

D

E

F

G

H

L

M

每 měi 매, 마다 ··· 7과(p.99)
美爱 Měi'ài 미애(사람 이름) ··· 1과(p.21)
妹妹 mèimei 여동생 ··· 3과(p.46)
迷路 mí lù 길을 잃다 ··· 10과(p.139)
面巾纸 miànjīnzhǐ 티슈 ··· 12과(p.160)
面条 miàntiáo 국수 ··· 6과(p.82)
明白 míngbai 알다, 이해하다 ··· 16과(p.207)
明天 míngtiān 내일 ··· 4과(p.63)
名字 míngzi 이름 ··· 2과(p.33)

N

哪儿 nǎr 어디, 어느 곳 ··· 5과(p.69)
那 nà 그러면, 그렇다면 ··· 5과(p.71)
那么 nàme 그렇다면 ··· 7과(p.93)
那还用说 nà hái yòng shuō 물론이다 ··· 12과(p.159)
难 nán 어렵다 ··· 16과(p.209)
呢 ne 의문을 나타내는 조사 ··· 1과(p.22)
呢 ne 의문문 외에 문장 중간에 쓰여 휴지(休止)를 나타냄 ··· 3과(p.51)
能 néng (능력이나 조건이 되어 어떤 일을)할 수 있다 ··· 8과(p.107)
你 nǐ 너, 당신 ··· 1과(p.21)
你们 nǐmen 여러분, 너희들 ··· 1과(p.24)
年轻 niánqīng 젊다 ··· 13과(p.170)
您 nín 당신 ··· 2과(p.34)
努力 nǔlì 노력하다, 힘쓰다 ··· 15과(p.197)
暖和 nuǎnhuo 따뜻하다 ··· 13과(p.172)

P

胖 pàng 살찌다, 뚱뚱하다 ··· 16과(p.206)
泡菜汤 pàocàitāng 김치찌개 ··· 5과(p.70)
陪 péi 모시다, 수행하다 ··· 15과(p.194)
朋友 péngyou 친구 ··· 2과(p.39)
啤酒 píjiǔ 맥주 ··· 9과(p.125)
朴 Piáo 박(성씨) ··· 2과(p.33)
瓶 píng 병(병을 세는 단위) ··· 9과(p.123)
瓶啤 píngpí 병맥주 ··· 11과(p.148)
平安 píng'ān 평안하다, 무사하다 ··· 11과(p.147)
平时 píngshí 평소, 보통 때 ··· 7과(p.94)
便宜 piányi 싸다 ··· 4과(p.61)

Q

前 qián 앞(쪽) ··· 10과(p.133)
前 qián ~전 ··· 11과(p.152)
前面 qiánmian 앞 ··· 10과(p.134)
晴 qíng 맑다 ··· 13과(p.170)
请 qǐng 부탁하다, 요청하다 ··· 2과(p.34)
请 qǐng 초대하다, 한턱 내다 ··· 5과(p.75)
请假 qǐng jià 휴가를 신청하다(받다) ··· 15과(p.193)
请客 qǐng kè 한턱 내다 ··· 12과(p.158)
请问 qǐngwèn 잠깐 여쭙겠습니다, 실례합니다 ··· 2과(p.34)
去 qù 가다 ··· 1과(p.25)

R

然后 ránhòu 그리고 나서 ··· 4과(p.63)
热 rè 덥다 ··· 5과(p.73)
人 rén 사람 ··· 3과(p.45)
认错 rèncuò 잘못 보다 ··· 15과(p.196)
认识 rènshi 알다 ··· 2과(p.33)
如果 rúguǒ 만약 ~한다면 ··· 16과(p.211)

S

T

W

X

Y

Z

大家，辛苦了!

저자 | 조일신

한국외국어대학교 중국어과 및 동 대학 통 · 번역대학원을 졸업했다. 대학 졸업 후 한국문화재보호재단에서 잠시 근무했고 인덕대학교와 금강대학교 중국어 강사를 역임했다. 지금은 전문 통 · 번역사로 활동하면서 한밭대학교와 한국외국어대학교에서 중국어 강의를 하고 있다. 공저로 《쑥쑥 주니어 중국어 1, 2, 3》, 《25테마로 배우는 프리토킹 중국어 회화》(제이플러스) 등이 있으며, 《시험에 강해지는 중국어 단어숙어집 3000+》, 《따라만 해도 바로 터지는 중국어 회화》(제이플러스) 등 다수의 교재를 집필하였다. 번역서로는 《중국고대발명》이 있다.

New 롱이롱이 중국어첫걸음

개정판 3쇄 2021년 2월 20일

저자 조일신
삽화 강선용 외
발행인 이기선
발행처 제이플러스
서울시 마포구 월드컵로 31길 62
전화 영업부 02-332-8320 / 편집부 02-3142-2520
팩스 02-332-8321
홈페이지 www.jplus114.com
등록번호 제10-1680호
등록일자 1998년 12월 9일
ISBN 979-11-5601-076-0(13720)

값 16,000원(MP3 무료 다운로드)

★ 파본은 구입하신 서점이나 본사에서 바꾸어 드립니다.
★ 책에 대한 의견, 출판되었으면 하는 책이 있으시면
홈페이지 www.jplus114.com으로 올려주세요.

New

룽이룽이 중국어 첫걸음 단어워크북

01 你好，王洪！

1. 다음은 인칭대명사입니다. 병음, 뜻, 한자를 바르게 연결하세요.

❶ wǒ	그	我
❷ nǐ	그녀	你
❸ tā	그것	他
❹ tā	나	她
❺ tā	너	它

2. 다음은 자주 쓰는 형용사입니다. 병음과 한자를 바르게 연결하고 병음 위에 성조를 표기하세요.

❶ mang	好
❷ gaoxing	忙
❸ lei	高兴
❹ e	累
❺ hao	饿

3. 아래 빈칸을 채우세요.

형용사	hěn + 형용사	bù + 형용사	형용사 + ma?	형용사+bu+형용사?
hǎo	hěn hǎo	bù hǎo	hǎo ma?	hǎo bu hǎo?
máng				
è				
lèi				

4. 다음은 자주 쓰는 인사말입니다. 병음과 한자를 바르게 연결하세요.

❶ Hǎo jiǔ bú jiàn	• 你好
❷ Xièxie	• 再见
❸ Nǐ hǎo	• 好久不见
❹ Zài jiàn	• 谢谢

5. 다음은 '1분 스피치'의 내용입니다. 보기에서 알맞은 단어를 골라 아래 문장을 완성하세요.

보기

máng / yě / hěn / xīwàng / lèi / zěnmeyàng / hǎo

Nǐmen ______ ! Nǐmen zuìjìn ______ ? Wǒ zuìjìn gōngzuò bútài ______ , shēntǐ ______ ______ hǎo. Wáng Hóng tā zuìjìn gōngzuò ______ máng, yě hěn ______ . Wǒ ______ tā duō bǎozhòng shēntǐ.

6. 보기에서 알맞은 단어를 골라 아래 문장을 완성하세요.

❶ Nǐ zuìjìn hǎo ______ ?

❷ Wǒ ______ hǎo.

❸ Nǐ ______ ?

❹ Wǒ ______ hěn hǎo.

02 你叫什么名字?

1. 다음 문장의 성조를 표기하고, 우리말로 옮기세요.

❶ Ni jiao shenme mingzi? → ______________________

❷ Qingwen, nin gui xing? → ______________________

❸ Hen gaoxing renshi ni. → ______________________

❹ Ni shi Hanguoren ma? → ______________________

2. 다음은 자주 쓰는 지시대명사입니다. 병음, 뜻, 한자를 바르게 연결하세요.

❶ nǎ	● 어디	● 这
❷ zhèr	● 어느	● 那
❸ nàr	● 여기	● 哪
❹ zhè	● 이	● 这儿
❺ nǎr	● 저	● 那儿
❻ nà	● 저기	● 哪儿

3. 다음 중 의미가 다른 하나를 고르세요.

❶ Duìbuqǐ　　❷ Bùhǎoyìsi

❸ Hěn bàoqiàn　　❹ Xièxie

4. 질문과 어울리는 대답을 서로 연결하고 빈칸을 채우세요.

❶ Nǐ jiào shénme míngzi?　　• Wǒ xìng ______, jiào ________.

❷ Nín guì xìng?　　• Bú shì, wǒ shì ________.

❸ Nǐ shì Zhōngguórén ma?　　• Wǒ shì ________.

5. 다음은 '1분 스피치'의 내용입니다. 보기에서 알맞은 단어를 골라 아래 문장을 완성하세요.

보기

zài / de / yě / hěn / shì / jiào / hé

Dàjiā hǎo! Wǒ ______ Piáo Měi'ài, ______ Hánguórén. Wǒ shì gōngsīzhíyuán, xiànzài ______ Zhōngguó gōngzuò. Wáng Hóng shì wǒ ______ tóngshì, tā shì Zhōngguórén. Xiǎoyīng shì yánjiūshēng, shì wǒ ______ Hànyǔ lǎoshī. Tā ______ shì Zhōngguórén. Wáng Hóng ______ Xiǎoyīng shì wǒ ______ Zhōngguó péngyou, wǒ ______ gāoxìng rènshi tāmen.

03 你家有几口人?

1. 다음은 가족의 호칭을 나타내는 말입니다. 병음과 한자를 바르게 연결하고, 한자의 뜻을 쓰세요.

❶ gēge	● 爸爸	→	________
❷ dìdi	● 妈妈	→	________
❸ mèimei	● 妹妹	→	________
❹ bàba	● 弟弟	→	________
❺ māma	● 姐姐	→	________
❻ jiějie	● 哥哥	→	________

2. 보기에서 알맞은 단어를 골라 아래 문장을 완성하세요.

❶ Nǐ jiā yǒu jǐ ______ rén?

❷ Bàba、māma、mèimei、dìdi ______ wǒ.

❸ Nǐ jīnnián ______ dà le?

보기

hé / kǒu / duō

3. 아래 문장의 성조를 바르게 표기하고, 우리말로 옮기세요.

❶ Ni jia you ji kou ren?

→ ________________

❷ Ni jinnian duo da le?

→ ________________

4. 보기에서 알맞은 단어를 골라 아래 문장을 완성하세요.

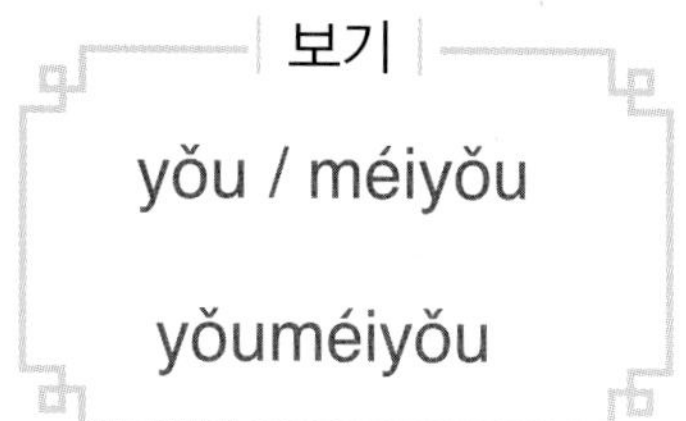

❶ Nǐ ________ gēge?

❷ Wǒ ________ gēge, wǒ shì lǎodà.

❸ Nǐ jiā ______ jǐ kǒu rén?

5. 다음은 나이를 묻는 세 가지 표현입니다. 그림을 보고 어울리는 질문과 서로 연결하세요.

❶ ● 你今年几岁了?

❷ ● 你今年多大了?

❸ ● 你今年多大年纪了?

6. 질문과 대답을 바르게 연결하세요.

❶ Nǐ jīnnián duō dà le? ● Wǒ jiā yǒu sān kǒu rén.

❷ Nǐ yǒuméiyǒu gēge? ● Èr shí wǔ suì le.

❸ Nǐ jiā yǒu jǐ kǒu rén? ● Wǒ méiyǒu gēge.

04 喂，请问小瑛在吗？

1. 다음은 전화와 관련된 표현입니다. 아래 빈칸을 채우세요.

뜻	병음	한자
전화를 걸다		
	Jiē diànhuà	
		挂电话
	Nín shì nǎ wèi?	
잠시만 기다리세요		请稍等
	Zhàn xiàn	占线
전화를 안 받습니다		
		请留言
	Fā chuánzhēn	
전화를 잘못 거셨습니다	Dǎ cuò le	

2. 질문과 어울리는 대답을 서로 연결하세요.

❶ Qǐngwèn, Xiǎoyīng zài ma? • Wǒ de shǒujī hàomǎ shì ____.

❷ Qǐng tā gěi wǒ dǎ ge diànhuà, hǎo ma? • Hǎo de.

❸ Nǐ de shǒujī hàomǎ shì duōshao? • Tā bú zài.

3. 다음 전화번호의 병음을 쓰세요.

02-3142-2520

4. 아래 문장의 성조를 표기하고 우리말로 옮기세요.

❶ Duibuqi, qing zai shuo yi bian, hao ma?

→ ____?

❷ Wo gei ta da le dianhua.

→ ____.

5. 다음은 '1분 스피치'의 내용입니다. 보기에서 알맞은 단어를 골라 아래 문장을 완성하세요.

보기

dǎ / gěi / bú zài / shuō / gàosu / duì / qǐng

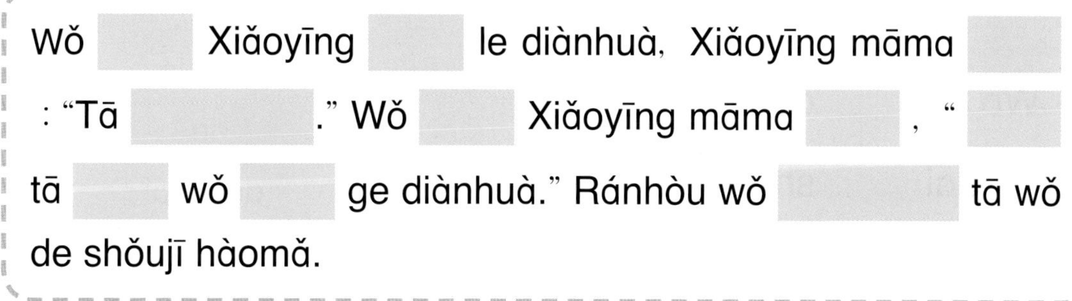
Wǒ ______ Xiǎoyīng ______ le diànhuà, Xiǎoyīng māma ______ : "Tā ______." Wǒ ______ Xiǎoyīng māma ______, " ______ tā ______ wǒ ______ ge diànhuà." Ránhòu wǒ ______ tā wǒ de shǒujī hàomǎ.

05 你买了什么?

1. 다음은 자주 쓰는 동사입니다. 병음과 한자를 바르게 연결하고, 동사의 뜻을 쓰세요.

❶ shuō	喝 →	______
❷ zuò	买 →	______
❸ chī	吃 →	______
❹ hē	听 →	______
❺ tīng	说 →	______
❻ mǎi	做 →	______

2. 연결하여 문장을 완성하세요.

Wǒ

- qù gōngyuán
- qù chāoshì
- qù yínháng

- mǎi shuǐguǒ
- huàn qián
- zuò yùndòng

3. 보기에서 알맞은 단어를 골라 아래 문장을 완성하세요.

❶ ______ kě'ài ______ .

❷ Wǒ ______ qù ______ .

❸ Nǐ mǎi ______ shénme?

❹ Zhōumò ______ wǒ jiā ______ wánr ba.

보기
tài~le
le
dào~lái
hái méi~guo

4. 다음은 중국의 화폐 단위입니다. 병음과 한자를 바르게 연결하세요.

❶ kuài	元
❷ máo	角
❸ yuán	分
❹ jiǎo	块
❺ fēn	毛

5. 다음은 '1분 스피치'의 내용입니다. 보기에서 알맞은 단어를 골라 문장을 완성하세요.

보기

yīnwèi / mǎi / de / qǐng / dào~lái

dǎsuan / qù / hái méi / guo / shénmede

Wǒ jīntiān ______ chāoshì ______ le hěn duō dōngxi. Wǒ mǎi le shuǐguǒ、shūcài、dòufu、yǐnliào ______. Wǒ ______ Xiǎoyīng jīntiān wǎnshang ______ wǒ jiā ______ chī fàn. Wǒ ______ zuò pàocàitāng, ______ Xiǎoyīng ______ chī ______ Hánguó ______ pàocàitāng.

06 现在几点?

1. 다음 빈칸에 공통으로 들어갈 단어를 고르세요.

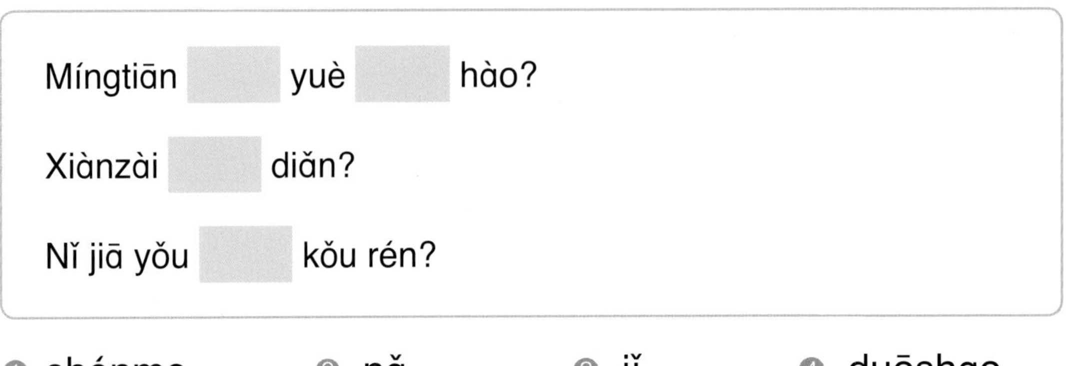

Míngtiān ___ yuè ___ hào?

Xiànzài ___ diǎn?

Nǐ jiā yǒu ___ kǒu rén?

❶ shénme ❷ nǎ ❸ jǐ ❹ duōshao

2. 다음 중 '快(kuài)'의 쓰임이 다른 하나는 어느 것인가요?

❶ Wǒmen <u>kuài</u> zǒu ba. ❷ <u>Kuài</u> shí'èr diǎn le.

❸ <u>Kuài</u> dào le. ❹ <u>Kuài</u> qiūtiān le.

3. 다음 중 동사의 성격이 다른 하나를 고르세요.

❶ 送 sòng ❷ 教 jiāo ❸ 给 gěi ❹ 做 zuò

4. 때를 나타내는 말을 시간 순서대로 배열하세요.(아침부터 저녁까지/ 과거에서 미래로)

❶ zhōngwǔ / zǎoshang / xiàwǔ / wǎnshang / shàngwǔ

→ ____________________

❷ zuótiān / hòutiān / jīntiān / qiántiān / míngtiān

→ ____________________

5. 다음 중 같이 쓸 수 없는 것은 어느 것인가요?

❶ liǎng diǎn — èr diǎn

❷ shí wǔ fēn — yí kè

❸ sān shí fēn — bàn

❹ sì shí wǔ fēn — sān kè

6. 보기에서 알맞은 단어를 골라 아래의 두 시각이 같게 하세요.

yì diǎn wǔ shí fēn = _____ shí fēn liǎng diǎn

❶ chà ❷ kè ❸ bàn ❹ liǎng

7. 다음은 시간 표현에서 자주 쓰는 단어입니다. 병음, 뜻, 한자를 바르게 연결하세요.

❶ diǎn	분	点
❷ fēn	~전	分
❸ kè	15분	刻
❹ chà	시	差

07 你会打网球吗?

1. 다음 한자의 병음을 바르게 쓰세요.

❶ 会 　　❷ 打 

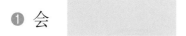

❸ 对 　　❸ 踢

2. 다음 운동 중에서 동사 '打(dǎ)'와 같이 쓸 수 없는 것을 고르세요.

❶ lánqiú　❷ bàngqiú　❸ zúqiú　❹ pīngpāngqiú

3. 보기에서 알맞은 단어를 골라 아래 문장을 완성하세요.

보기
gǎn huì
dǎ duì

❶ Tā ______ shuō Hànyǔ.

❷ Nǐ huì ______ wǎngqiú ma?

❸ Wǒ ______ Zhōngguó diànyǐng hěn ______ xìngqù.

4. 보기에 주어진 단어를 보고 자신이 할 줄 아는 것은 '会'에, 할 줄 모르는 것은 '不会'에 넣으세요.

보기
kāi chē / shuō Yīngyǔ / shuō Hànyǔ
tán gāngqín / dǎ wǎngqiú

不会

5. 다음은 운동종목입니다. 알맞은 병음을 찾아 써 넣으세요.

❶ 足球 → ________ qiú

❷ 篮球 → ________ qiú

❸ 棒球 → ________ qiú

❹ 乒乓球 → ________ qiú

❺ 高尔夫球 → ________ qiú

6. 주어진 단어를 어순에 맞게 배열하세요.

❶ 下次我们一起去看电影吧。

diànyǐng / yìqǐ / xià cì / wǒmen / qù / ba / kàn

→ ________________________________.

❷ 我对中国电影很感兴趣。

Zhōngguó diànyǐng / xìngqù / hěn / wǒ / gǎn / duì

→ ________________________________.

❸ 你平时喜欢做什么?

shénme / píngshí / xǐhuan / nǐ / zuò

→ ________________________________?

08 能不能便宜一点儿?

1. 다음은 색깔을 나타내는 말입니다. 병음과 한자를 바르게 연결하세요.

❶ hóngsè	绿色
❷ huángsè	黑色
❸ lǜsè	白色
❹ lánsè	蓝色
❺ hēisè	红色
❻ báisè	黄色

2. '有点儿'과 '一点儿'을 넣어 다음 문장을 완성하세요.

❶ Wǒ ____________ máng.

❷ Zhè jiàn yīfu ____________ guì.

❸ Qǐng nǐ duō chī ____________ .

❹ Qǐng nǐ xiǎoxīn ____________ .

보기
yǒu diǎnr
yì diǎnr

3. 반대말끼리 짝지어지지 않은 것을 고르세요.

❶ mǎi — mài　　❷ chuān — tuō

❸ guì — piányi　　❹ hǎokàn — piàoliang

4. 다음은 자주 쓰는 양사입니다. 병음, 한자, 뜻을 바르게 연결하세요.

❶ ge	个	잔
❷ jiàn	杯	장
❸ zhāng	张	켤레
❹ běn	双	벌
❺ bēi	件	권
❻ shuāng	本	명

5. 주어진 단어를 어순에 맞게 배열하세요.

❶ 我想买一条白色的裤子。

yì / kùzi/ mǎi / tiáo / báisè / wǒ / xiǎng / de

→ ______________________________.

❷ 给你打八折。

dǎ / gěi/ zhé / nǐ / bā

→ ______________________________.

❸ 这条裤子多少钱?

tiáo / duōshao/ zhè / kùzi / qián

→ ______________________________?

09 你们要点什么?

1. 보기의 주어진 단어를 보고 연상되는 장소를 고르세요.

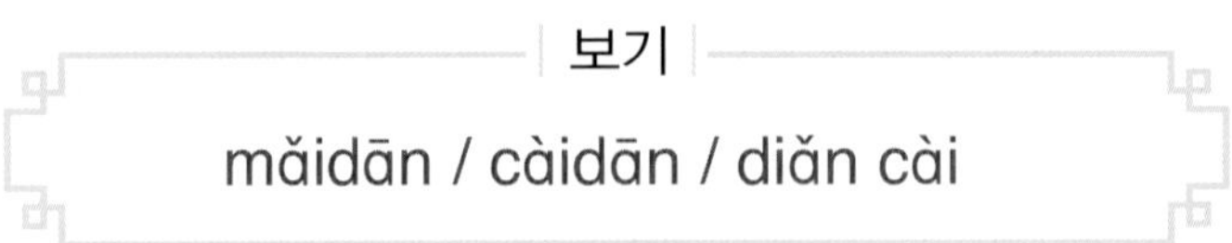

❶ cāntīng　　❷ yínháng

❸ gōngyuán　　❹ yóujú

2. 보기에서 알맞은 단어를 골라 아래 문장을 완성하세요.

보기

lái / diǎn / yào

(1) • Wǒ ______ qù shuìjiào.
• Wǒ ______ kělè.

(2) • Wǒ ______ yí ge xiānggū qīngcài.
• Zài ______ yí ge.
• Wǒ ______ jièshào yíxià.

(3) • Nǐmen yào ______ shénme?
• Xiànzài jǐ ______?
• Néng bu néng piányi yì ______ r?

3. 다음은 식당에서 주고받을 수 있는 말입니다. 순서대로 번호를 적으세요.

❶ Wǒ lái yí ge xiānggū qīngcài.

❷ Huānyíng guānglín! Qǐng zhèbiān zuò.

❸ Yígòng sì shí liù kuài.

❹ Zhè shì càidān.

❺ Nǐmen yào diǎn shénme?

❻ mǎidān.

→ ☐ ☐ ☐ ☐ ☐ ☐

4. 다음 중 '来(lái)'의 쓰임이 다른 하나를 고르세요.

❶ Wǒ <u>lái</u> yí ge xiānggū qīngcài.

❷ Nǐ <u>lái</u> niàn yí biàn.

❸ Zài <u>lái</u> yí cì.

❹ Huānyíng nín xià cì zài <u>lái</u>.

5. 다음은 맛을 나타내는 단어입니다. 병음과 뜻을 쓰세요.

❶ 酸 ________ ________ ❷ 甜 ________ ________ ❸ 辣 ________ ________

10 请问，去王府井怎么走?

1. 다음 한자를 보고 병음과 성조를 바르게 표기하세요.

❶ 在 ________ ❷ 离 ________

❸ 从 ________ ❹ 往 ________

2. 보기에서 알맞은 단어를 골라 아래 문장을 완성하세요.

보기

cóng~dào lí lù zài

❶ Gōnggòngqìchē zhàn ______ nǎr?

❷ ______ zhèr yuǎn bu yuǎn?

❸ zuò jǐ ______ chē?

❹ ______ zǎoshang ______ wǎnshang

3. 보기에서 알맞은 단어를 골라 아래 문장을 완성하세요.

보기

yuǎn bu yuǎn

duōcháng shíjiān

nǎr

❶ Lí zhèr ____________ ?

❷ Zuò chē guòqù yào ____________ ?

❸ Gōnggòngqìchē zhàn zài ____________ ?

4. 보기의 단어를 골라 아래 문장을 완성하세요.

보기

shénme shíhou / duōcháng shíjiān

❶ Nǐ lái Zhōngguó ______________ le?

❷ Nǐ ______________ lái Zhōngguó le?

5. 주어진 한자를 어순에 맞게 재배열하고, 우리말로 옮기세요.

❶ Qǐngwèn, qù Wángfǔjǐng zěnme zǒu?

走? / 王府井 / 请问， / 怎么 / 去

→ ______________________________

→ ______________________________

❷ Cóng zhèr wǎng qián zǒu.

往 / 走。 / 从 / 前 / 这儿

→ ______________________________

→ ______________________________

11 下个星期就要暑假了。

1. 보기에서 알맞은 단어를 골라 아래 문장을 완성하세요.

보기

yǐjing / jiùyào~le / háishi / yòu~yòu~ / dǎsuan

(1) • Nǐ zuò huǒchē ______ zuò fēijī?
• Yào dàizǒu ______ zài zhèr chī?

(2) • Xià ge xīngqī ______ shǔjià ______.
• Tā míngtiān ______ jiéhūn ______.

(3) • Zhè ge dōngxi ______ hǎo ______ piányi.
• Fēijī ______ kuài ______ shūfu.

(4) • Jīpiào ______ mǎi hǎo le.
• Wǒ ______ chī bǎo le.

2. 다음은 축원의 인사말입니다. 병음과 한자를 바르게 연결하세요.

❶ Zhù nǐ shēngrì kuàilè!	祝你一路平安!
❷ Zhù nǐ yí lù píng'ān!	祝你身体健康!
❸ Zhù nǐ xīnnián kuàilè!	祝你生日快乐!
❹ Zhù nǐ shēntǐ jiànkāng!	祝你新年快乐!

3. 다음 속담의 뜻을 우리말로 옮기세요.

❶ Shàng yǒu tiāntáng, xià yǒu Sū Háng.

→ ______________________________.

❷ Qíngrén yǎnli chū Xīshī.

→ ______________________________.

4. 다음은 '1분 스피치'의 내용입니다. 보기에서 알맞은 단어를 골라 아래 문장을 완성하세요.

보기

cóng~dào~ / dài / háishi / yòu~yòu~ / jiùyào~le

dǎsuan / gěi / xīwàng / suǒyǐ / liǎng ge xiǎoshí

Xià ge xīngqī ________ shǔjià ____, wǒ ________ qù Hángzhōu lǚyóu. Wǒ kǎolǜ zuò huǒchē ________ zuò fēijī. Wǒ juéde fēijī ____ kuài ____ shūfu, ________ juédìng zuò fēijī. ____ Běijīng ____ Hángzhōu yào zuò ________ de fēijī. Wáng Hóng yào wǒ ____ tā ____ xiǎo lǐwù, wǒ zhēn ________ shǔjià hěn kuài láidào!

12 麻烦你帮我一件事，可以吗？

1. 다음은 화장실을 나타내는 말입니다. 병음과 한자를 바르게 연결하세요.

❶ wèishēngjiān　　　　厕所

❷ xǐshǒujiān　　　　洗手间

❸ cèsuǒ　　　　卫生间

2. 아래 문장의 성조를 표기하고, 우리말로 옮기세요.

❶ Wo qing ke. → ______

❷ Ni xiang chi shenme jiu chi shenme. → ______

❸ Na hai yong shuo. → ______

❹ Mei shir. → ______

❺ Buzhidao zenme ganxie ni cai hao. → ______

3. 보기에서 알맞은 단어를 골라 아래 문장을 완성하세요.

- Nǐ ❶ chī shénme ❷ chī shénme.
- Nǐ ❶ zuò shénme ❷ zuò shénme.

보기

jiù

xiǎng

4. 보기에서 알맞은 단어를 골라 문장을 완성하세요.

보기

là de / bāng / qǐng kè / máfan / zěnme~cái

❶ ________ nǐ ______ wǒ yí jiàn shì, kěyǐ ma?

❷ Bùzhīdào _______ gǎnxiè nǐ _____ hǎo.

❸ Jīntiān wǎnshang nǐ _________ ba.

❹ Nǐ kěyǐ chī _________ ba?

5. 아래에 공통으로 들어갈 단어를 보기에서 각각 고르세요.

(1) • Nǐ kěyǐ chī là de ______ ?

• Jīntiān wǎnshang nǐ qǐng kè ______.

(2) • Tā míngtiān ______ lái ma?

• Wǒ ______ jìn qù ma?

보기

ba / ma

kěyǐ / huì

6. 다음 병음을 어순에 맞게 재배열하세요.

我要用中文写电子邮件。

Zhōngwén / diànzǐyóujiàn / wǒ / xiě / yào / yòng

→ ____________________________________.

13 明天天气怎么样?

1. 계절과 날씨를 나타내는 단어입니다. 관계 있는 것끼리 병음과 한자를 바르게 연결하세요.

❶ chūntiān	秋天	lěng	热
❷ xiàtiān	春天	liángkuai	冷
❸ qiūtiān	冬天	rè	暖和
❹ dōngtiān	夏天	nuǎnhuo	凉快

2. 다음은 날씨에 관한 표현입니다. 병음, 뜻, 한자를 바르게 연결하세요.

❶ qíng	바람이 불다	阴
❷ yīn	맑다	下雨
❸ xià yǔ	비가 오다	刮风
❹ xià xuě	흐리다	下雪
❺ guā fēng	눈이 오다	晴

3. 아래 문장의 성조를 바르게 표기하고, 우리말로 옮기세요.

❶ Mingtian tianqi zenmeyang? → ______________________

❷ Bu jian bu san. → ______________________

4. 다음은 중국의 주요도시입니다. 지도 위에 도시 이름을 병음으로 쓰세요.

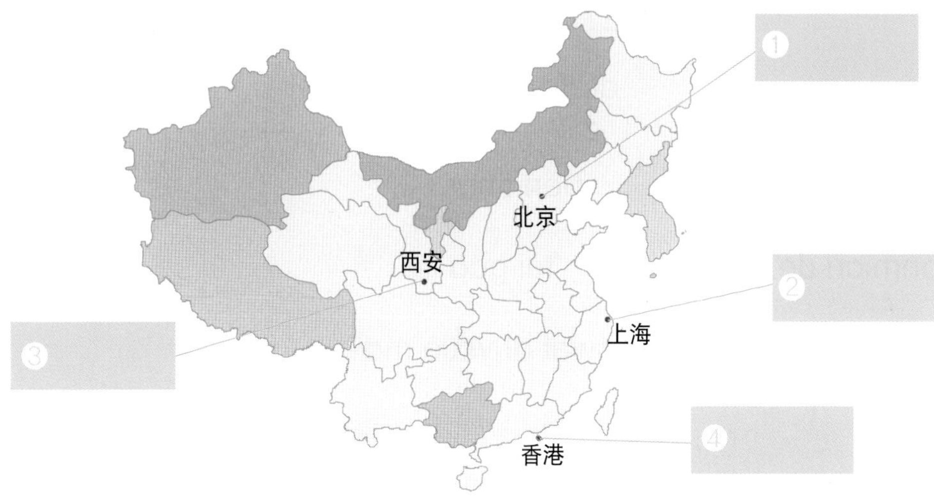

5. 보기에서 알맞은 단어를 골라 아래 문장을 완성하세요.

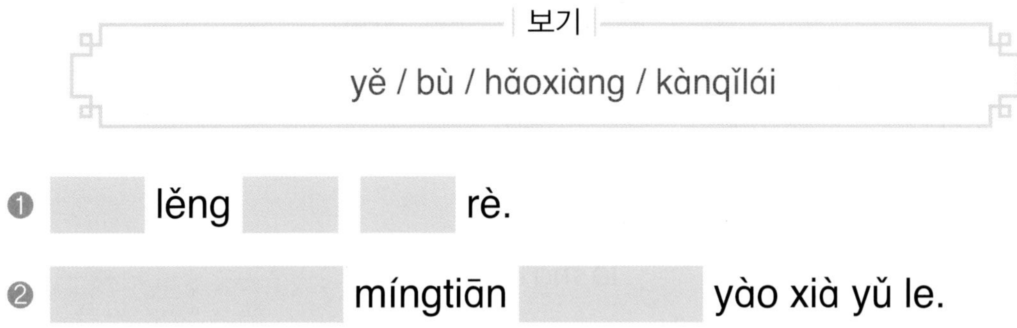

❶ ______ lěng ______ ______ rè.

❷ ______ míngtiān ______ yào xià yǔ le.

6. 주어진 단어를 어순에 맞게 재배열하고 우리말로 옮기세요.

明天下午三点在公司网球场，不见不散。

diǎn / gōngsī / míngtiān / sān / wǎngqiúchǎng / zài / bújiànbúsàn / xiàwǔ

→ ______________________________.

→ ______________________________.

14 路上堵车堵得很厉害。

1. 빈칸에 공통으로 들어갈 말을 보기에서 고르세요.

보기

de(的) / de(地) / de(得)

❶ Lùshang dǔ chē dǔ ______ hěn lìhai.

❷ Qiánmian de rén zuò ______ tài gāo le.

❸ Nín néng zuò ______ shāowēi dī yìxiē ma?

2. 보기에서 알맞은 단어를 골라 아래 문장을 완성하세요.

❶ Duìbuqǐ, wǒ lái ______ le.

❷ Wǒmen yuē ______ liù diǎn jiàn miàn.

❸ Diànyǐng piào ne, mǎi ______ le ma?

3. 다음 문장을 우리말로 옮기세요.

❶ 我什么都看不见。 → ______________________________.

❷ 路上堵车堵得很厉害。 → ______________________________.

❸ 你怎么现在才来? → ______________________________?

4. 주어진 단어를 어순에 맞게 배열하세요.

我觉得看中国电影对学习汉语很有帮助。

Hànyǔ / yǒu / kàn / duì / juéde / wǒ / xuéxí

hěn / bāngzhù / Zhōngguó diànyǐng

→ ______________________________.

5. 다음은 '1분 스피치'의 내용입니다. 보기에서 알맞은 단어를 골라 문장을 완성하세요.

보기

yīnwèi / yìdiǎnr / dǔ / zài / yìqǐ / duì / gēn / de

yǒu bāngzhù / yǒuyìsi / jiàn miàn / yuēhǎo

Shàng ge xīngqītiān wǒ ______ Wáng Hóng ______ qù kàn le diànyǐng. Wǒmen ______ xiàwǔ liù diǎn ______ diànyǐngyuàn ménkǒu ______. Wáng Hóng lái ______ wǎn ______, ______ lùshang ______ chē ______ de hěn lìhai.

Wǒmen kàn le Zhōngguó diànyǐng, hěn ______. Wǒ juéde kàn Zhōngguó diànyǐng ______ xuéxí Hànyǔ hěn ______.

15 你哪儿不舒服?

1. 다음은 신체에 관한 말입니다. 병음과 한자를 바르게 연결하세요.

2. 보기와 같은 증상이 있다면 어디가 아픈 걸까요?

보기

bí sāi le / fāshāo

sǎngzi téng / liú bítì

→ ____________

3. 보기에서 알맞은 단어를 골라 아래 문장을 완성하세요.

보기

nǎr bù / yìdiǎnr~yě / huì~de / péi / hǎoxiàng~le / de

❶ Wǒ ________ gǎnmào ______.

❷ Tóu téng ______ hěn.

❸ Hǎohāor xiūxi jiù ______ hǎo ______ .

❹ Nǐ ______________ shūfu?

❺ ______________ jìnr ______ méiyǒu.

❻ Yào bu yào ______ nǐ qù kàn yīshēng?

4. 사다리를 따라 내려가 아래에 있는 문장을 보고 맞으면 ○, 틀리면 ×에 표시하세요.

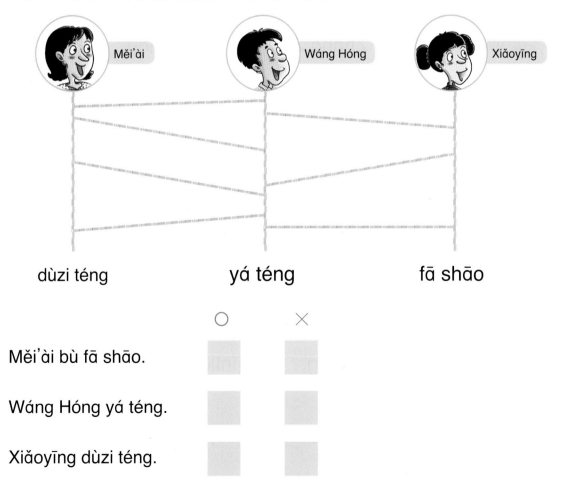

Měi'ài   Wáng Hóng   Xiǎoyīng

dùzi téng   yá téng   fā shāo

	○	×
Měi'ài bù fā shāo.		
Wáng Hóng yá téng.		
Xiǎoyīng dùzi téng.		

16 胖比瘦更好。

1. 보기에서 알맞은 단어를 골라 다음 문장을 완성하세요.

보기

bǐ~gèng / gēn~yíyàng / bǐ~duō le / yuèláiyuè / méiyǒu

❶ Pàng _____ shòu _____ hǎo.

❷ Wǒ zuìjìn _______________ pàng.

❸ _____ yǐqián pàng __________.

❹ Nǐ __________ tā pàng.

❺ Wǒ xiǎng _____ Zhāng Zǐyí __________ shòu.

2. 보기에서 알맞은 단어를 골라 문장을 완성하세요.

보기

cóng / yào / yìdiǎnr dōu / kāishǐ

wèi / wèi le / búyòng / gānbēi

❶ Nǐ ____________________ bú pàng, _________ jiǎnféi la.

❷ _________ dānxīn.

❸ _______ shēntǐ jiànkāng, _____ jīntiān _____ wǒ _____ nǔlì zuò yùndòng.

❹ _____ wǒmen de yǒuyì __________.

3. 다음 문장을 '比'를 이용한 비교문으로 바꿔 보세요.

❶ Huǒchē méiyǒu fēijī kuài.

→ ______________________________.

❷ Yīngyǔ méiyǒu Hànyǔ nán.

→ ______________________________.

4. 'méiyǒu'의 뜻이 다른 하나를 고르세요.

❶ Huǒchē méiyǒu fēijī kuài.

❷ Yīngyǔ méiyǒu Hànyǔ nán.

❸ Xiāngjiāo méiyǒu xīguā hǎochī.

❹ Wǒ méiyǒu dìdi.

5. 보기에서 알맞은 단어를 골라 아래 문장을 완성하세요.

보기

bǐ / duō le / hái / liǎng suì

❶ Běijīng de dōngtiān _____ Shǒu'ěr _____ lěng.

❷ Wǒ jiějie _____ wǒ dà _____.

❸ Tā de Hànyǔ shuǐpíng _____ yǐqián hǎo _____.

1 你好, 王洪!

1. ❶ wǒ 나 我
   ❷ nǐ 너 你
   ❸ tā 그 他
   ❹ tā 그녀 她
   ❺ tā 그것 它
   ❸ ❹ ❺ 순서상관없음
2. ❶ máng 忙
   ❷ gāoxìng 高兴
   ❸ lèi 累
   ❹ è 饿
   ❺ hǎo 好
3. hěn máng / bù máng / máng ma? / máng ··············bu máng?
   hěn è / bú è / è ma? / è bu è?
   hěn lèi / bú lèi / lèi ma? / lèi bu lèi?
4. ❶ Hǎo jiǔ bú jiàn 好久不见
   ❷ Xièxie 谢谢
   ❸ Nǐ hǎo 你好
   ❹ Zài jiàn 再见
5. hǎo / zěnmeyàng / máng / yě / hěn / hěn / lèi / xīwàng
6. ❶ ma
   ❷ hěn
   ❸ ne
   ❹ yě

2 你叫什么名字?

1. ❶ Nǐ jiào shénme míngzi?
   당신의 이름은 무엇입니까?
   ❷ Qǐngwèn, nín guì xìng?
   성함이 어떻게 되세요?
   ❸ Hěn gāoxìng rènshi nǐ. 만나서 반가워요.
   ❹ Nǐ shì Hánguórén ma?
   당신은 한국인인가요?
2. ❶ nǎ 어느 哪
   ❷ zhèr 여기 这儿
   ❸ nàr 저기 那儿
   ❹ zhè 이 这
   ❺ nǎr 어디 哪儿
   ❻ nà 저 那
3. ❹
4. ❶ Wǒ shì __________.
   ❷ Wǒ xìng _____, jiào __________.
   ❸ Bú shì. Wǒ shì __________.
5. jiào / shì / zài / de / de / yě / hé / de / hěn

3 你家有几口人?

1. ❶ gēge 哥哥 형(오빠)
   ❷ dìdi 弟弟 남동생
   ❸ mèimei 妹妹 여동생
   ❹ bàba 爸爸 아빠

⑤ māma 妈妈 엄마

⑥ jiějie 姐姐 언니(누나)

2. ❶ kǒu

❷ hé

❸ duō

3. ❶ Nǐ jiā yǒu jǐ kǒu rén? 당신은 식구가 몇입니까?

❷ Nǐ jīnnián duō dà le? 당신은 올해 몇 살입니까?

4. ❶ yǒuméiyǒu

❷ méiyǒu

❸ yǒu

5. ❶ 你今年多大了?

❷ 你今年多大年纪了?

❸ 你今年几岁了?

6. ❶ Èr shí wǔ suì le.

❷ Wǒ méiyǒu gēge.

❸ Wǒ jiā yǒu sān kǒu rén.

4 喂, 请问小瑛在吗?

1. Dǎ diànhuà / 打电话

전화를 받다 / 接电话

전화를 끊다 / Guà diànhuà

누구십니까? / 您是哪位?

Qǐng shāo děng

통화중입니다

Méi rén jiē / 没人接

메모를 남기세요 / Qǐng liú yán

팩스를 보내다 / 发传真

打错了

2. ❶ Tā bú zài.

❷ Hǎo de.

❸ Wǒ de shǒujī hàomǎ shì ______.

3. líng èr sān yāo sì èr èr wǔ èr líng

4. ❶ Duìbuqǐ, qǐng zài shuō yí biàn, hǎo ma? 미안하지만, 다시 한번 말씀해주시겠어요?

❷ Wǒ gěi tā dǎ le diànhuà.

나는 그(그녀)에게 전화를 했다.

5. gěi / dǎ / shuō / bú zài / duì / shuō / qǐng / gěi / dǎ / gàosu

5 你买了什么?

1. ❶ shuō 说 말하다

❷ zuò 做 하다

❸ chī 吃 먹다

❹ hē 喝 마시다

❺ tīng 听 듣다

❻ mǎi 买 사다

2. Wǒ qù gōngyuán zuò yùndòng

Wǒ qù chāoshì mǎi shuǐguǒ

Wǒ qù yínháng huàn qián

3. ❶ tài~le

❷ hái méi~guo

❸ le

❹ dào~lái

4. ❶ kuài 块
   ❷ máo 毛
   ❸ yuán 元
   ❹ jiǎo 角
   ❺ fēn 分
5. qù/ mǎi/ shénmede/ qǐng/ dào/ lái/ dǎsuan/ yīnwèi/ hái méi/ guo/ de

6 现在几点?

1. ❸
2. ❶
3. ❹
4. ❶ zǎoshang → shàngwǔ → zhōngwǔ → xiàwǔ → wǎnshang
   ❷ qiántiān → zuótiān → jīntiān → míngtiān → hòutiān
5. ❶
6. ❶
7. ❶ diǎn 시 点
   ❷ fēn 분 分
   ❸ kè 15분 刻
   ❹ chà ~전 差

7 你会打网球吗?

1. ❶ huì
   ❷ dǎ
   ❸ duì
   ❹ tī
2. ❸
3. ❶ huì
   ❷ dǎ
   ❸ duì / gǎn
5. ❶ zú
   ❷ lán
   ❸ bàng
   ❹ pīngpāng
   ❺ gāo'ěrfū
6. ❶ Xià cì wǒmen yìqǐ qù kàn diànyǐng ba.
   ❷ Wǒ duì Zhōngguó diànyǐng hěn gǎn xìngqù.
   ❸ Nǐ píngshí xǐhuan zuò shénme?

8 能不能便宜一点儿?

1. ❶ hóngsè 红色
   ❷ huángsè 黄色
   ❸ lǜsè 绿色
   ❹ lánsè 蓝色
   ❺ hēisè 黑色
   ❻ báisè 白色
2. ❶ yǒudiǎnr
   ❷ yǒudiǎnr
   ❸ yìdiǎnr
   ❹ yìdiǎnr

3. ❹
4. ❶ ge 个 명
   ❷ jiàn 件 벌
   ❸ zhāng 张 장
   ❹ běn 本 권
   ❺ bēi 杯 잔
   ❻ shuāng 双 켤레
5. ❶ Wǒ xiǎng mǎi yì tiáo báisè de kùzi.
   ❷ gěi nǐ dǎ bā zhé.
   ❸ zhè tiáo kùzi duōshao qián?

9 你们要点什么?

1. ❶
2. (1) yào (2) lái (3) diǎn
3. ❷ – ❹ – ❺ – ❶ – ❻ – ❸
4. ❹
5. ❶ suān 시다
   ❷ tián 달다
   ❸ là 맵다

10 请问, 去王府井怎么走?

1. ❶ zài
   ❷ lí
   ❸ cóng
   ❹ wǎng
2. ❶ zài
   ❷ lí
   ❸ lù
   ❹ cóng ~ dào
3. ❶ yuǎn bu yuǎn
   ❷ duōcháng shíjiān
   ❸ nǎr
4. ❶ duōcháng shíjiān
   ❷ shénme shíhou
5. ❶ 请问, 去王府井怎么走?
   실례지만, 왕푸징은 어떻게 갑니까?
   ❷ 从这儿往前走。
   여기서 앞으로 가세요.

11 下个星期就要暑假了。

1. (1) háishi
   (2) jiùyào ~ le
   (3) yòu ~ yòu
   (4) yǐjing
2. ❶ 祝你生日快乐!
   ❷ 祝你一路平安!
   ❸ 祝你新年快乐!
   ❹ 祝你身体健康!
3. ❶ 하늘에는 천당이 있고, 땅에는 소주와 항주가 있다.
   ❷ 사랑하는 사람 눈에 서시가 나타난다.
4. jiùyào / le / dǎsuan / háishi / yòu / yòu / suǒyǐ / cóng / dào / liǎng ge xiǎoshí / gěi / dài / xīwàng

12 麻烦你帮我一件事，可以吗?

1. ❶ wèishēngjiān 卫生间
   ❷ xǐshǒujiān 洗手间
   ❸ cèsuǒ 厕所
2. ❶ Wǒ qǐng kè. 제가 한턱 쏘죠.
   ❷ Nǐ xiǎng chī shénme jiù chī shénme.
   먹고 싶은 거 있으면 드세요.
   ❸ Nà hái yòng shuō. 두말하면 잔소리죠.
   ❹ Méi shìr. 괜찮아요.
   ❺ Bùzhīdào zěnme gǎnxiè nǐ cái hǎo.
   어떻게 감사를 드려야 좋을지 모르겠어요.
3. ❶ xiǎng
   ❷ jiù
4. ❶ máfan / bāng
   ❷ zěnme / cái
   ❸ qǐng kè
   ❹ là de
5. (1) ba
   (2) kěyǐ
6. Wǒ yào yòng Zhōngwén xiě diànzǐyóujiàn.

13 明天天气怎么样?

1. ❶ chūntiān — 春天 — nuǎnhuo — 暖和
   ❷ xiàtiān — 夏天 — rè — 热
   ❸ qiūtiān — 秋天 — liángkuai — 凉快
   ❹ dōngtiān — 冬天 — lěng — 冷
2. ❶ qíng 맑다 晴
   ❷ yīn 흐리다 阴
   ❸ xià yǔ 비가 오다 下雨
   ❹ xià xuě 눈이 오다 下雪
   ❺ guā fēng 바람이 불다 刮风
3. ❶ Míngtiān tiānqì zěnmeyàng?
   내일 날씨는 어떻습니까?
   ❷ Bú jiàn bú sàn. 만날 때까지 기다리다.
4. ❶ Běijīng
   ❷ Shànghǎi
   ❸ Xī'ān
   ❹ Xiānggǎng
5. ❶ bù / yě / bú
   ❷ kànqǐlái / hǎoxiàng
6. Míngtiān xiàwǔ sān diǎn zài gōngsī wǎngqiúchǎng, bú jiàn bú sàn.
   내일 오후 세 시 회사 테니스 코트에서 올 때까지 기다릴게요.

14 路上堵车堵得很厉害。

1. de (得)
2. ❶ wǎn
   ❷ hǎo
   ❸ dào
3. ❶ 아무 것도 보이지 않아요.
   ❷ 도중에 차가 너무 막혔어요.
   ❸ 너는 왜 지금에서야 오니?

4. Wǒ juéde kàn Zhōngguó diànyǐng duì xuéxí Hànyǔ hěn yǒu bāngzhù.
5. gēn / yìqǐ / yuēhǎo / zài / jiàn miàn / de / yìdiǎnr / yīnwèi / dǔ / dǔ / yǒuyìsi / duì / yǒu bāngzhù

15 你哪儿不舒服?

1. ❶ zuǐ 嘴
   ❷ shǒu 手
   ❸ tóu 头
   ❹ ěrduo 耳朵
   ❺ liǎn 脸
   ❻ jiǎo 脚
   ❼ yǎnjing 眼睛
   ❽ bízi 鼻子
2. gǎnmào 感冒
3. ❶ hǎoxiàng~le
   ❷ de
   ❸ huì~de
   ❹ nǎr bù
   ❺ yìdiǎnr~yě
   ❻ péi
4. ❶ ×
   ❷ ○
   ❸ ○

16 胖比瘦更好。

1. ❶ bǐ / gèng
   ❷ yuèláiyuè
   ❸ bǐ / duō le
   ❹ méiyǒu
   ❺ gēn / yíyàng
2. ❶ yìdiǎnr dōu / búyòng
   ❷ búyòng
   ❸ wèi le / cóng / kāishǐ / yào
   ❹ wèi / gānbēi
3. ❶ Fēijī bǐ huǒchē kuài.
   ❷ Hànyǔ bǐ Yīngyǔ nán.
4. ❹
5. ❶ bǐ / hái
   ❷ bǐ / liǎng suì
   ❸ bǐ / duō le

New
롱이롱이
중국어첫걸음
단어워크북

저자 : 조일신
발행인 : 이기선
발행처 : 제이플러스
서울시 마포구 월드컵로 31길 62
전화 : 영업부 02-332-8320 / 편집부 02-3142-2520
팩스 : 02-332-8321
홈페이지 : www.jplus114.com
등록번호 : 제10-1680호
등록일자 : 1998년 12월 9일

비매품

New 롱이롱이 중국어첫걸음 간체자쓰기

1. 간체자란?

혹시 중국에서 사용하고 있는 한자를 보신 적 있나요? 현재 중국에서 사용하는 한자는 우리가 쓰는 한자와 다릅니다. 우리가 쓰는 한자를 번체자라고 하고 중국에서 쓰는 한자를 간체자라고 합니다. 간체자는 말 그대로 한자의 필획을 간단하게 줄인 것으로 현재 중국의 정식 문자입니다. 하지만 간체자가 사용된 것은 중화인민공화국 수립 이후이니 간체자 사용의 역사는 그리 오래 되지 않았습니다. 전통 문화의 보존이란 측면에서 여전히 번체자의 사용을 주장하는 이들도 있지만 간체자 사용으로 한자 쓰는 시간을 단축시켰고, 교육의 대중화에 어느 정도 기여하였다는 긍정적인 평가를 받고 있습니다. 여기에서는《롱이 롱이 중국어 첫걸음》에 나오는 자주 쓰는 간체자 128자를 연습할 수 있게 구성하였습니다. 한자 쓰기가 중국어 공부의 또 다른 즐거움이 될 수 있기를 바랍니다.

2. 한자 간화의 여덟 가지 원칙

'술이부작(述而不作)'이란 말 혹시 들어보신 적 있으세요? '술이부작'은《논어·술이》편에 나오는 말로, 선인의 학설이나 이론을 말할 뿐 자기의 생각을 더해 새로 창작하지 않는다는 뜻입니다. 1952년 중국문자개혁연구위원회에서는 바로 이 '술이부작'을 한자 간화의 원칙으로 삼았습니다. 즉 이미 오랫동안 사용되어온 속자(俗字)나 필획이 간단한 이체자(異體字)로 대신하고 새로운 글자를 만들지 않았다는 말입니다. 아래에 소개한 여덟 가지 간화 원칙을 보면 '술이부작'의 정신이 그대로 드러납니다.

하나, 필획이 적은 옛날 글자를 그대로 사용합니다.

雲 ➡ 云

둘, 해서체를 초서화합니다.

東 ➡ 东

셋, 필획을 줄입니다.

魚 ➡ 鱼

넷, 글자의 일부분을 간단한 부호로 바꿉니다.

觀 ➡ 观

다섯, 글자의 일부분만을 취합니다.

聲 ➡ 声

여섯, 음이 같은 다른 글자로 대체합니다.

裏 ➡ 里

일곱, 편방을 간단한 성부로 바꿉니다.

鍾 ➡ 钟

여덟, 회의문자를 새로 만듭니다.

淚 ➡ 泪

3. 한자 쓰기의 기본 원칙-필순

한자를 쓰는 데는 일정한 순서가 있습니다. 그것을 필순이라고 하는데, 필순에 맞게 쓰면 글자도 예쁘게 쓸 수 있고 글자 쓰는 시간도 줄일 수 있습니다. 아래에는 한자 쓰기 기본 원칙 아홉 가지를 적어 두었습니다. 이것을 잘 기억하여 필순에 맞게 한자 쓰는 연습을 해 보세요.

하나, 위에서 아래로 씁니다.

工 ➡ 工 工 工

둘, 왼쪽에서 오른쪽으로 씁니다.

川 ➡ 川 川 川

셋, 가로획과 세로획이 교차될 때는 가로획을 먼저 씁니다.

十 ➡ 十 十

넷, 좌우 대칭일 때는 가운데, 좌, 우 순으로 씁니다.

小 ➡ 小 小 小

다섯, 둘러싸는 획과 안에 들어가는 획이 있을 때는 둘러싸는 획을 먼저 씁니다.

因 ➡ 因 因 因 因 因 因

여섯, 상하로 꿰뚫는 세로획은 나중에 씁니다.

中 ➡ 中 中 中 中

일곱, 좌우로 꿰뚫는 가로획은 나중에 씁니다.

舟 ➡ 舟 舟 舟 舟 舟 舟

여덟, 오른쪽 위의 점은 맨 나중에 씁니다.

我 ➡ 我 我 我 我 我 我 我

아홉, 책받침은 나중에 씁니다.

这 ➡ 这 这 这 这 这 这 这

4. 한자의 기본 필획

한자는 '점'과 '선'으로 이루어져 있는데 이 점과 선을 필획이라고 합니다. 한자에는 여덟 가지 기본 필획이 있는데 그 모양과 명칭은 아래와 같습니다. 한자에서 필획이 왜 중요할까요? 하나의 글자는 결국 한 개 이상의 필획이 모여서 이루어진 것이기 때문에 각 획의 이름과 쓰는 방법을 정확하게 알면 한자 쓰는 게 훨씬 즐거울 것입니다.

모양	명칭	한자 속의 기본 필획	연습하기		
㇏	점 [diǎn 点]	六	六	六	六

획	설명	예			
㇐	한자의 가로획 [héng 横]	一	一	一	一
㇑	세로로 곧게 내린 획 [shù 竖]	十	十	十	十
㇒	왼쪽 삐침 [piě 撇]	人	人	人	人
㇏	오른쪽 삐침 [nà 捺]	人	人	人	人
㇀	좌에서 우로 비껴 올라간 획 [tí 提]	打	打	打	打
㇁	갈고리 모양의 획 [gōu 钩]	水	水	水	水
㇕	꺾는 획 [zhé 折]	口	口	口	口

5. 자주 쓰는 부수의 간체화

한자에서 부수는 아주 중요합니다. 부수만 보고도 글자의 대략적인 뜻을 유추할 수 있기 때문입니다. 한자를 간화 하는 과정에서 부수의 간화도 큰 몫을 차지합니다. 아래에는 자주 쓰는 부수의 간화된 형태를 소개해 두었습니다.

간화 되기 전 ➡ 간화 된 후	뜻	예
言 ➡ 讠	말씀 (언)	话 huà 말, 이야기
人 ➡ 亻	사람 (인)	他 tā 그, 그 사람
刀 ➡ 刂	칼 (도)	剑 jiàn 칼

水 ➡ 氵	물 ㉠수	江 jiāng 강
手 ➡ 扌	손 (수)	打 dǎ 때리다, 치다
心 ➡ 忄	마음 (심)	忙 máng 바쁘다
食 ➡ 饣	먹을 (식)	饭 fàn 밥
門 ➡ 门	문 (문)	问 wèn 묻다
絲 ➡ 纟	실 (사)	给 gěi 주다, ~에게
車 ➡ 车	수레 (거)	车 chē 차
火 ➡ 灬	불 (화)	热 rè 덥다
示 ➡ 礻	보일 (시)	视 shì 보다
貝 ➡ 贝	조개 (패)	财 cái 재물
金 ➡ 钅	쇠 (금)	钱 qián 돈
鳥 ➡ 鸟	새 (조)	鸟 niǎo 새
足 ➡ 𧾷	발 (족)	踢 tī 차다, 발길질하다
齒 ➡ 齿	이 (치)	齿 chǐ 이

간체자 쓰기연습장

각 과의 핵심 단어를 여덟 개씩 뽑아 모두 128자의 간체자를 수록하였습니다. 간체자의 병음, 뜻, 필순은 물론이고 번체자의 독음과 훈도 같이 달았습니다. 한자의 여덟 가지 기본 필획을 충분히 연습할 수 있게 구성하였기 때문에 간체자 쓰기의 기초를 확실히 다질 수 있을 것입니다.

01 你好, 王洪!

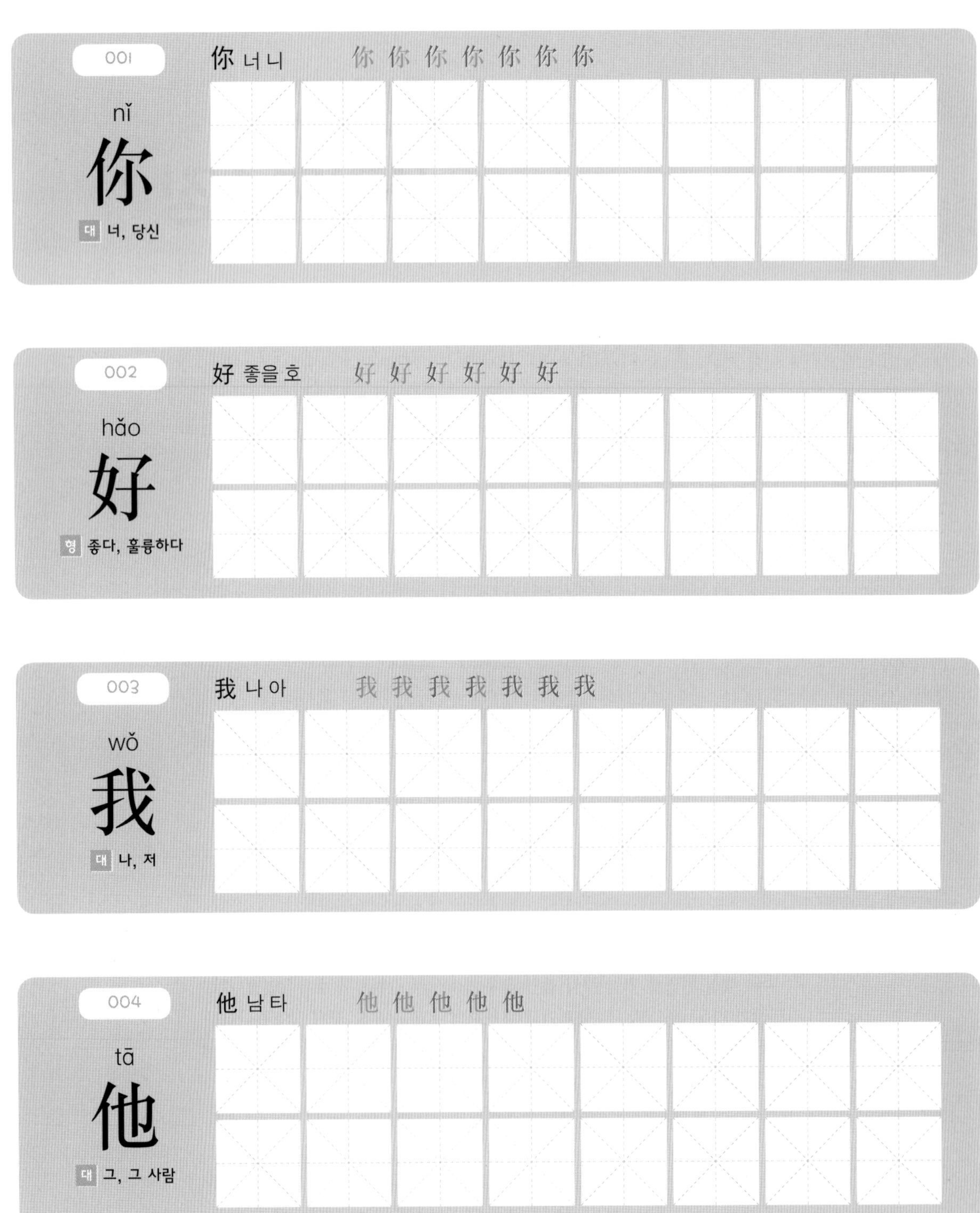

001
你 너 니　你 你 你 你 你 你 你

nǐ
你
대 너, 당신

002
好 좋을 호　好 好 好 好 好 好

hǎo
好
형 좋다, 훌륭하다

003
我 나 아　我 我 我 我 我 我 我

wǒ
我
대 나, 저

004
他 남 타　他 他 他 他 他

tā
他
대 그, 그 사람

★ 이 칸에는 과제목을 연습해 보세요.

005

men

们

접미 ~들
(사람을 지칭하는 명사나 대명사 뒤에 쓰여 복수를 나타냄)

們 들 문　们 们 们 们 们

006

hěn

很

부 매우, 아주

很 패려궂을 흔　很 很 很 很 很 很 很 很 很

007

zài

再

부 재차, 다시

再 두 번 재　再 再 再 再 再 再

008

jiàn

见

동 보다, 만나다

見 볼 견　见 见 见 见

02 你叫什么名字?

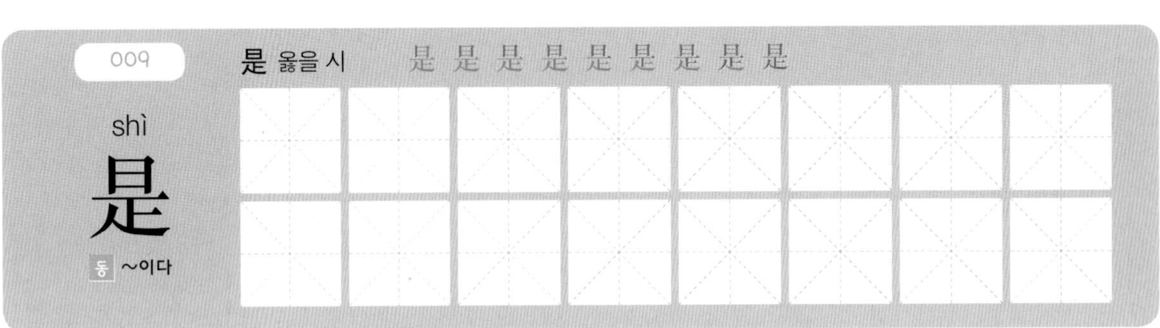
009
shì
是
동 ~이다
是 옳을 시
是 是 是 是 是 是 是 是 是

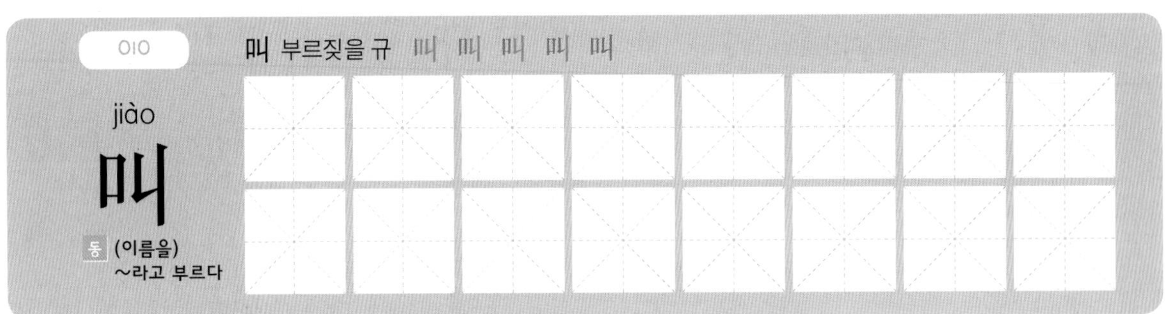
010
jiào
叫
동 (이름을) ~라고 부르다
叫 부르짖을 규
叫 叫 叫 叫 叫

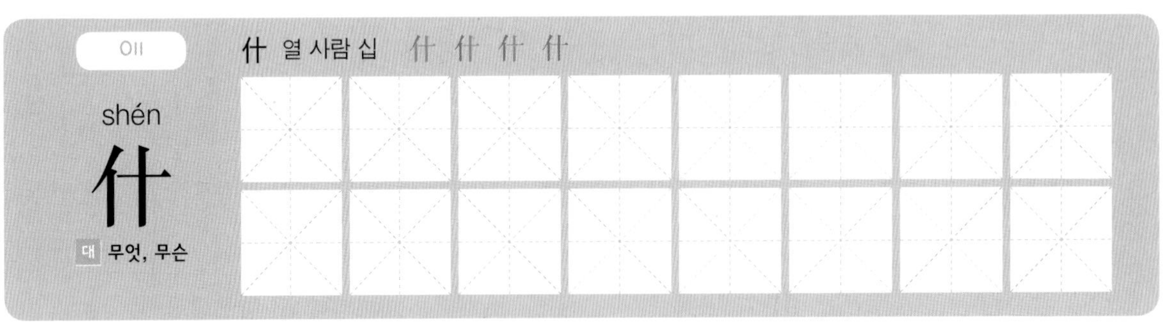
011
shén
什
대 무엇, 무슨
什 열 사람 십
什 什 什 什

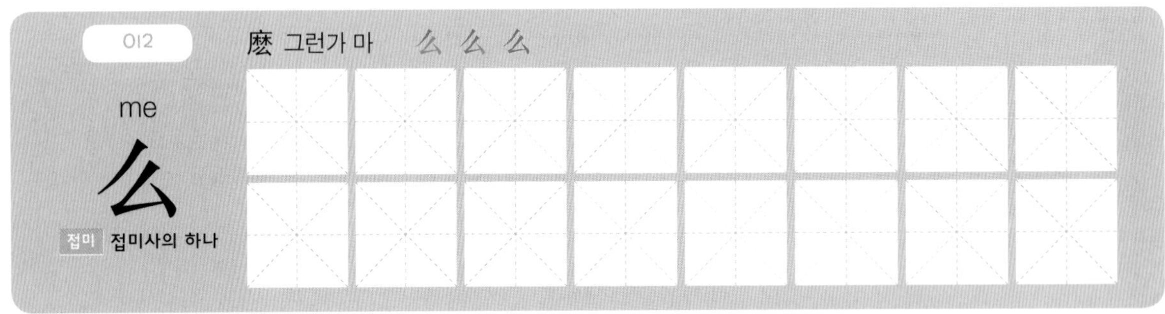
012
me
么
접미 접미사의 하나
麽 그런가 마
么 么 么

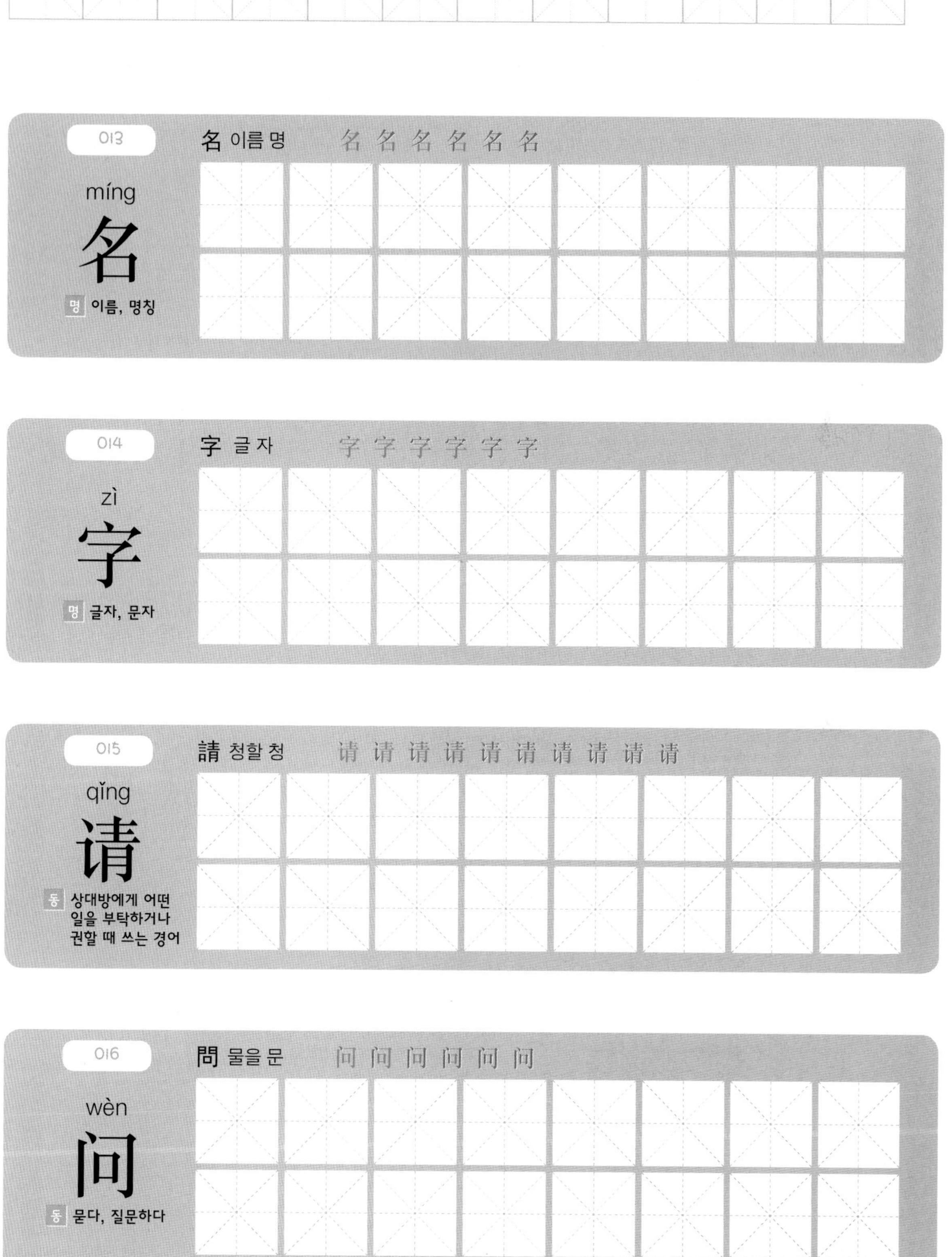

013

míng

名

명 이름, 명칭

名 이름 명 名 名 名 名 名 名

014

zì

字

명 글자, 문자

字 글 자 字 字 字 字 字 字

015

qǐng

请

동 상대방에게 어떤 일을 부탁하거나 권할 때 쓰는 경어

請 청할 청 请 请 请 请 请 请 请 请 请 请

016

wèn

问

동 묻다, 질문하다

問 물을 문 问 问 问 问 问 问

03 你家有几口人?

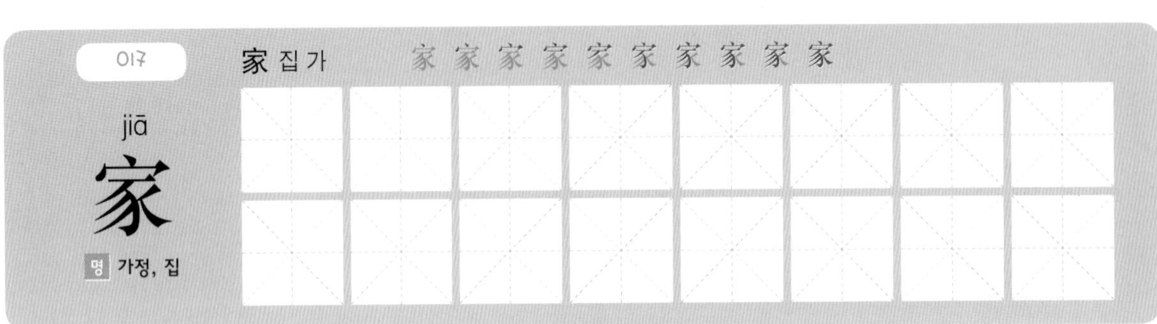

017
家 집 가
家 家 家 家 家 家 家 家 家 家
jiā
家
명 가정, 집

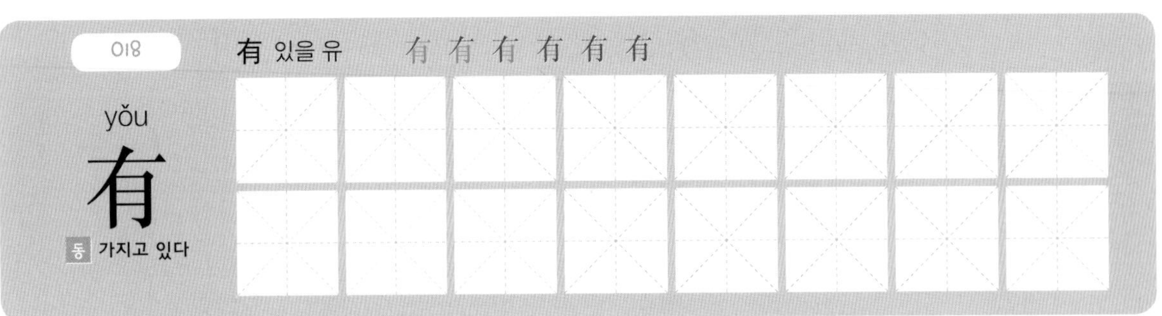

018
有 있을 유
有 有 有 有 有 有
yǒu
有
동 가지고 있다

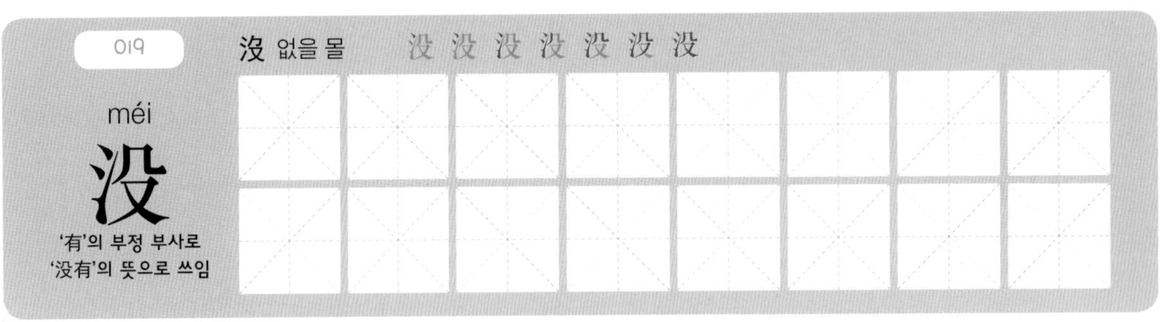

019
沒 없을 몰
没 没 没 没 没 没 没
méi
没
'有'의 부정 부사로
'没有'의 뜻으로 쓰임

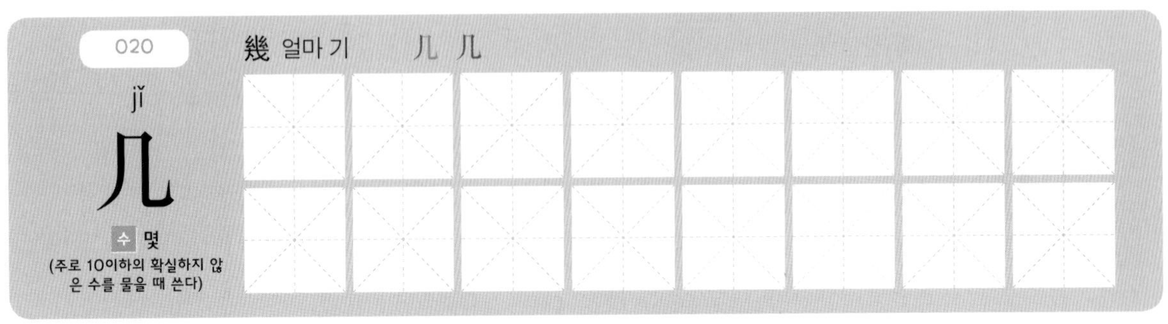

020
幾 얼마 기
几 几
jǐ
几
수 몇
(주로 10이하의 확실하지 않은 수를 물을 때 쓴다)

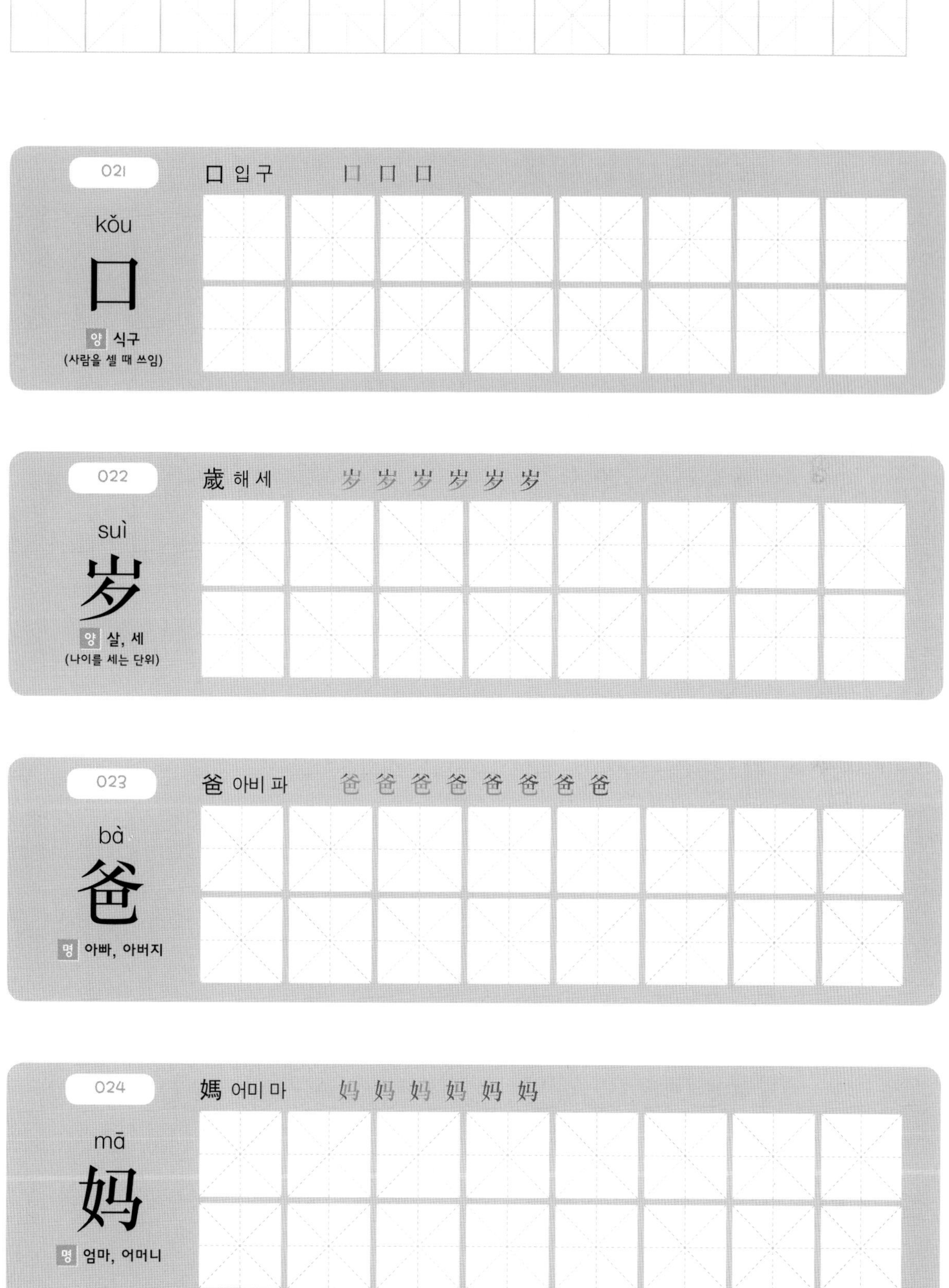
021
口 입구
kǒu
口
양 식구
(사람을 셀 때 쓰임)
022
歲 해 세
suì
岁
양 살, 세
(나이를 세는 단위)
023
爸 아비 파
bà
爸
명 아빠, 아버지
024
媽 어미 마
mā
妈
명 엄마, 어머니

04 喂, 请问小瑛在吗?

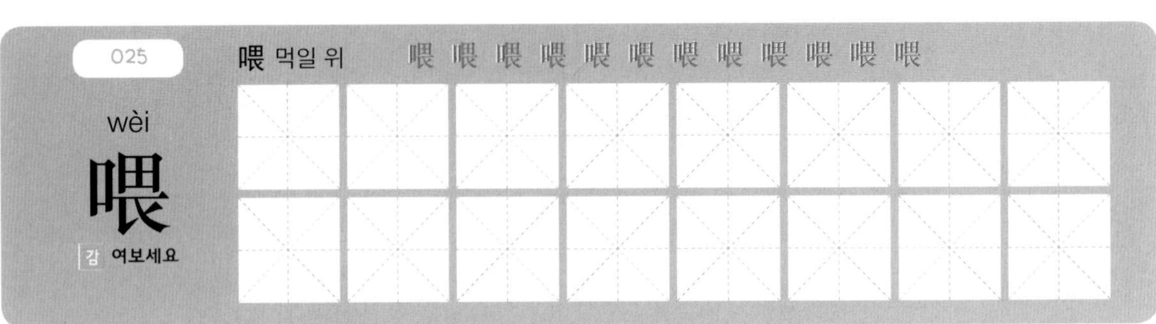

025
wèi
喂
감 여보세요
喂 먹일 위

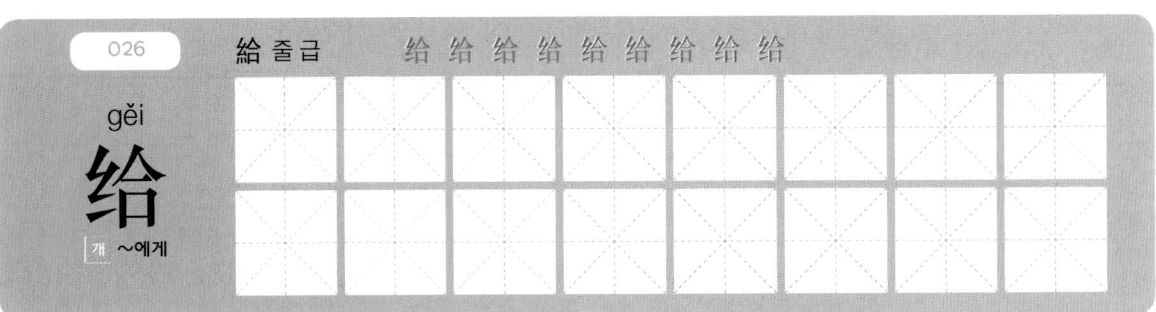

026
gěi
给
개 ~에게
給 줄 급

027
dǎ
打
동 (전화를) 걸다
打 칠 타

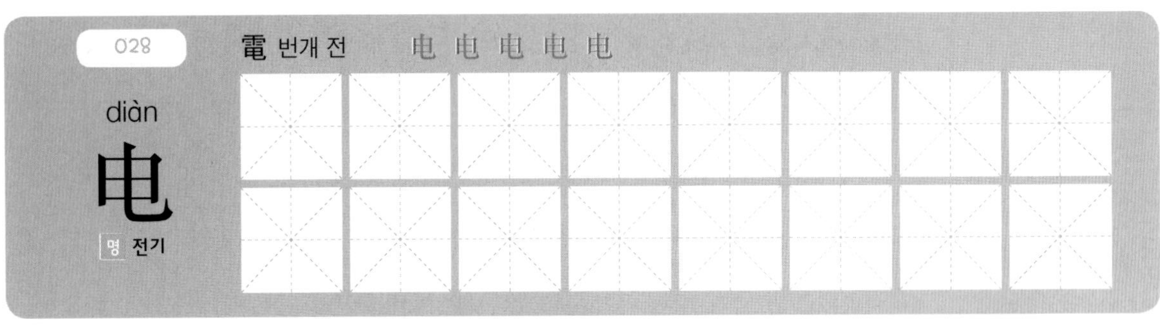

028
diàn
电
명 전기
電 번개 전

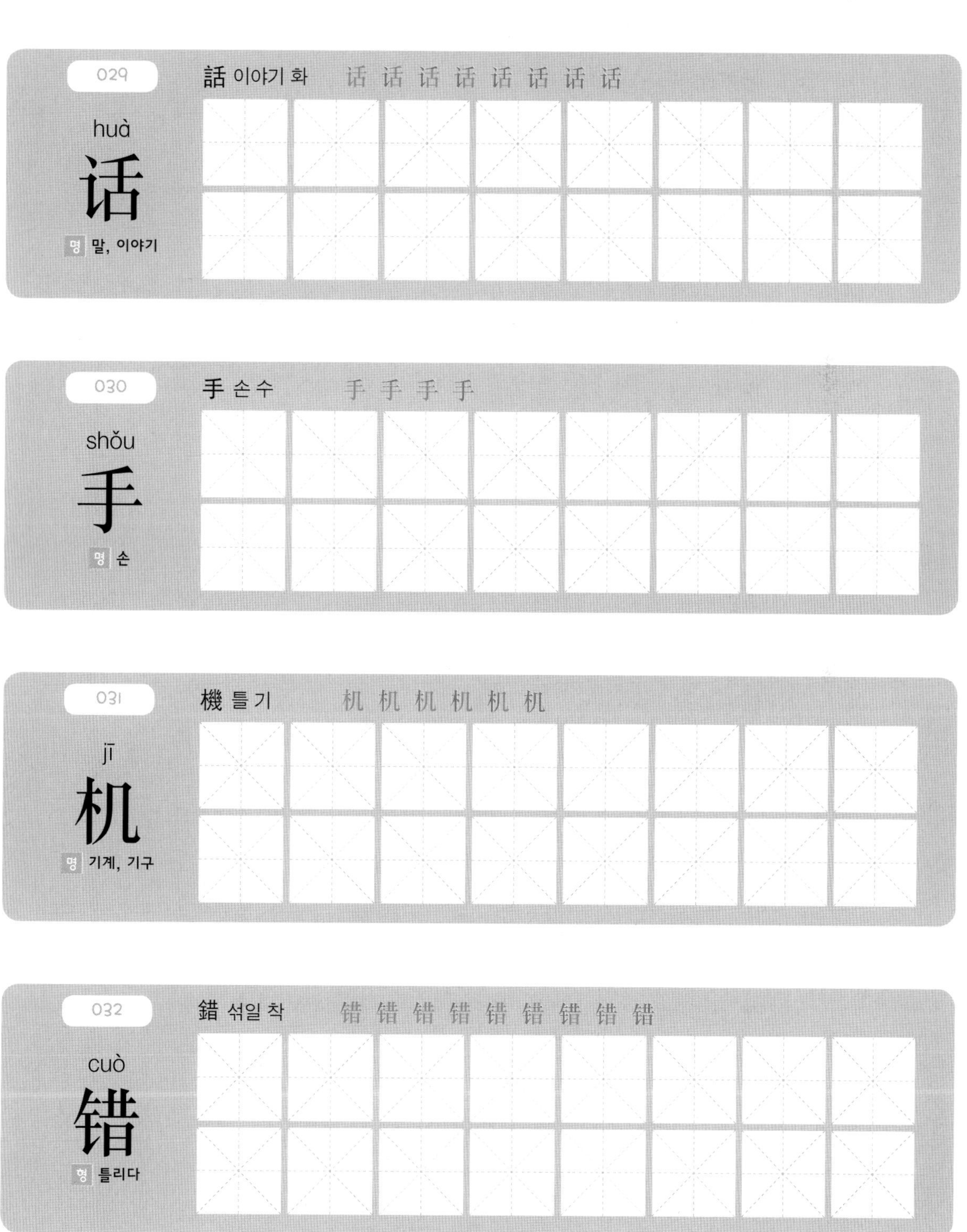

029
huà
话
명 말, 이야기
話 이야기 화
话 话 话 话 话 话 话 话
030
shǒu
手
명 손
手 손 수
手 手 手 手
031
jī
机
명 기계, 기구
機 틀 기
机 机 机 机 机 机
032
cuò
错
형 틀리다
錯 섞일 착
错 错 错 错 错 错 错 错 错

05 你买了什么?

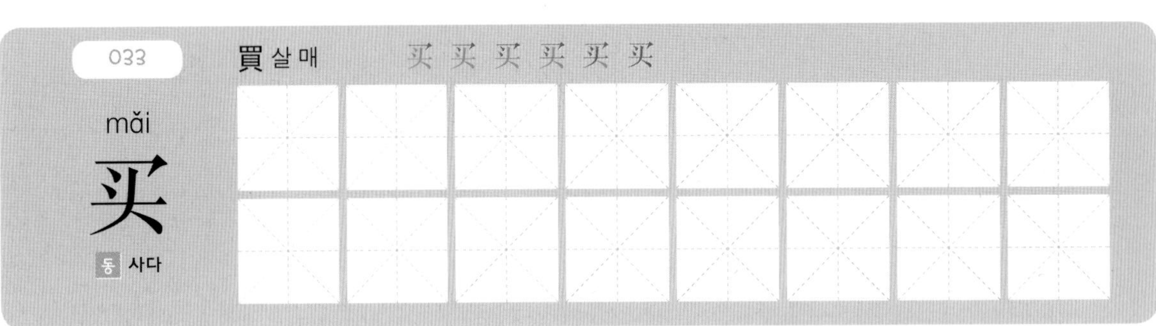

033
mǎi
买
동 사다
買 살 매
买 买 买 买 买 买

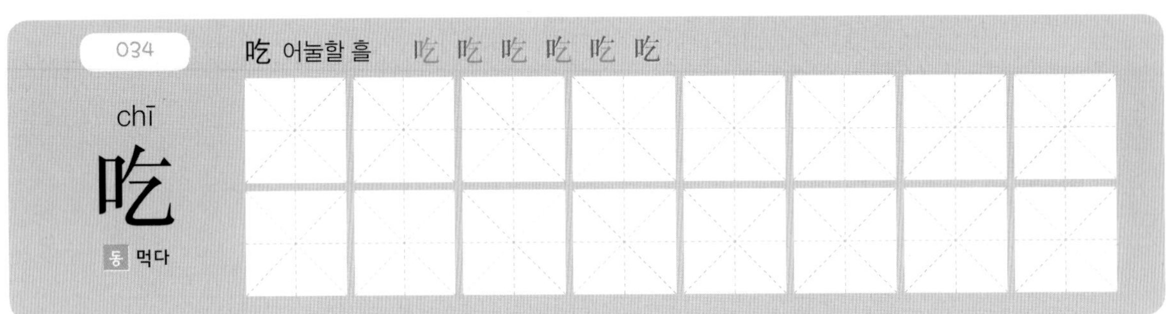

034
chī
吃
동 먹다
吃 어눌할 흘
吃 吃 吃 吃 吃 吃

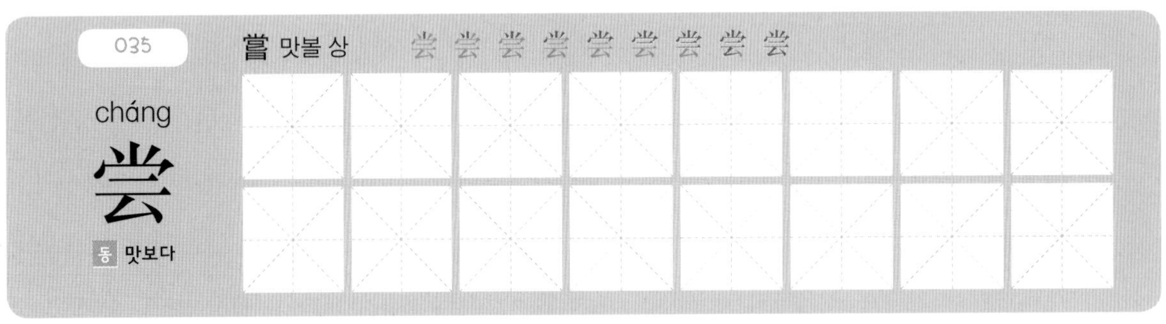

035
cháng
尝
동 맛보다
嘗 맛볼 상
尝 尝 尝 尝 尝 尝 尝 尝 尝

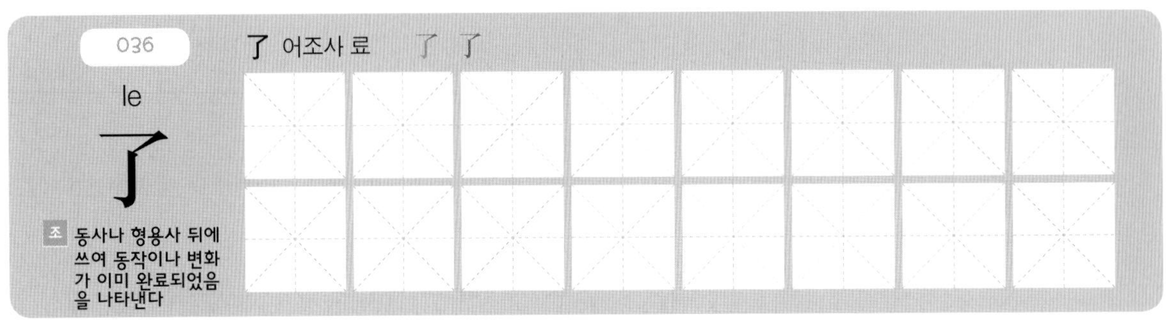

036
le
了
조 동사나 형용사 뒤에 쓰여 동작이나 변화가 이미 완료되었음을 나타낸다
了 어조사 료
了 了

037
過 지날 과 过 过 过 过 过 过
guo
过
조 동사 뒤에 놓여 과거의 경험을 나타낸다

038
哪 어찌 나 哪 哪 哪 哪 哪 哪 哪 哪 哪 哪
nǎ
哪
대 어느, 어떤

039
兒 아이 아 儿 儿
ér
儿
접미 단음절 명사 뒤에 붙어 하나의 단어로 만듦

040
塊 흙덩이 괴 块 块 块 块 块 块 块
kuài
块
양 중국의 화폐 단위

06 现在几点?

041
xiàn
现
명 현재, 지금
現 지금 현
现 现 现 现 现 现 现 现
042
zài
在
동 존재하다, ~에 있다
在 있을 재
在 在 在 在 在 在
043
diǎn
点
명 시
點 점 점
点 点 点 点 点 点 点 点 点
044
fēn
分
양 (시간의) 분
分 나눌 분
分 分 分 分

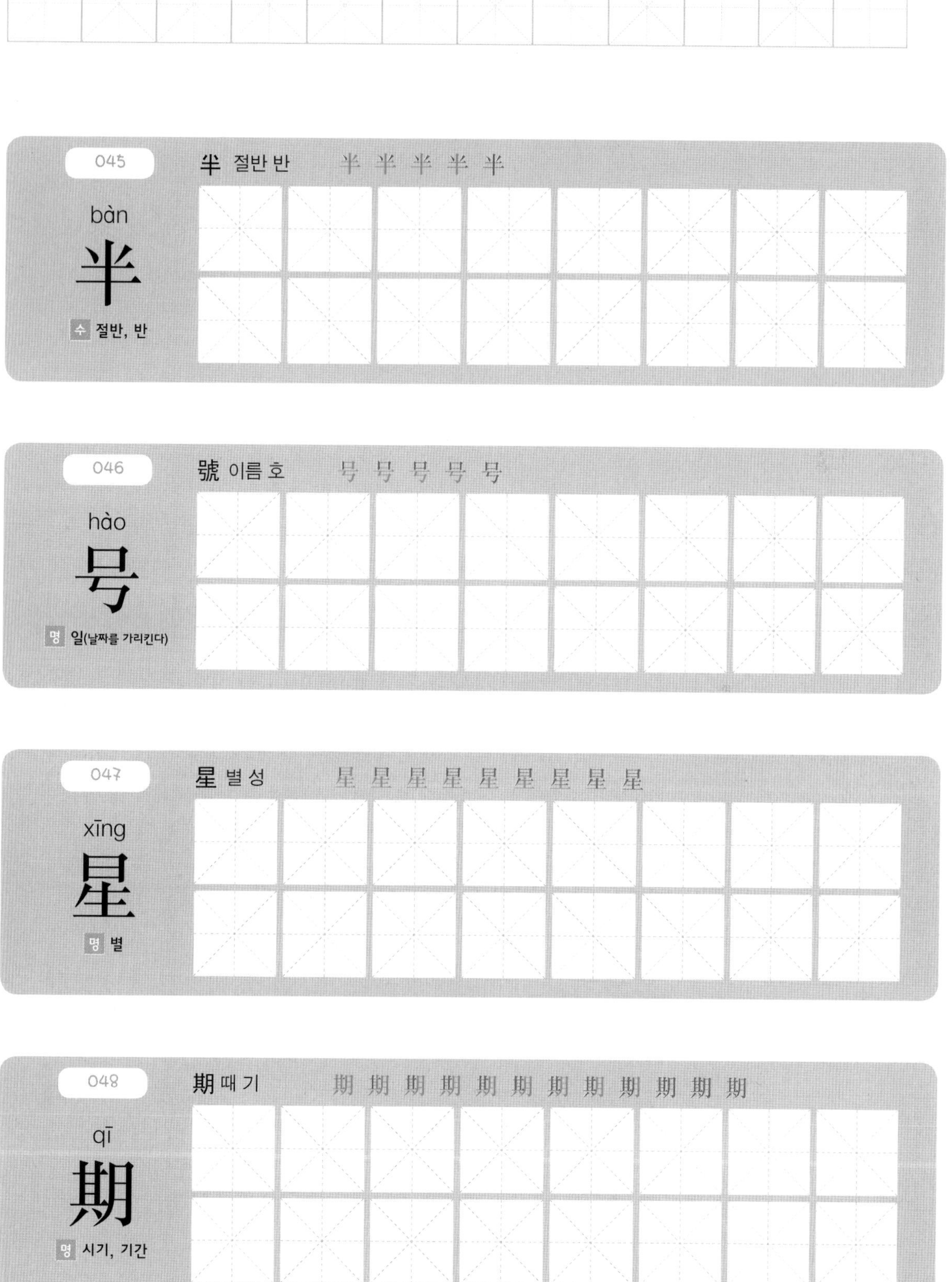

045
半 절반 반
半 半 半 半 半
bàn
半
수 절반, 반
046
號 이름 호
号 号 号 号 号
hào
号
명 일(날짜를 가리킨다)
047
星 별 성
星 星 星 星 星 星 星 星 星
xīng
星
명 별
048
期 때 기
期 期 期 期 期 期 期 期 期 期 期 期
qī
期
명 시기, 기간

07 你会打网球吗?

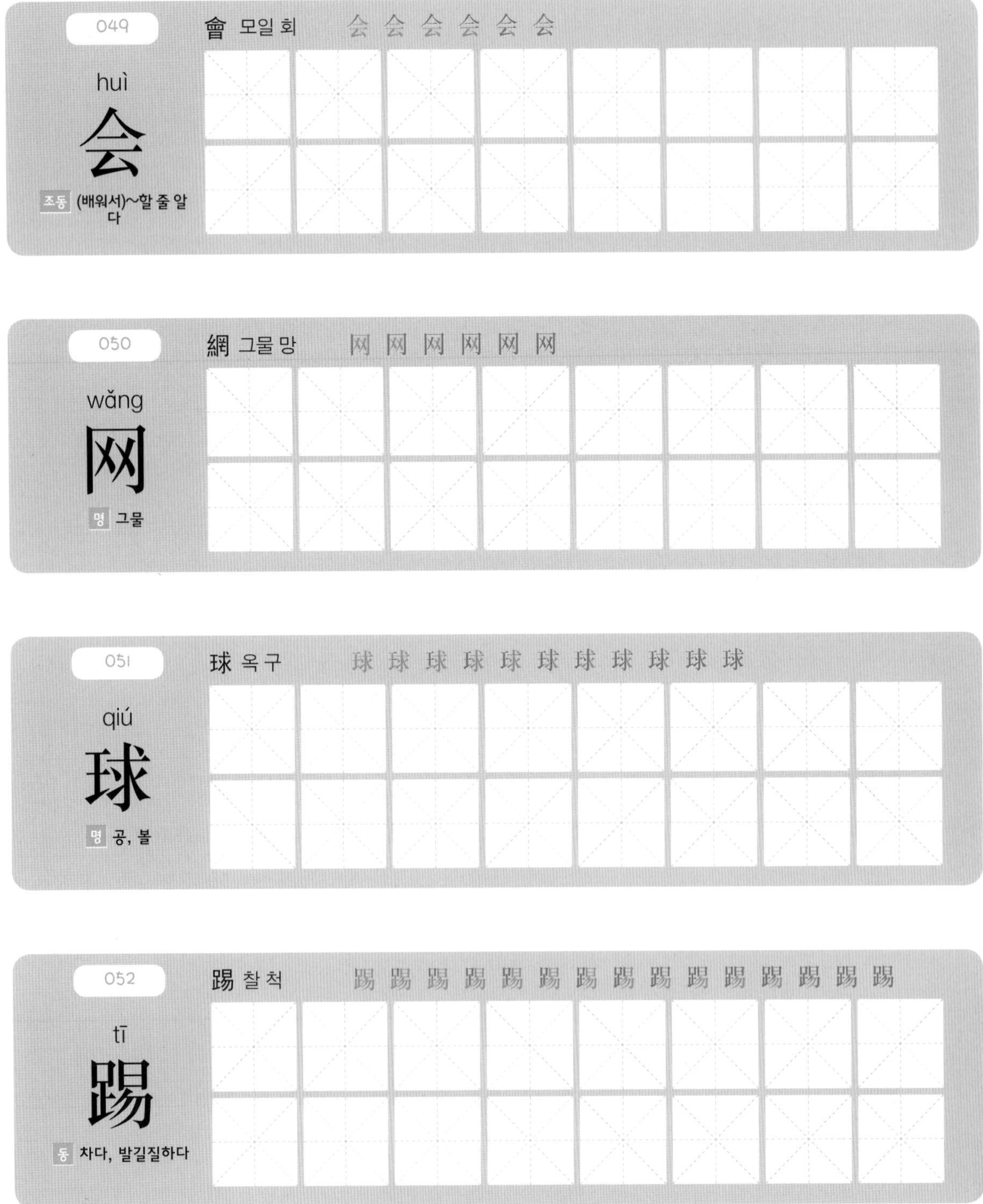

049
huì
会
조동 (배워서)~할 줄 알다
會 모일 회
会 会 会 会 会 会
050
wǎng
网
명 그물
網 그물 망
网 网 网 网 网 网
051
qiú
球
명 공, 볼
球 옥 구
球 球 球 球 球 球 球 球 球 球 球
052
tī
踢
동 차다, 발길질하다
踢 찰 척
踢 踢 踢 踢 踢 踢 踢 踢 踢 踢 踢 踢 踢 踢 踢

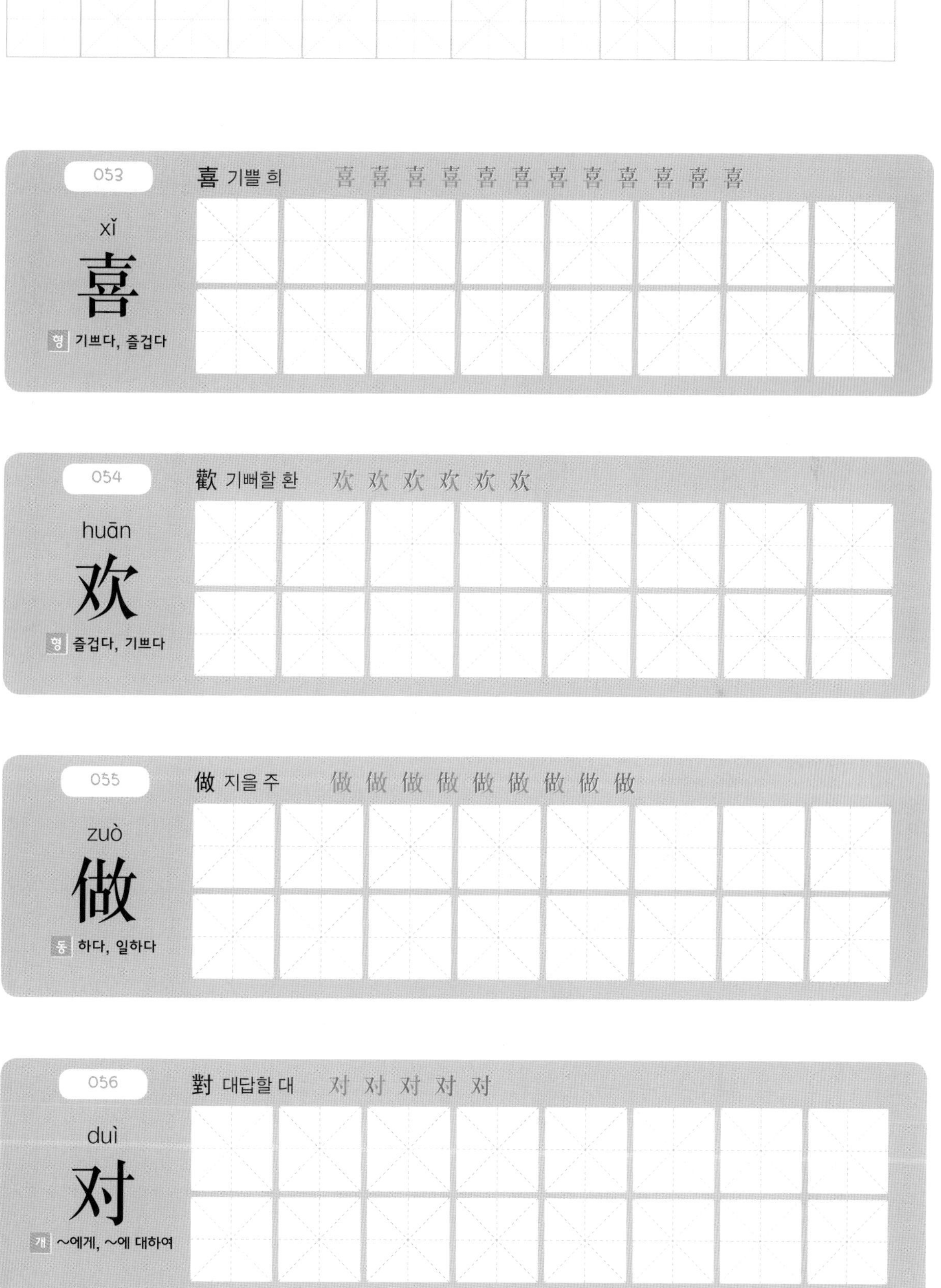

053
喜 기쁠 희 喜 喜 喜 喜 喜 喜 喜 喜 喜 喜 喜 喜
xǐ
喜
형 기쁘다, 즐겁다

054
歡 기뻐할 환 欢 欢 欢 欢 欢 欢
huān
欢
형 즐겁다, 기쁘다

055
做 지을 주 做 做 做 做 做 做 做 做 做
zuò
做
동 하다, 일하다

056
對 대답할 대 对 对 对 对 对
duì
对
개 ~에게, ~에 대하여

08 能不能便宜一点儿?

057
能 재능 능 能 能 能 能 能 能 能 能 能
néng
能
조동 ~할 수 있다
058
想 생각 상 想 想 想 想 想 想 想 想
xiǎng
想
조동 ~하고 싶다, ~하려 하다
059
貴 귀할 귀 贵 贵 贵 贵 贵 贵 贵 贵
guì
贵
형 (값이) 비싸다
060
錢 돈 전 钱 钱 钱 钱 钱 钱 钱 钱 钱 钱
qián
钱
명 돈, 화폐

061
試 시험할 시
试 试 试 试 试 试 试 试
shì
试
동 시험 삼아 해 보다
062
穿 뚫을 천
穿 穿 穿 穿 穿 穿 穿 穿 穿
chuān
穿
동 (옷을)입다, (신발·양말 따위를) 신다
063
個 낱 개
个 个 个
ge
个
양 개, 명
064
張 펼 장
张 张 张 张 张 张 张
zhāng
张
양 종이와 같이 넓은 표면을 가진 것을 세는 단위

09 你们要点什么?

065

yào

要

조동 ~하려고 한다

要 종요로울 요 要 要 要 要 要 要 要 要 要

066

cài

菜

명 요리

菜 나물 채 菜 菜 菜 菜 菜 菜 菜 菜 菜 菜 菜

067

là

辣

형 맵다

辣 매울 랄 辣 辣 辣 辣 辣 辣 辣 辣 辣 辣

068

suān

酸

형 (맛 • 냄새 따위가) 시다

酸 초 산 酸 酸 酸 酸 酸 酸 酸 酸 酸 酸 酸

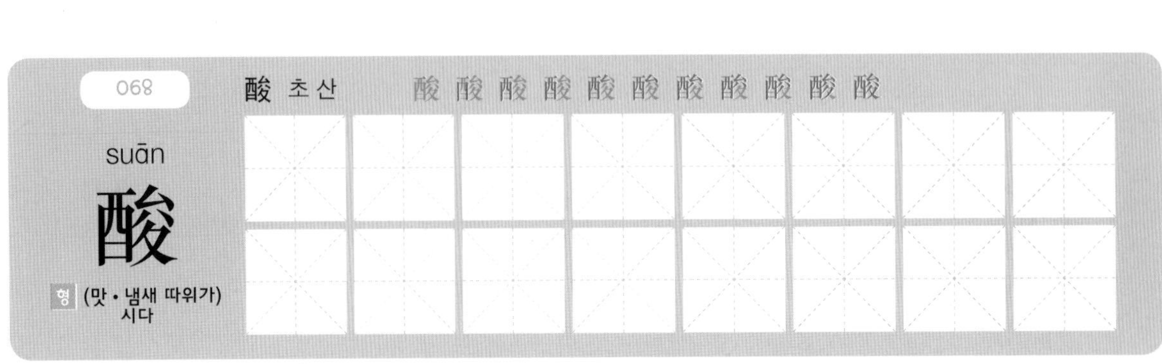

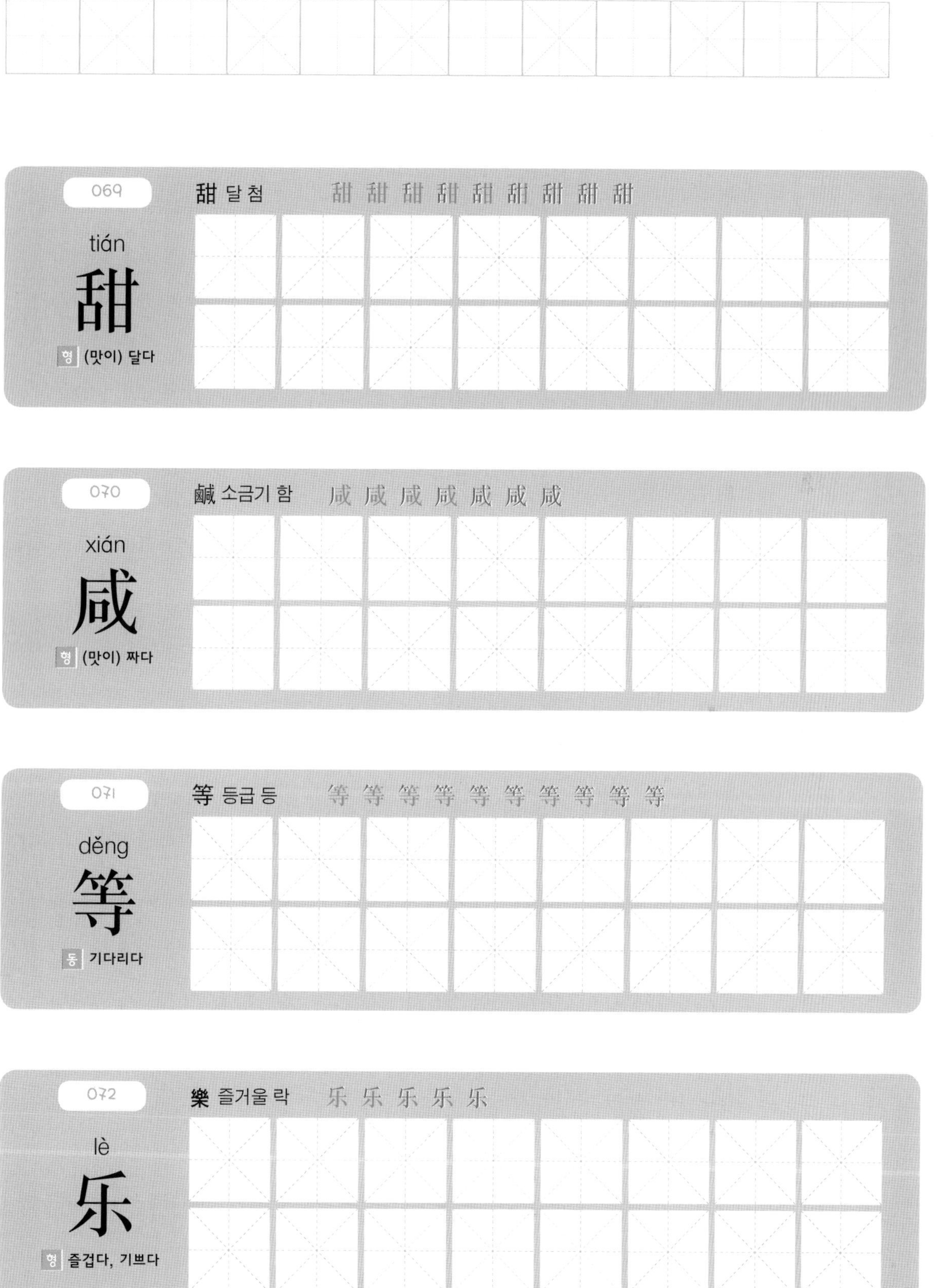

069
甜 달첨
甜 甜 甜 甜 甜 甜 甜 甜 甜
tián
甜
형 (맛이) 달다
070
鹹 소금기 함
咸 咸 咸 咸 咸 咸 咸
xián
咸
형 (맛이) 짜다
071
等 등급 등
等 等 等 等 等 等 等 等 等 等
děng
等
동 기다리다
072
樂 즐거울 락
乐 乐 乐 乐 乐
lè
乐
형 즐겁다, 기쁘다

10 请问, 去王府井怎么走?

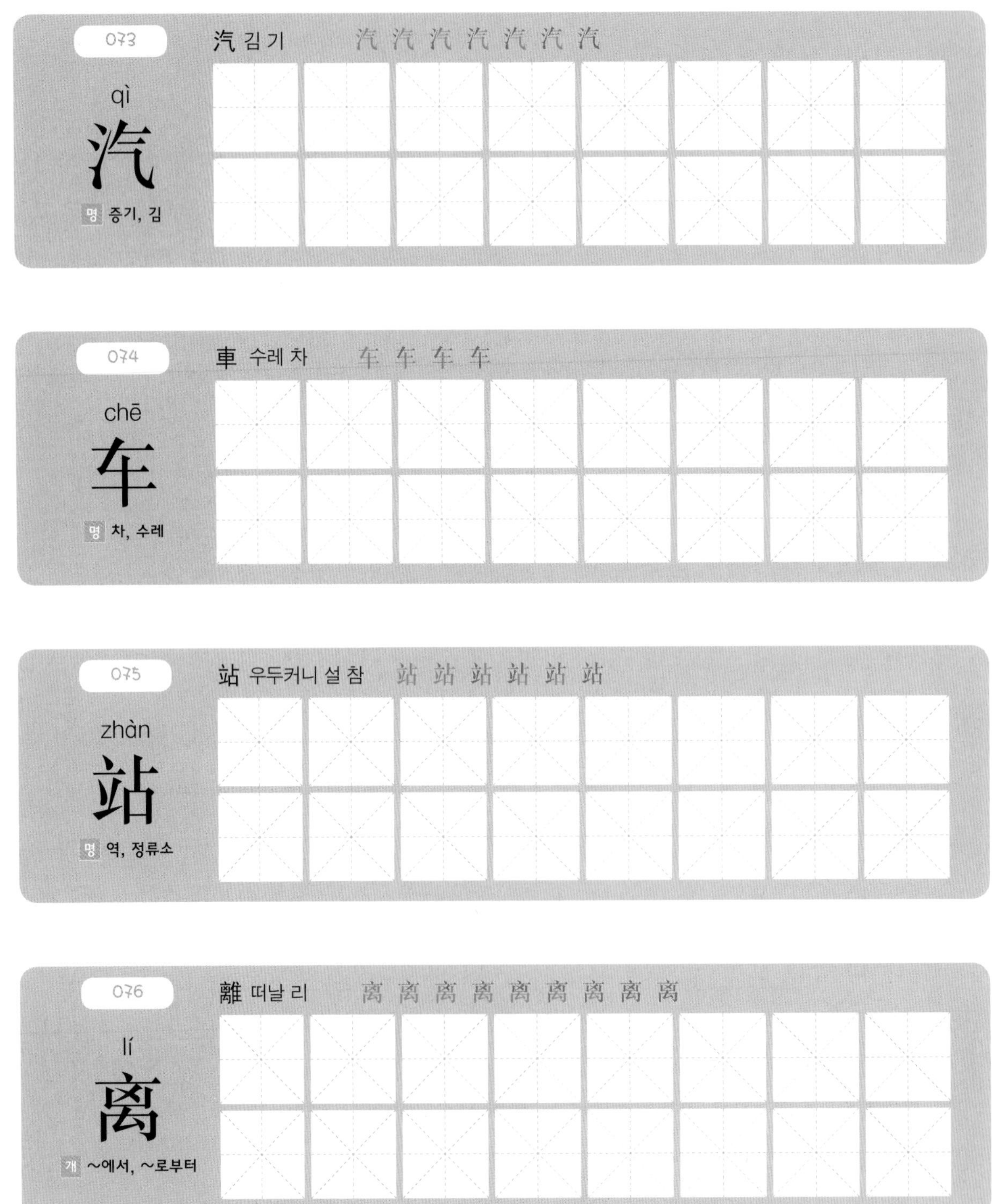

073
汽 김 기 汽 汽 汽 汽 汽 汽 汽
qì
汽
명 증기, 김
074
車 수레 차 车 车 车 车
chē
车
명 차, 수레
075
站 우두커니 설 참 站 站 站 站 站 站
zhàn
站
명 역, 정류소
076
離 떠날 리 离 离 离 离 离 离 离 离 离
lí
离
개 ~에서, ~로부터

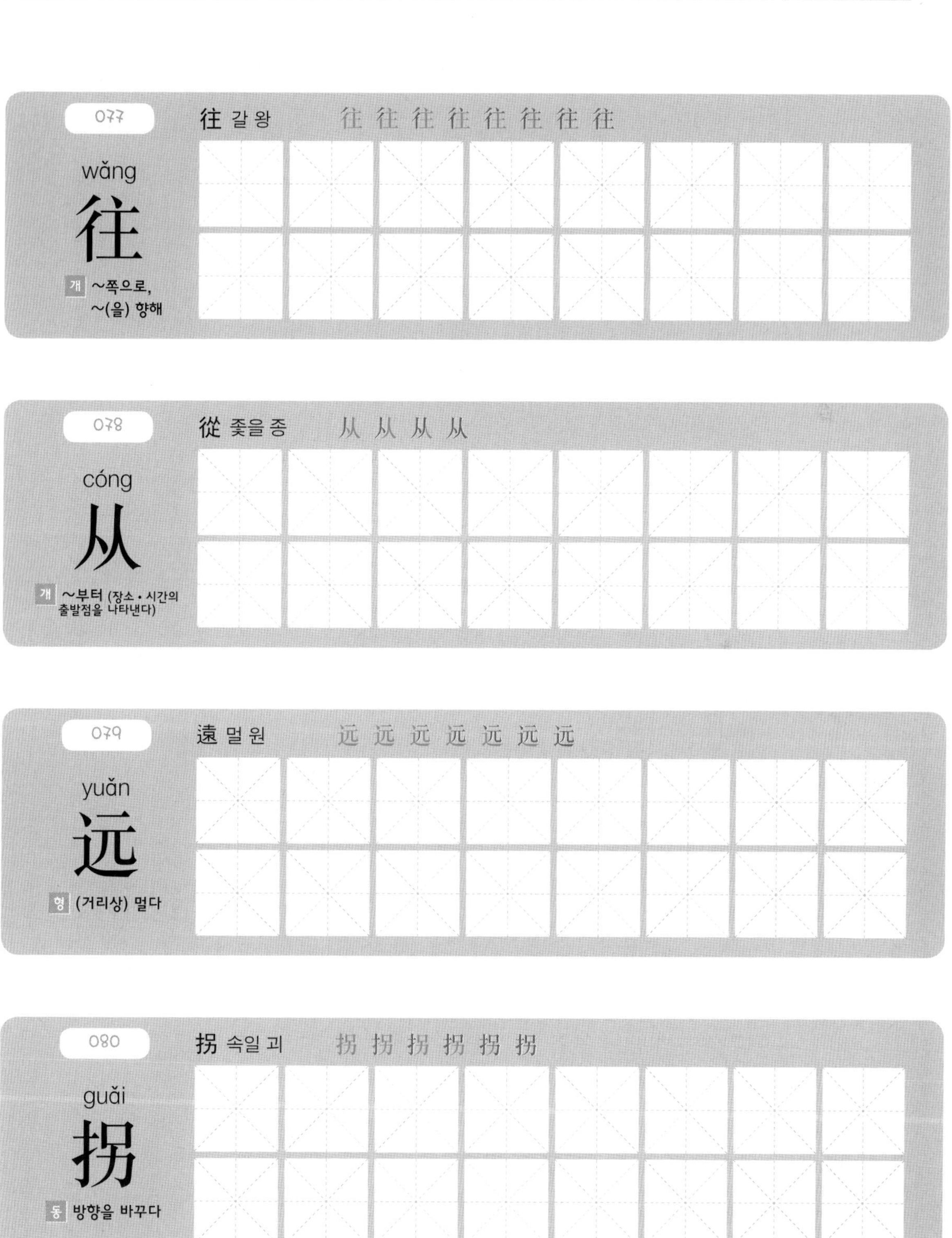
077
往 갈 왕
往 往 往 往 往 往 往 往
wǎng
往
개 ~쪽으로, ~(을) 향해
078
從 좇을 종
从 从 从 从
cóng
从
개 ~부터 (장소・시간의 출발점을 나타낸다)
079
遠 멀 원
远 远 远 远 远 远 远
yuǎn
远
형 (거리상) 멀다
080
拐 속일 괴
拐 拐 拐 拐 拐 拐
guǎi
拐
동 방향을 바꾸다

11 下个星期就要暑假了。

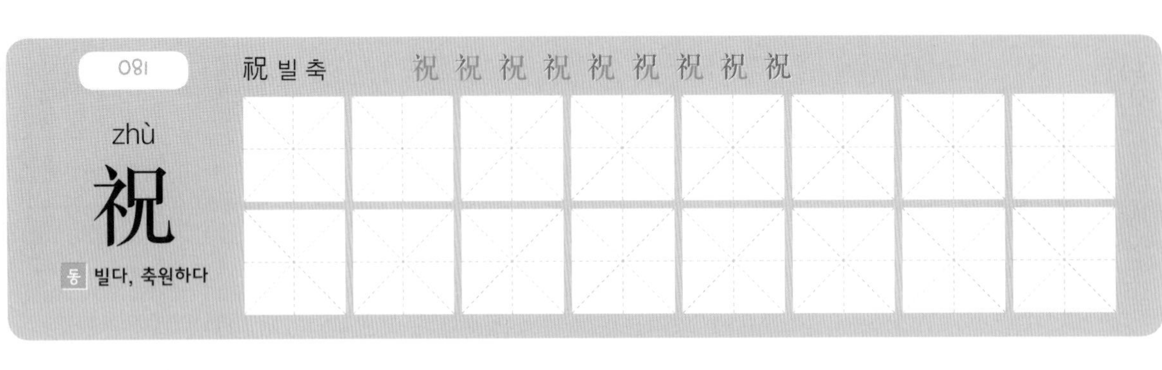

081
zhù
祝
동 빌다, 축원하다
祝 빌 축
祝 祝 祝 祝 祝 祝 祝 祝 祝

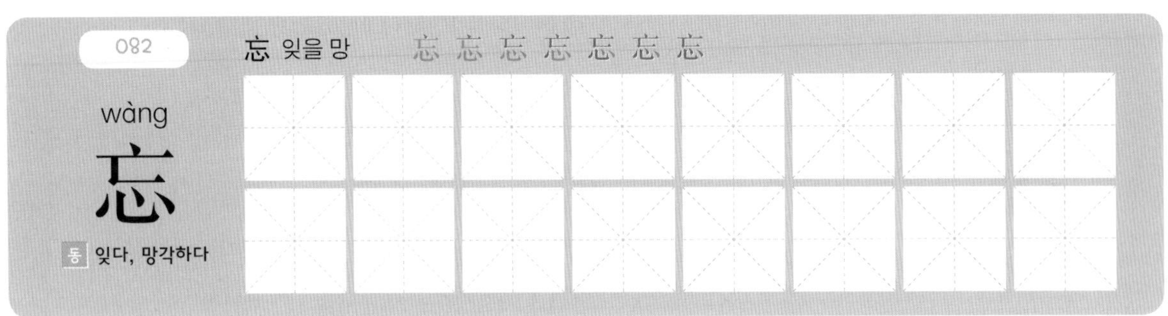

082
wàng
忘
동 잊다, 망각하다
忘 잊을 망
忘 忘 忘 忘 忘 忘 忘

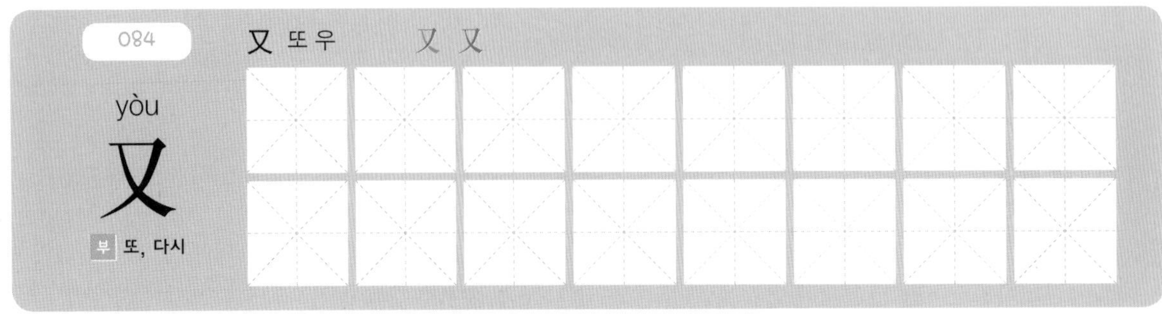

085
已 그칠 이
yǐ
已
부 이미, 벌써
086
別 다를 별
bié
别
부 ~하지 마라
087
禮 예 례
lǐ
礼
명 의식, 예식
088
物 물건 물
wù
物
명 물건, 물체

12 麻烦你帮我一件事, 可以吗?

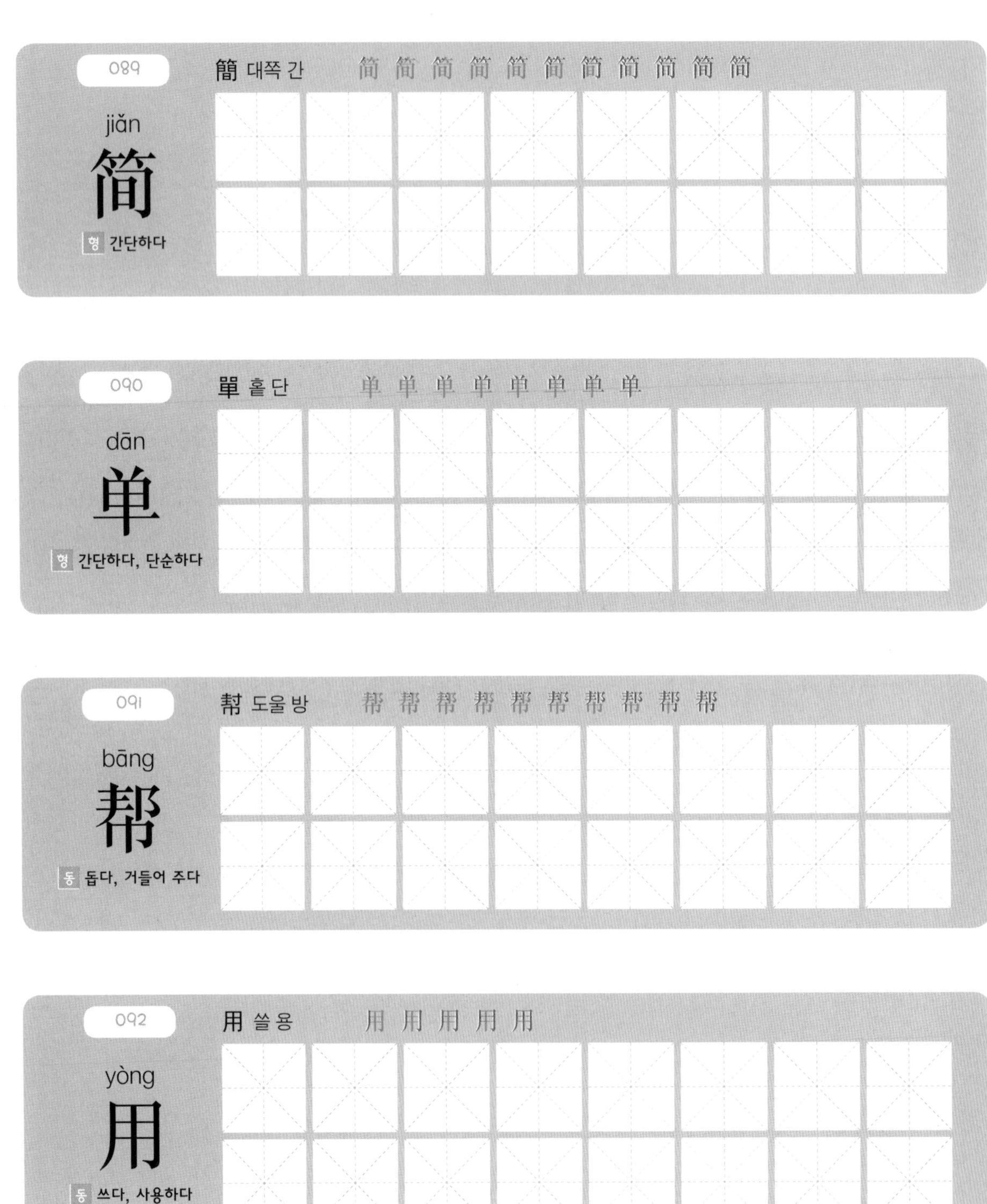

089
简 대쪽 간
jiǎn
简
형 간단하다
090
單 홑 단
dān
单
형 간단하다, 단순하다
091
幫 도울 방
bāng
帮
동 돕다, 거들어 주다
092
用 쓸 용
yòng
用
동 쓰다, 사용하다

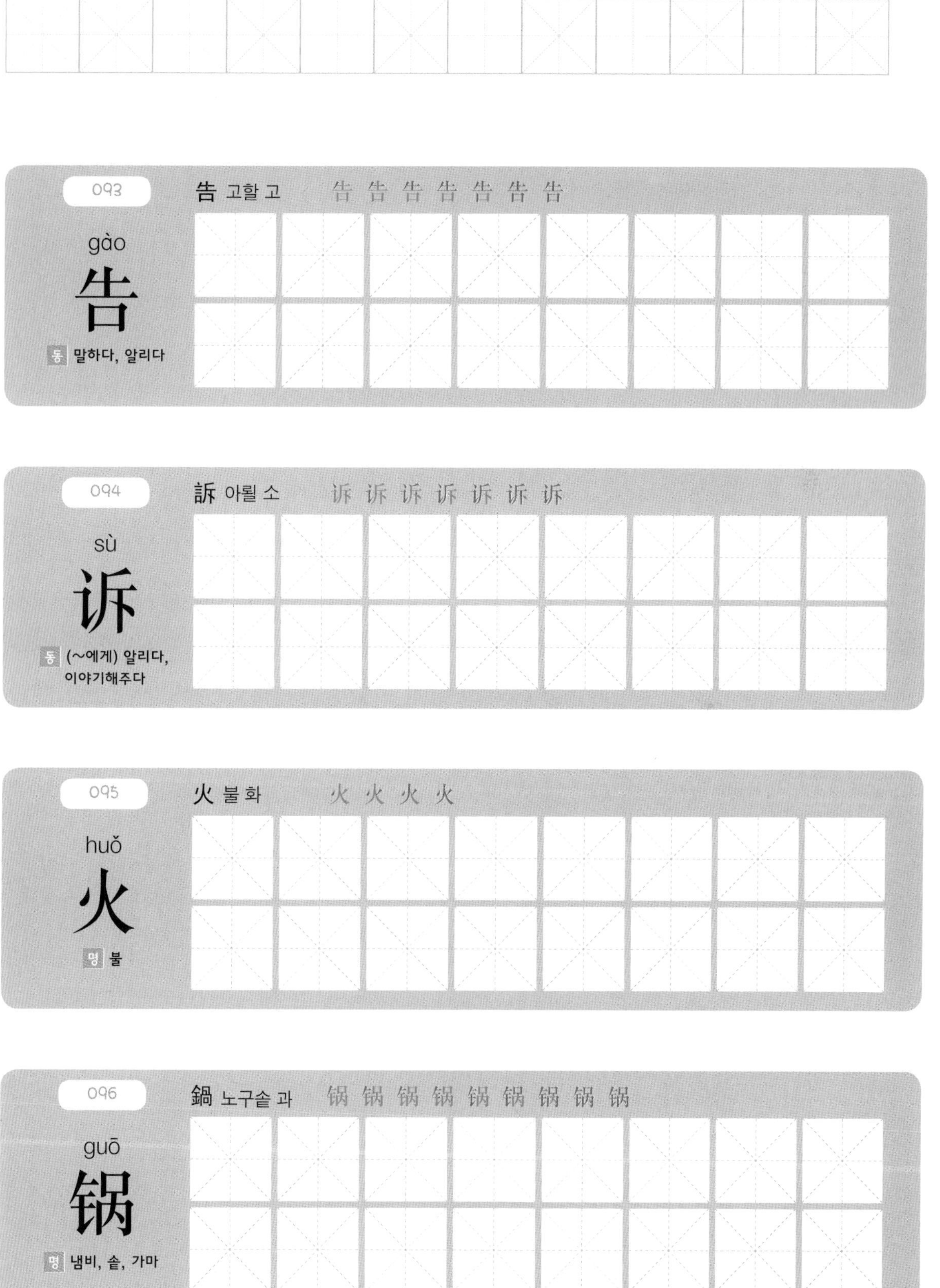

093
gào
告
동 말하다, 알리다
告 고할 고
告 告 告 告 告 告 告
094
sù
诉
동 (~에게) 알리다,
이야기해주다
訴 아뢸 소
诉 诉 诉 诉 诉 诉 诉
095
huǒ
火
명 불
火 불 화
火 火 火 火
096
guō
锅
명 냄비, 솥, 가마
鍋 노구솥 과
锅 锅 锅 锅 锅 锅 锅 锅 锅

13 明天天气怎么样?

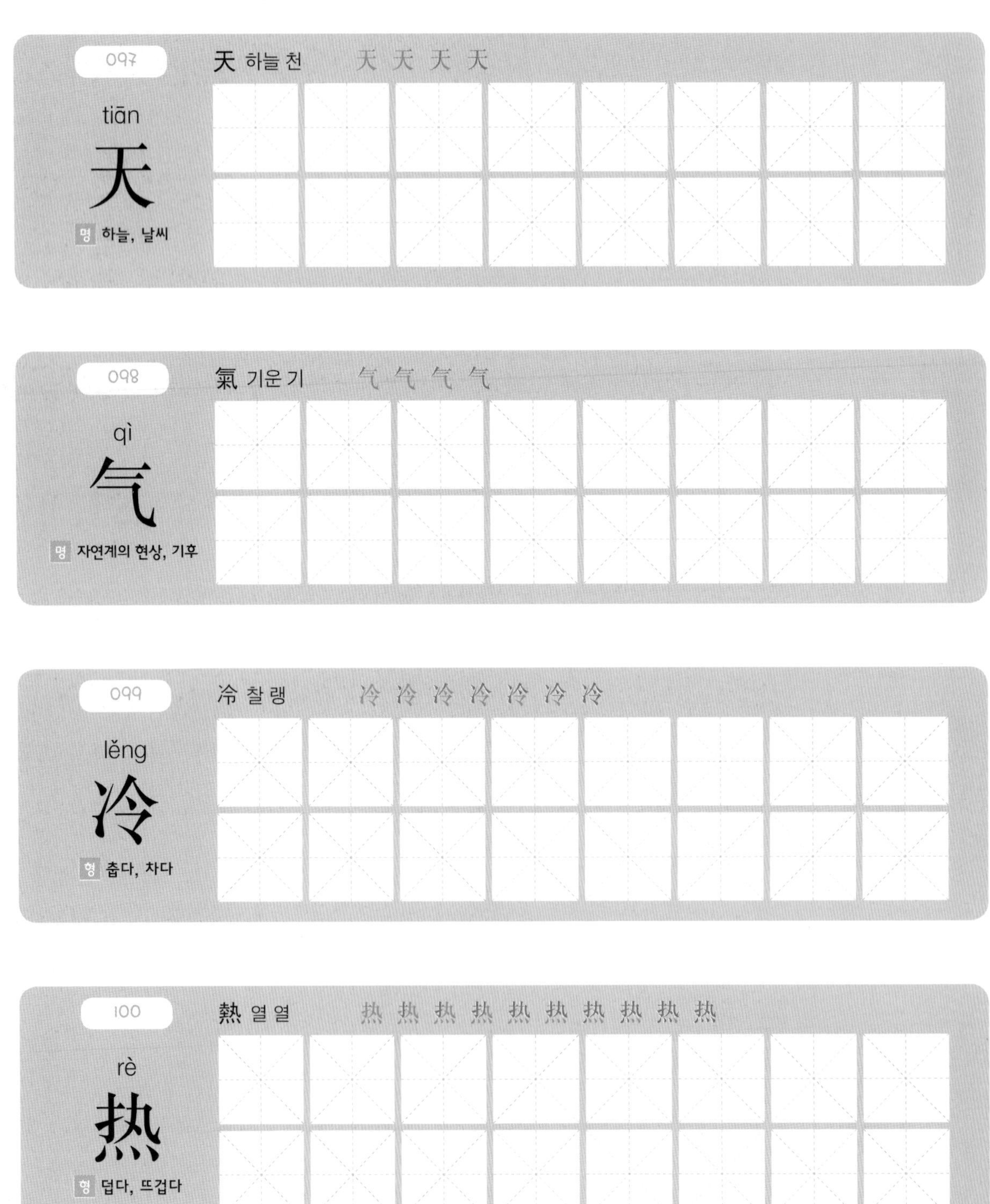

097
天 하늘 천
天 天 天 天
tiān
天
명 하늘, 날씨
098
氣 기운 기
气 气 气 气
qì
气
명 자연계의 현상, 기후
099
冷 찰 랭
冷 冷 冷 冷 冷 冷 冷
lěng
冷
형 춥다, 차다
100
熱 열 열
热 热 热 热 热 热 热 热 热 热
rè
热
형 덥다, 뜨겁다

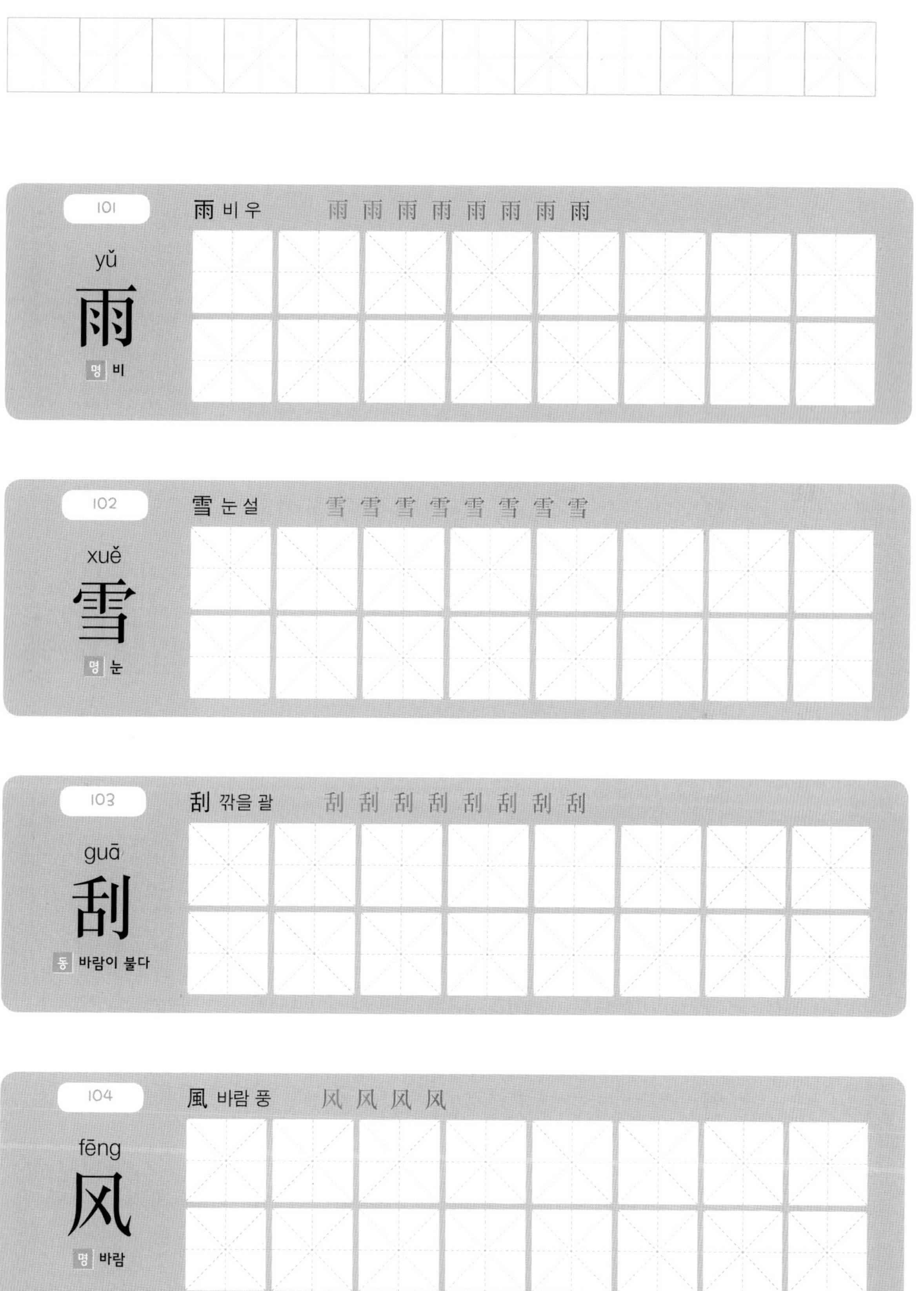

101

雨 비 우 雨 雨 雨 雨 雨 雨 雨 雨

yǔ

雨

명 비

102

雪 눈 설 雪 雪 雪 雪 雪 雪 雪 雪

xuě

雪

명 눈

103

刮 깎을 괄 刮 刮 刮 刮 刮 刮 刮 刮

guā

刮

동 바람이 불다

104

風 바람 풍 风 风 风 风

fēng

风

명 바람

14 路上堵车堵得很厉害。

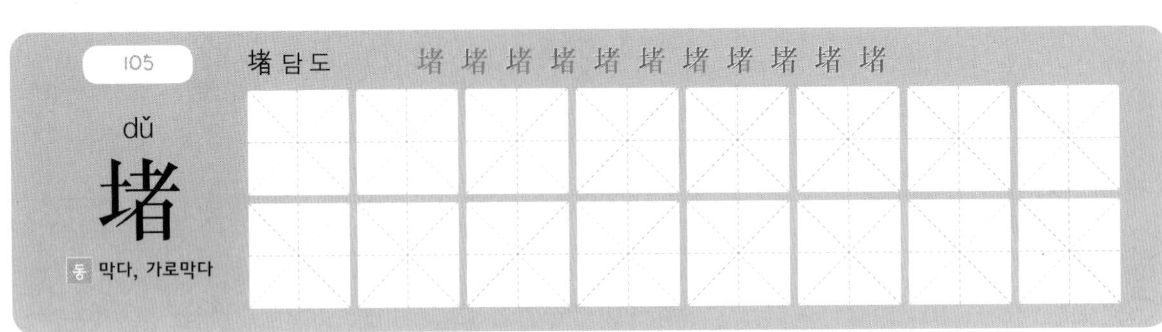

105
dǔ
堵
동 막다, 가로막다
堵 담도
堵 堵 堵 堵 堵 堵 堵 堵 堵 堵 堵

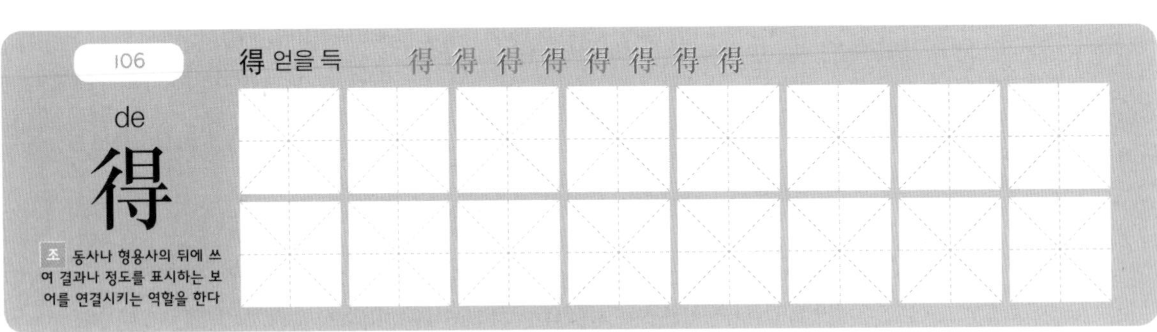

106
de
得
조 동사나 형용사의 뒤에 쓰여 결과나 정도를 표시하는 보어를 연결시키는 역할을 한다
得 얻을 득
得 得 得 得 得 得 得 得

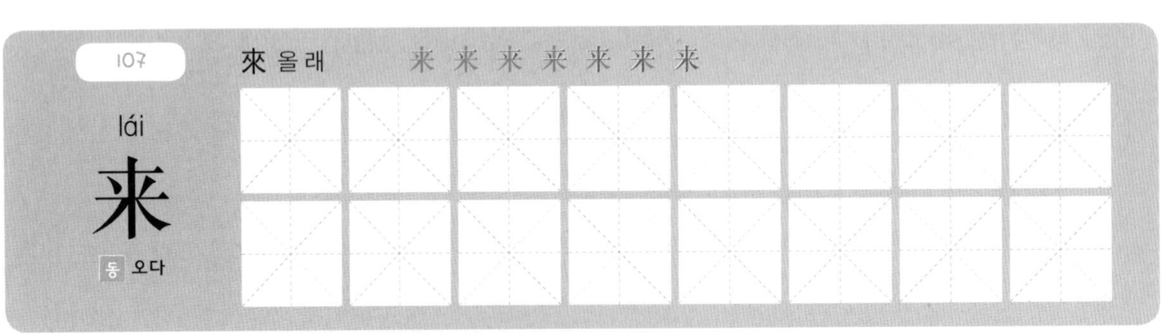

107
lái
来
동 오다
來 올 래
来 来 来 来 来 来 来

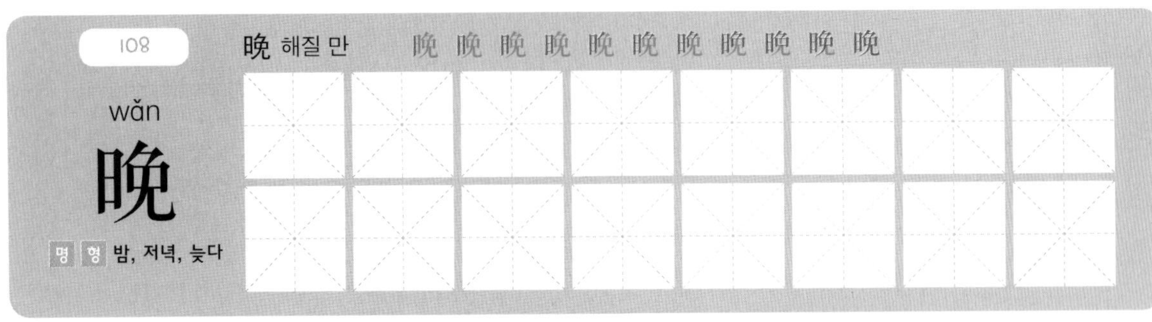

108
wǎn
晚
명 형 밤, 저녁, 늦다
晚 해질 만
晚 晚 晚 晚 晚 晚 晚 晚 晚 晚 晚

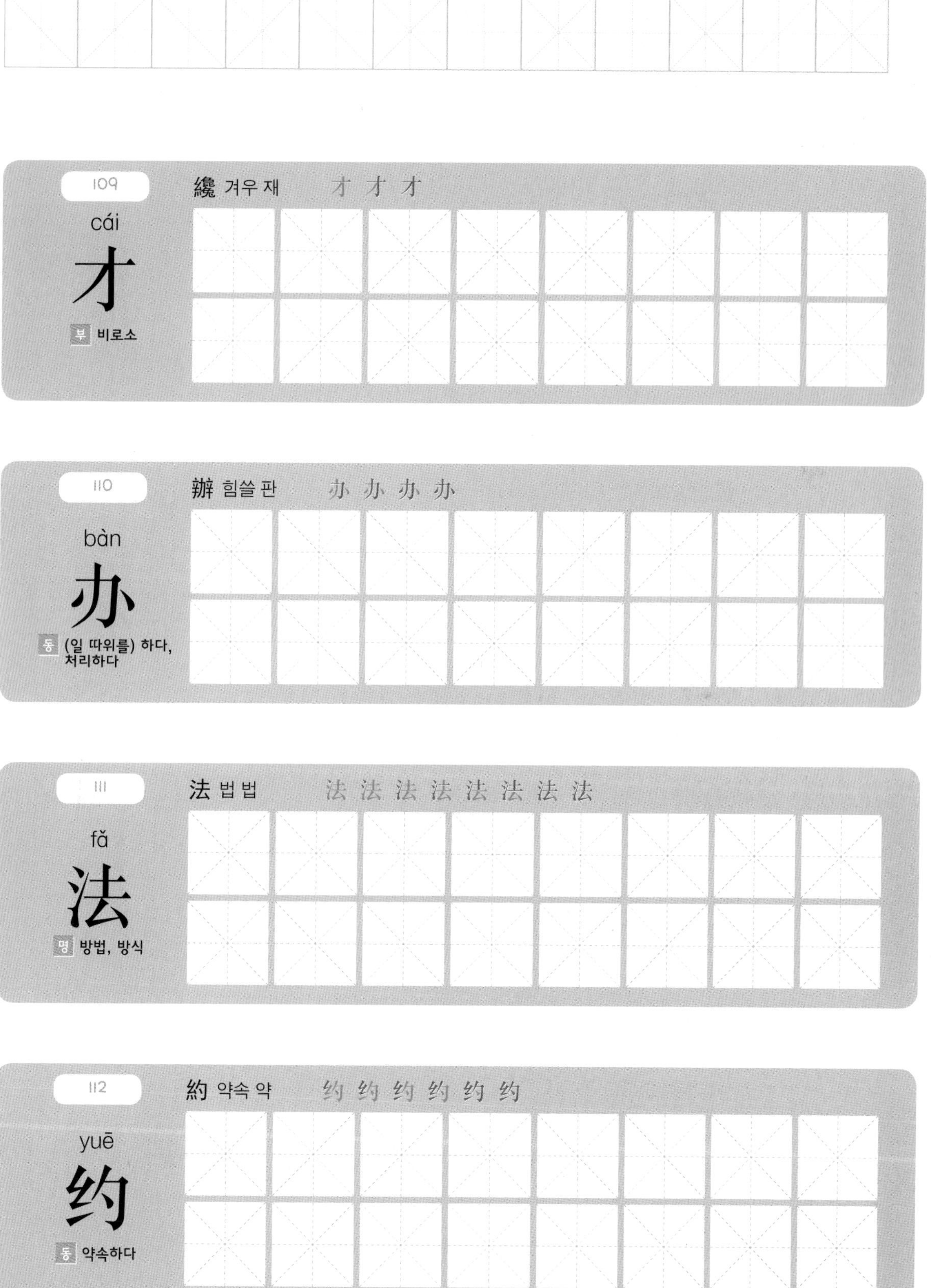
109
cái
才
부 비로소
纔 겨우 재 才 才 才
110
bàn
办
동 (일 따위를) 하다, 처리하다
辦 힘쓸 판 办 办 办 办
111
fǎ
法
명 방법, 방식
法 법 법 法 法 法 法 法 法 法 法
112
yuē
约
동 약속하다
約 약속 약 约 约 约 约 约 约

15 你哪儿不舒服?

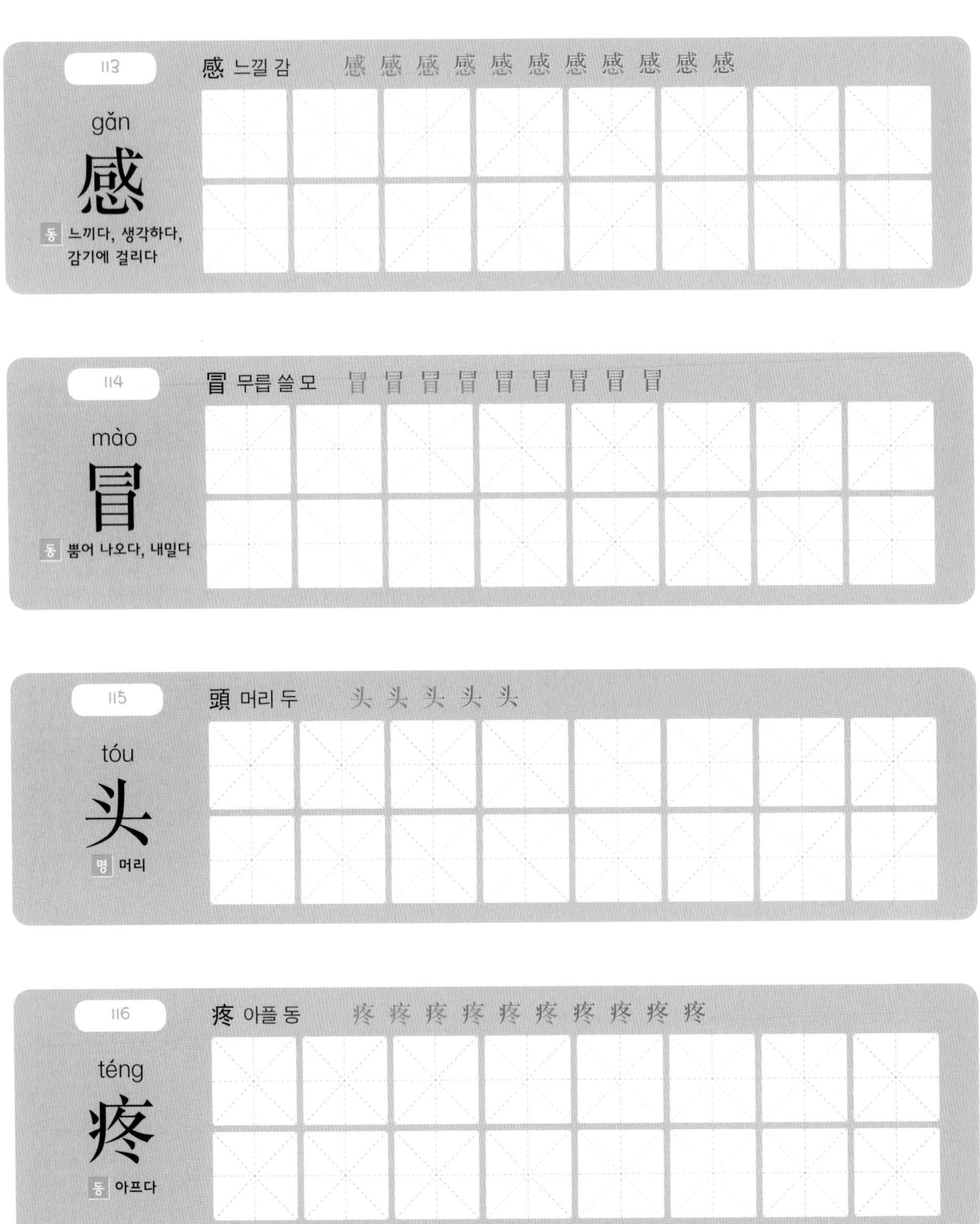

113
感 느낄 감 感 感 感 感 感 感 感 感 感 感 感
gǎn
感
동 느끼다, 생각하다, 감기에 걸리다
114
冒 무릅쓸 모 冒 冒 冒 冒 冒 冒 冒 冒 冒
mào
冒
동 뿜어 나오다, 내밀다
115
頭 머리 두 头 头 头 头 头
tóu
头
명 머리
116
疼 아플 동 疼 疼 疼 疼 疼 疼 疼 疼 疼 疼
téng
疼
동 아프다

117
發 쓸 발
发 发 发 发 发
fā
发
동 보내다, 발생하다
118
燒 불사를 소
烧 烧 烧 烧 烧 烧 烧 烧 烧 烧
shāo
烧
명 열
119
藥 약물 약
药 药 药 药 药 药 药 药 药
yào
药
명 약
120
醫 의원 의
医 医 医 医 医 医
yī
医
명 의사, 의원

16 胖比瘦更好。

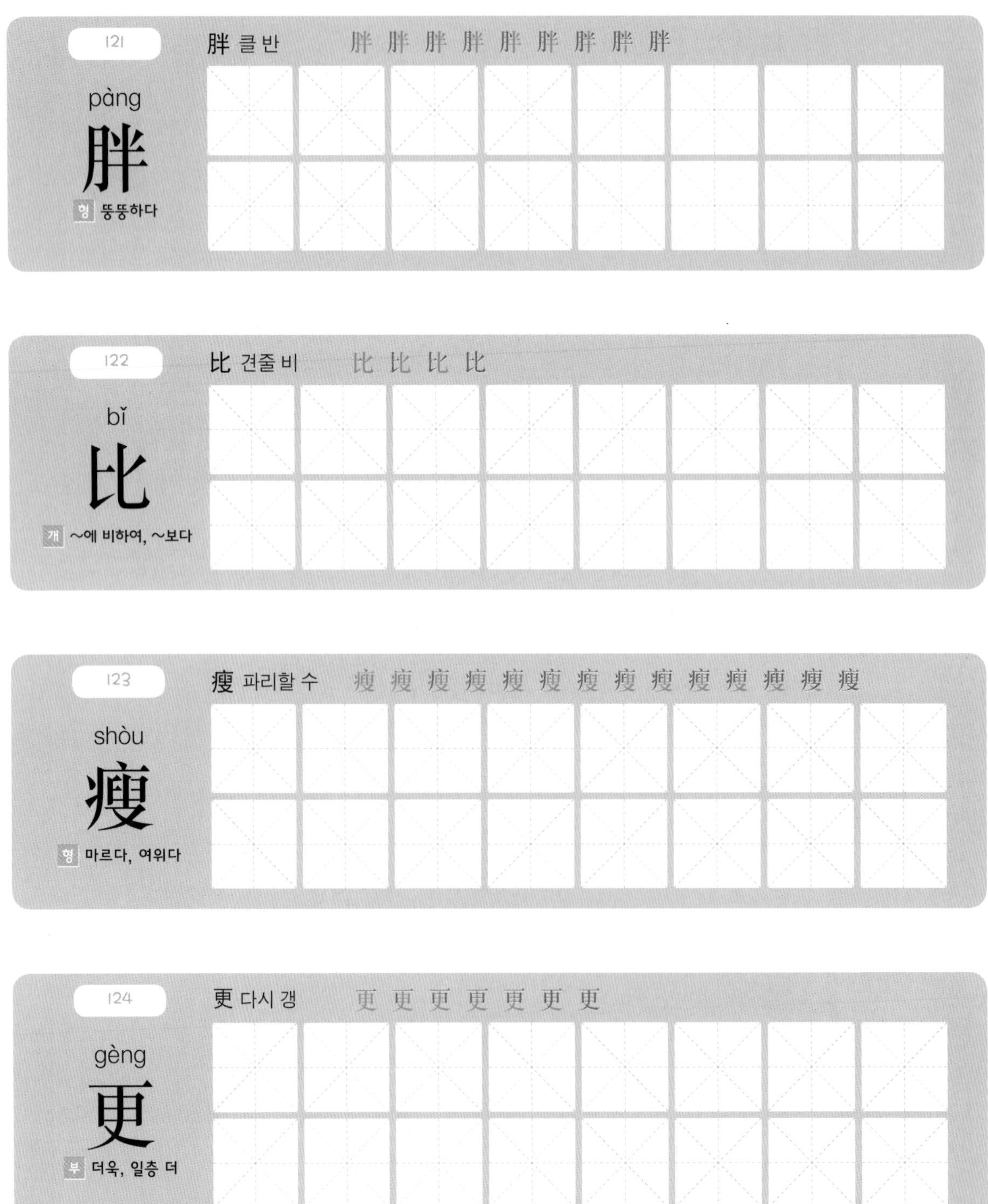

121
pàng
胖
형 뚱뚱하다
胖 클 반
122
bǐ
比
개 ~에 비하여, ~보다
比 견줄 비
123
shòu
瘦
형 마르다, 여위다
瘦 파리할 수
124
gèng
更
부 더욱, 일층 더
更 다시 갱

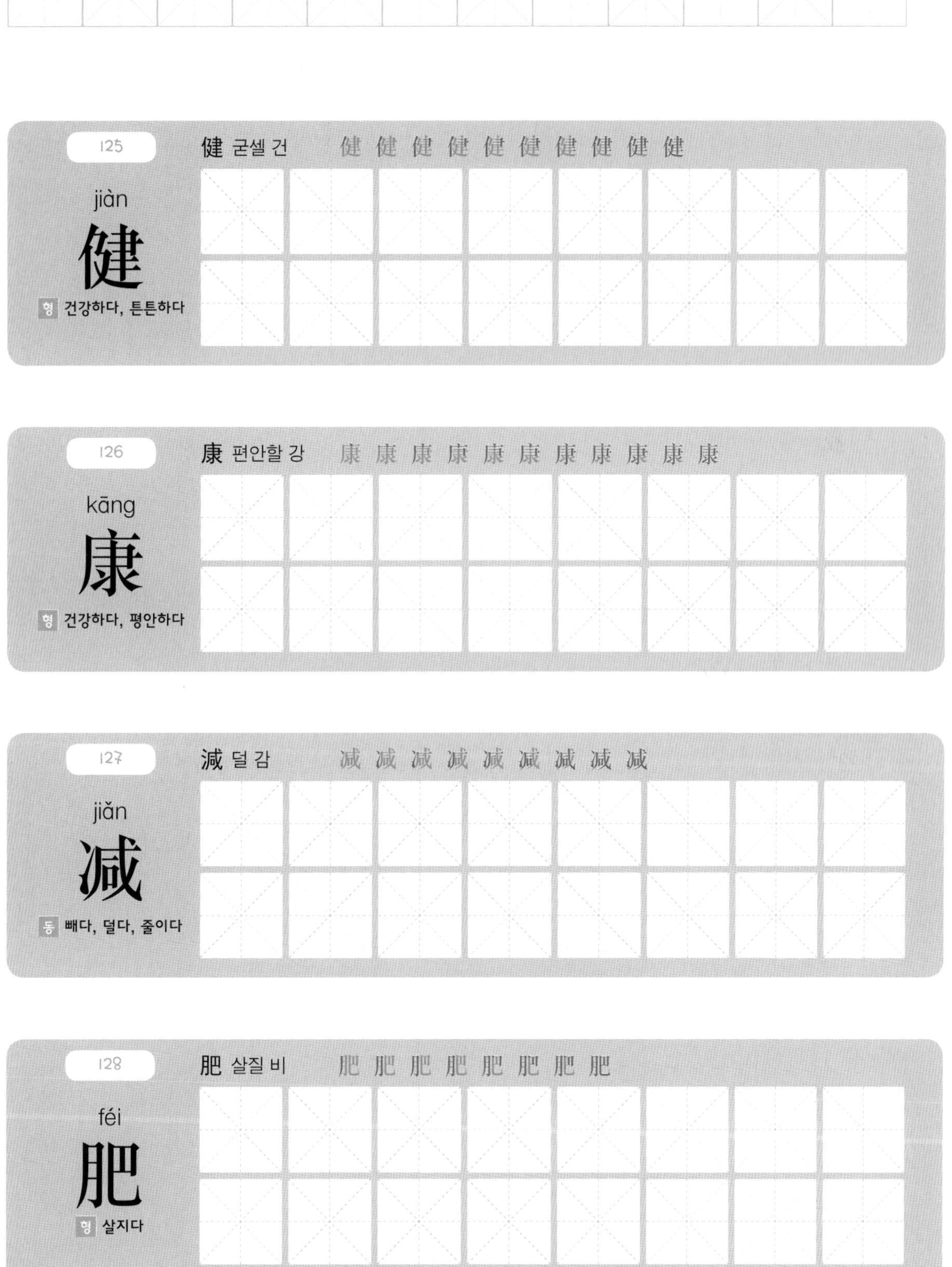
125
健 굳셀 건
健 健 健 健 健 健 健 健 健 健
jiàn
健
형 건강하다, 튼튼하다
126
康 편안할 강
康 康 康 康 康 康 康 康 康 康 康
kāng
康
형 건강하다, 평안하다
127
减 덜 감
减 减 减 减 减 减 减 减 减
jiǎn
减
동 빼다, 덜다, 줄이다
128
肥 살질 비
肥 肥 肥 肥 肥 肥 肥 肥
féi
肥
형 살지다

New
롱이롱이
중국어첫걸음
간체자쓰기

저자 : 조일신
발행인 : 이기선
발행처 : 제이플러스
서울시 마포구 월드컵로 31길 62
전화 : 영업부 02-332-8320 / 편집부 02-3142-2520
팩스 : 02-332-8321
홈페이지 : www.jplus114.com
등록번호 : 제10-1680호
등록일자 : 1998년 12월 9일

비매품